DAS ALTE LIED

Zu diesem Buch

Die Schriftenreihe der Edition Avicenna bemüht sich seit vielen Jahren um einen ernsthaften deutsch-islamischen Kulturaustausch in philosophischen und theologischen Fragestellungen. Sie macht hiermit erstmals Teile des Werkes des Chilenen Beltran Skarmeta Boisier einer breiteren Öffentlichkeit zugänglich.

Der Autor ist Jahrgang 1966 und lebt seit dem Putsch von 1973 in Europa. Als studierter katholischer Theologe, der danach die theoretische und praktische Ergründung nahezu aller relevanten mystischen Schulen des Westens und Ostens einging, äußert er sich primär als Dichter, der eine eigenständige, sprachlich innovative Vermittlungsform religiöser Inhalte entwickelt.

Das „Alte Lied" umreisst im Kern eine kreative, nicht-akademische Schöpfungstheologie, die sich aus zentralen Quellen des Ursprungschristentums, sufitischer und schiitischer Offenbarungslehren sowie zeitgenössischer Strömungen der Immanenzphilosophie speist. Dieser background dient hier insbesondere dazu, die Inspiration eines umfassenderen Verständnisses des biblischen Schöpfungsmythos um Adam und Eva zu stützen. Der existenzielle Gegenwarts- und Erfahrungsbezug des Exils, des Exils als eines grundsätzlichen irdischen und spirituellen Grundzustandes der menschlichen Existenz, ist dabei vorherrschend. Er stellt auch den „dramatischen Erkenntnisrahmen" der Gesamtdarstellung rund um die Gestalt des sprechenden Protagonisten „Albe", die in dem größeren Werkzusammenhang des Buches „Levitationen" wiedergegeben ist. Dieses wurde 2002 abgeschlossen.

Das „Alte Lied" ist, als dessen Herzstück, dem dreiteiligen Buch „Levitationen" zugeordnet, dem das einleitende Stück entnommen ist.

Interessierte Verlage oder Leser können mit dem Verfasser über beltran@t-online.de oder über die Verlagsadresse der Edition Avicenna direkt Kontakt aufnehmen:

Edition Avicenna
Amalienstraße 91, 80799 München
Tel. 089/2898 6767, Fax. 089/2898 6273

DAS ALTE LIED
BELTRAN
SKARMETA BOISIER

EDITION AVICENNA

© Beltran Skarmeta Boisier
Herstellung: Books on Demand GmbH, Norderstedt
ISBN 3-9809384-0-9

Inhalt

Der Ausflug.	7
DAS ALTE LIED	42
(„Eva-Stück", Buch Levitationen, Teil IV)	42
Anmerkungen	98
Ergänzungen Zum Alten Lied:	
EZAL 1 - 9.	100
EZAL 1: Der archaische Standpunkt.	100
EZAL 2: Der Versteckte.	106
EZAL 3: Der Vor-läufige.	110
EZAL 4: Die Sonne unter dem Mantel.	121
EZAL 5: Die Treue Gottes, 1.	125
EZAL 6: Die Treue Gottes, 2.	131
EZAL 7: Die Treue Gottes, 3.	145
EZAL 8: fetra 1.	161
EZAL 9: fetra 2.	167
Ein Ineinandergeboren-Werden.	184
Boca. (Vor-Studie zum Alten Lied)	197
Die Ereignisse des Welt-Tages.	216

Zum Geleit des Alten Liedes: Aus Buch Levitationen, Teil 1, Der Ausflug.

Daniela Przybilla, Illustration zum Alten Lied, Aquarell, 1999.

Can·kuşu·uçtu. Matéo hielt sich kaum zwei Minuten in meinem Zimmer auf, als er, nachdem er mir seine Absicht und die damit verbundenen Wünsche eröffnet hatte, ans halbgeöffnete Fenster trat. Hier brachte er mit einem merkwürdigen Seufzer diesen türkischen Satz[1] hervor, dann, seiner Erregung Herr werdend, tat er einen dieser angespannten, tiefen Atemzüge, wie man sie in einem Leben allenfalls drei- oder viermal einzieht. Schließlich begann er:

„Da nur die Hoffnung, nur die Hoffnung mich heute noch am Leben erhält, dem unbändigen Fortfußen dieses Gesprächs auf etwas Wunderbares hin, von dem mich damals unselige Kräfte der Beharrung abschnitten, nun doch gehorchen, doch irgendwie Folge leisten zu können: Daher hängt so vieles für mich von seiner Wiedergabe ab. So vieles, daß es für dich sein wird, als könntest du meine Seele mit Händen greifen.
Aber, wenn dir meine Seele vor Augen stünde . . .
Ich meine, du sähest einen Flügel, statt zweien. Einen flatternden Flügel nur, der ohne Unterlaß dem Hauch der Worte nachspürt, ihn nachzuformen versucht, die ich in dieser Nacht aufnahm. Ohne Unterlaß, um sich in der Luft zu halten, in dieser Luft . . .
Um so . . . Nicht zusammenzuklappen.

---

1. „Sein Seelenvogel ist entflogen". (Anm. des Scheibers).

Der Ausflug.

Für das, was sie, meine Seele, noch aufrichtet und trägt, was diesen einsamen Flügel bewegt, um dieser Hoffnung willen, mögest du mich bis zum Ende anhören, mein Freund: mögest du mich halten.
Ich beanspruche ansonsten nichts, nicht mehr als Luft – nicht mehr als diese Luft . . .
Du weißt, der Freund wird es dir danken."

Geleit des Schreibers. - Es handelt sich bei diesem Buch um die Wiedergabe eines sehr langen und ergiebigen Gesprächs über den Geist bzw. zur Frage: was *ist* Geist, worin besteht die unveräußerliche innere Schönheit des Menschen, die wir mangels anderer ähnlicher Paraphrasen, oder doch bewußt so nennen. Eines Gespräches, wie es sich vor etwa einem Jahr (März 1999) in einem kleinen Ort bei Berlin zwischen zwei Landsleuten von mir ergab.

Zu seinem näheren Verständnis muß mit einigem anderen vorher angemerkt werden, daß diese beiden Männer derart in den Webungen, den dichten Ausschleierungen ihres Eigensinnes vorgerückt waren, daß sie damals anderen Menschen fast nur von der Draufsicht auf ihre beiden Köpfe bekannt waren: Zu Boden blikkenden Köpfen, die zudem sehr häufig, vielleicht zu häufig zusammengesteckt hatten. Nun geschah das, erschwerenderweise, nach einer mindestens zwölfmonatigen Unterbrechung dieses gewohnheitsmäßigen Ritus, der dem Rest der Welt die Tür wies, mit gelegentlicher Ausnahme der engsten Freunde. Zusätzliche Verdichtungen und manche Eskalation sollten so unvermeidlich erscheinen.

Weil ich ein ums andremal Gelegenheit gehabt hatte, mit diesen Ansichten, insbesondere mit den religiösen Auffassungen des einen vertraut zu werden (mit denen ich, wozu es leugnen, eigentlich immer besser zurechtgekommen bin, als er), hat mich Matéo, der andere Freund, mit der Aufzeichnung ihres Gesprächs beauftragt. Sowie mit einigen teils aufwändigen Ergänzungen zu seiner Rekapitulierung, die sich anboten und notwendig erschienen. Diese weiteren, letztendlich mystischen Konzepte und Entwürfe waren mir aus verschiedenen losen Schriften des gemeinsamen Freundes bekannt, die nun also ihrerseits in meine Aufzeichnungen einbezogen werden sollten. Verschiedene andere, sozusagen aufgeschnappte Äußerungen dieses heute verstummten Freundes, der Alberto hieß (und den wir, seine Freunde, immer nur „Albe" nannten), hatte ich auch selbst in jenen Tagen seines „Leuchtens", wie wir sagen, nach nächtelangen Gesprächen festgehalten. Es gab immer wieder und immer häufiger auch gemeinsame Kladden, die wir einfach auf die entsprechenden Abende datierten, um für alle etwas von unserem angeregten, zuweilen inspirierten, immer auch von „geistigen Getränken" beförderten Austausch festzuhalten. Albe begrüßte das, auch wenn er sich selber nie am Mitschreiben beteiligte.

Ich will hier nur das Allernotwendigste zu unserem persönlichen Freundschaftsverhältnis ausführen. Über gut vier Jahre konnten die gedanklichen Banden, die zwischen uns entstanden waren, durch diese spontanen Treffen gestärkt werden, die fast immer einen herausfordernden philosophischen Standpunkt Albes zum Ausgang nahmen. Gerade wegen dieser ausgewachsenen persönlichen Bindung kann es nicht an mir sein, über das seelische Projekt zu urteilen, dem Albe sein Leben weihte, oder besser, das dieses Leben war. Zumal ich sicher einige, aber doch nicht alle Motive und Entscheidungen verstehe, die er mit diesem „Projekt" verband. Daran arbeiten wir über diese allererste Aufarbeitung hinaus: was ganz erhebliche Veränderungen unseres Denkens und Glaubens, unserer grundsätzlichen Lebenssicht bewirkt hat.

Da Albes Persönlichkeit und Schicksal in genügendem Maße durch unsere Wiedergabe des Gesprächs geschildert werden dürften, möchte ich mich in dieser Hinsicht auf die Aussage beschränken, daß Albes „Leuchten" ein ungemein helles und kurzes Leuchten war, von dem wir alle profitieren sollten und zu verstehen hatten, daß es unter keinem Umstand an seine Person gebunden bleiben konnte oder sollte. Der ursprüngliche Titel, den ein türkischer Freund für dieses Buch angeregt hat, war: „Das Goldauge". Aber obschon er wie kein anderer auf sein bestimmendstes Motiv gepasst hätte, verwarfen wir ihn schließlich: um nicht eben den Eindruck der Huldigung eines bestimmten Menschen zu erwecken.

11 || Der Ausflug.

Was hier nun in halbwegs lesbarer Buchform vorliegt, ist ohnehin das Erzeugnis mehrerer Menschen. Albe pflegte unter anderem regen Austausch mit zwei algerischen Sufis von der Schule der madawiyya (deren Gründung auf den spanischen Sufi Abu Madian zurückgeht). Einer von ihnen, ein ausgewanderter Algerier namens Hafid B., in dem Albe seinen „muslimischen Bruder" erkannt hatte, der, ähnlich wie er, einen überkonfessionellen Glauben als abgründige Naturbegabung besaß,[2] hat allem Anschein nach stark zur Festigung des eigenwilligen Gebäudes beigetragen, das Albe auf christliche, schiitische und sufitische Grundmauern gestellt hat.

Mein äußerst bescheidener Beitrag war, wie erläutert, der Part des gestaltenden Schreibers, des Sprachmachers, des Fährmanns einer schwankend schweren Fracht ins Deutsche, für das ich mich ja, seit jeher schreibend, schon als Kind entschieden hatte.

Weiterhin erklärungsbedürftig ist dies: Dem nämlichen eingangs umrissenen Thema, was denn die wirkliche Gestalt oder „Schönheit" des Menschen sei, sich sozusagen erst *von außen* anzunähern, fanden Albe und Matéo zunächst allen Anlaß an sich selber. Das weil oder obschon sie, bis zu jenem Tage, sich gegen jeden äußeren Blick damals verwahrten, und das, wie oben gesagt, im übertragenen oder stellvertretenden Sinne auch mit dem, was sie den „Geist ihres Gesichtes" nannten, absichtlich so hielten: Ihren seltsam ausdruckslosen, teigigen Gesichtern mit den stark hervortretenden Wangenknochen, die man auch als ausgeplündert hätte bezeichnen können. Ausgeplündert durch viele unwillkommene Fragen.[3]

---

2. Übrigens ein anderer Mann, der entschieden jede im engeren Sinne theologische Beweisführung verschmähte, die nicht auf unmittelbare Offenbarung gründe. Zwar muß hervorgehoben werden, daß Albe, wie etwa Kierkegaard, jeden Immanentismus der individuellen Geistesbefähigung ablehnte. Von diesem Freund sagte er aber einmal, er sei einer aus jener unbestimmten Anzahl unbekannter Heiliger, die das All am Laufen halten", und bewunderte insbesondere, daß Hafid (oder „Hivas", wie er ihn gelegentlich nannte) nicht einmal „einen Schreibtisch, ja nicht einmal einen funktionierenden Kuli" besaß. Matéo versichert, sie hätten wohl auch einige Zeit in Albes Moabiter Wohnung zusammengehaust, in der Albe Vieles von dem geschrieben hat, was auch hier Eingang gefunden hat. (Anmerkung d. Schreibers)

Und man möge mir nachsehen, daß ich bei dem unschicklichen Motiv bleibe:

Auch daß sie ob dieser ihrer Gesichter selbst, da offensichtlich keines Ausdrucks froher Zustimmung oder Begeisterung mehr fähig (nicht nur wegen ihrer wie gefirnisst schwarzen Augen und der hochstehenden Jochbeine), schon viel Unbill gelitten hatten und sich kaum in der Welt ihrer zwar ungleich kühleren, so unangefochtenen Mitmenschen mehr umtaten. Gesunderen Gemütes - vielleicht - wissen diese ja selten, wie reich sie demzufolge sind. Aber aus solchen sozusagen unvollständigen Gesichtern wie denen unserer Freunde, dumpf und fern, als wären irgendwann davor schon viele achtlose Menschen im Stechschritt über sie hinweggesetzt, müßen alle behaupteten Empfindungen, alle geretteten Neigungen zur Herzeröffnung anstoßen, zerprallen, wie ausschlagende Gäule oder hohe Sturzwellen. Wie die unberechenbaren Anwandlungen unsres Strandmeeres, welche immer wieder die von seinen tückischen Ruhepausen eingelullten Badenden, nicht selten tödlich, überraschen.

Beide waren also exilierte Chilenen. Und im Zuge dessen hatten sie in ihrer Vergangenheit hinreichend andere, wesentlich schwerere Leiden geschmeckt.

Aber der Putsch lag nun wirklich sehr lange zurück.[4]

Und irgendwie war das ungebrochene, freiere Verhältnis, das sie ursprünglich zum Leben selbst besessen hätten, zu einer Art Asche verglommen, die nun lähmend auf ihren Gesichtern lag. Ihre Gesichter waren sozusagen nicht mehr bloß ihre Gesichter. In dem Maße, als sie dieser „Eigenschaft" verlustig gegangen zu sein schienen, empfanden sie beide, als ob ihnen der bedeutsamste Teil ihres seelischen Wesens fehle; unverfügbar, ungreifbar geworden

---

3. Oder durch solche, die viel akutere tiefere Fragen unserer Existenz übergehen, verdecken, Fragen, deren sich Albe vermutlich besser oder auf die ihm einzig mögliche erscheinende Art in seinem komplett erhaltenen „poema post lucem" erwehrt hat (Alberto Oswaldos Wirre Stimmen). (Anmerkung d. Schreibers).

4. Die Junta Pinochets vollzog den Staatsstreich gegen die sozialistische Regierung Salvador Allendes am 11.09.1973. Es gibt einen anderen „Eleven-Nine", der für dieses Buch von außerordentlicher Bedeutung ist. S. dazu im Anhang: „Die Ereignisse des Welt-Tages". (Anm. d. Schreibers).

wäre. – Chilenen neigen fast immer zu solchen Fatalismen. Sie machen alle ihre Anschauungen an einer scharf typisierenden menschlichen Charakteristik fest, deren erbitterten Kontraste gerade durch das Exil oft ungesunde Höhen der Übertreibung, ja der Verzweiflung an dem eigenen Fremd- und Anderssein erreicht haben.

Auch daher wird der Leser etwa zur Mitte der Gesprächswiedergabe auf einige ihm möglicherweise unverständliche Erwähnungen *physischer* Merkmale der beiden Sprecher stoßen, deren Mehrdeutigkeit ich, d.h. wir bewußt *nicht* aufgelöst haben.

Dazu möchte ich bemerken: Ob die Rede oder das Angesicht einen Menschen verrät, wird häufig erst dadurch beantwortet, daß es ein unaufhebbares Schweigen dieser Rede, dieses Angesichtes gibt; und daß dieses *Schweigen* eigentlich seinen Zustand, sein Leid verrät. Das ruhige Verständnis hierfür ist uns weitgehend schon abhanden gekommen. Aber, wer dieses Schweigen nicht schweigend teilen kann, die eigenste Rede dieses Schweigens und dieses Herzens erlauschend, gewärtigend, offenbart selbst einen bestimmten Trieb niedergehender Mitfühlungsfähigkeit. Sogar niedergehenden Lebens. Letzteres ist eben nicht mit einer solchen Art von Mitteilsamkeit gleichbedeutend, die sich ihren Empfängern auf Anhieb bequemt, bequemen müßte.[5] Ohne die lebendige brennende Kohle wird, in *einem Ofen*, jene zweite, die sie zündet, dieses Feuer auch nicht fangen.

Dies zu überwinden, ist ihnen untereinander, gegenseitig, sehr wohl gelungen. – Und doch ist dies in nicht geringerem Maße ein Zeugnis des besagten fortgeschrittenen Verlustes: unserer tatsächlichen inneren „Schönheit".

So wird man beim Lesen dieser Niederschrift ihres Gespräches oft den Eindruck eines einzigen, sturen Monologs des Jüngeren, sozusagen Brennenden gewinnen, nämlich Albes. In diesem als solchem verfolgbaren Selbstzeugnis ist zwar oft ein entscheidendes, unausgesprochenes Erreichen und Befeuern seitens des Anderen

---

5. Diesem Standpunkt habe ich mich übrigens auch in der sprachlichen Form meiner Aufzeichnungen verpflichtet gefühlt. (Anm. d. Schreibers).

mitentfaltet, ihm übergegangen. Nur eben: bis zu einem gewissen Punkt, nicht darüber hinaus. *Um diese gewisse Schwelle* geht es uns in unsrer heutigen Rekapitulation des Ganzen.

Daß, für die erreichte Einmütigkeit oder ihren Trost gesprochen, individuell, volklich, auch geschichtlich der gleiche „Ofen" zwei Seelen umschließen muß, das darf und soll nicht von den hier verwahrten wesentlichen Aussagen zu diesem inneren „Leuchten" ablenken. Das nicht nur derart vergeistigte Naturen wie die Albertos zu ergreifen pflegt. Als solches verdankt es sich einem anderen und bedeutend größeren „Ofen", dem nicht ein Kohlestäubchen der menschlichen Seele entrinnt, und dem es deshalb nicht um die nach außen abgestrahlte Wärme geht, weil es dieses „Außen" nicht gibt: oder ein anderes Leben, das seine unsichtbare Wandung *nicht* umfasste.

Für Matéo galt es vor allem, sich darüber Klarheit zu verschaffen, wie selbst dieses ihr schicksalhaftes Zusammenstehen zum Ende hin den „unseligen Kräften der Beharrung" weichen konnte, die er sich noch heute anlastet, und die, nicht weniger störrisch, Albes Selbsttreue und Glaubensvorsätze bestimmten. Wenn es tatsächlich so ist, daß die besten Freundschaften im wesentlichen ohne Worte auskommen, dann war es um ihre Freundschaft wohl ohnehin nicht zum Besten bestellt. Nicht also, um mich zu widersprechen, sondern um es deutlicher zu sagen: Keinesfalls „kann man doch aber über alles reden". Und wenn es sich erst als solches erweist, ist „ein Gespräch unter Ungleichen immer nur der Schein eines Gesprächs", schrieb einmal Hölderlin. Und doch war dies ein glühender, ein fluchtloser Versuch, von dessen Auswirkungen auf die Seele meines Freundes ich auch vieles Gegenteilige berichten kann. Er ist seitdem nicht mehr derselbe.

Um Albes Licht rechtzugeben, verhält es sich hinsichtlich der tieferen wirklichen Verbindungen zwischen den Menschen so, daß wir „an der Dauer einer angehaltenen Tagwerdung, einer scheinbar unaufhörlichen Dämmerung in der Welt leiden". Er sprach uns häufig von einem „gemeinsamen, nackten Grund unseres Lebens" und vom „Widerstreit unserer Eigenzeiten": die doch die *einer* „Verwesentlichung" seien. Von „ihrer noch mangelhaften Synchronisation". Aber er tröste sich mit diesem Wissen: „Daß alles seelische Leid eigentlich von diesem Leid herrührt."

Daran anknüpfend bliebe nur noch vorauszuschicken, daß sich beide in letzterer Zeit leidenschaftlich dem Studium der christlichen Theologie, erst evangelisch, dann katholisch, in Berlin verschrieben hatten. Der eine von Jugend auf ein Mann der Nachdacht und der Feder. Vorwiegend aber einer heftigen Gottesliebe, die sich so bestimmend und unmethodisch in allen seinen Arbeiten und Überzeugungen entfaltete, daß sie ihn ebensowenig als prädestinierten Theologen oder Philosophen, denn als astreinen Dichter erscheinen ließ, obschon wir ihn jahrelang als letzteren verstanden und erlebt hatten. Damals aber war eine unauslotbare Wandlung mit ihm vonstatten gegangen, die sich gänzlich unserer Einflußnahme und Einschätzung entzog. Der andere, um wenige Jahre ältere, eher das erstere. Ein Mann der sorgfältigen Abwägung und Konversation, ein oft unterhaltsamer Zweifler an dieser Welt und ihren Menschen, der allerdings als fragender Empiriker, der er war, auf seine dringendsten Fragen keine Antwort gefunden hatte. Weil wir wußten, daß Matéo ein geschulter Biologe war, außerdem wegen seiner hervorstehenden und unangenehm vorgewölbten Augen, seiner unverbindlichen Art und seiner typischen, scheinbar fröstelnden Körperhaltungen - einem allgemeinen Mangel an Wärme, dem ihm die chilenische Exilgemeinschaft von Berlin mit etwas Häme nachsagte, nannten wir ihn *el sapo Matéo*.[6]

Und daß trotz allem Vorangeschickten gewisse Verschiedenheiten ihrer Denkungsart, die sich gerade auf wenige religiöser

---

6. „Der Frosch Matéo", dieser „Freund der kalten Elemente", dem gerade Albe soviel Zuneigung entgegebrachte, seltsamerweise mehr als alle anderen von uns, beklagte sich ein ums anderemal darüber, daß man „ihn schon dafür verurteile, daß er kein Vogel sei" („me juzgan ya por no ser pajaro"). Aber, wir alle, die wir im Laufe der Zeit ein kulturelles und, in bedingtem Maße, auch ein inwendiges Gesicht gegen ein anderes getauscht hatten, einem fleischlichen oder eine Larve, bezeichneten uns als *negritos blancos* und bedachten uns gegenseitig mit solchen, eher zärtlichen Animalismen. Da der rund um die künstlerisch oder geistig tätigen Moderatoren periodischer Zusammenkünfte erweiterte Kreis unserer Gruppe ungefähr zwei Dutzend erwachsene Männer und Frauen umfaßte, fand fast die gesamte einschlägige Fauna hierbei Verwendung. (Anmerkung d. Schreibers).

Natur hätten zurückführen lassen können, damals einer vorbehaltlosen Verbrüderung zwischen ihnen abschworen - wie sie ursprünglich durchaus bestanden hatte. So galt in den Augen des Freundes der jüngere Denker, entgegen anderer Meinung, nicht für verrückt oder aufs unleidlichste überspannt, was gemeinsame Bekannte so empfanden und als Folge des Exils bei diesem ausgemacht zu haben glaubten.

Wie ich bereits erklärte, bin ich auch Matéos dringender Bitte gefolgt, verschiedene Stellen aus den Briefen und sonstigen schriftlichen Zeugnissen Albes in längeren Passagen einzubeziehen, teilweise auch eigne Niederschriften sonstiger Äußerungen; in der Absicht, das, was Albe empfunden, gedacht und entdeckt hat, in zusammenhängender Form wiederzugeben (oder besser, im Zusammenhang jener Entwicklung nachzuzeichnen, die wir als sein „seelisches Lebensprojekt", wie ich eingangs erklärte, aufzufassen haben).

Und zwar deshalb, weil „Der Freund", anders möchte Matéo ihn heute nicht genannt wissen, selber diese Gelegenheit leider versäumt hat.

Gegen die Darstellung des sich so ergebenden Ganzen als ein einziges *Gespräch* ließe sich sonst auch mit Recht einwenden, daß kein Mensch „solche Reden aus dem Stegreif schwingen" könne.

Auch daß mein heutiger „Informant" des Deutschen nicht ganz mächtig ist, Albe aber zuletzt sich einer ziemlich eigenwüchsigen Sprache bediente, deren Übersetzung Matéo bedeutende Schwierigkeiten bereitet hätte. Ich habe versucht, den oft schlichtweg dichterischen und manchmal mystisch getönten, zum Teil ungeklärten Begriffsbestand dieser Sprache in den deutschen Ausdrükken entsprechend nachzubilden, ihn aber gerade durch seine genauere Nachempfindung mehr zu versachlichen und näher zu erhellen.

Eines noch: Uns ist bewußt, daß dieses Buch, wenn wir es denn verlegen sollten, überhaupt nicht den üblichen Ansprüchen an das Konsumgut „geistige Wissenschaft" oder „Literatur" genügt, indem es fast jegliche Struktur eines thematischen Grundrisses und jegliche konzeptionelle Distanz, unter anderem, vermissen lässt, die es dazu qualifizieren würden. Aber wir sind angewiesen, es so zu lassen. Wir wünschen keine Streichungen und Umstellungen, keine lektorialen Einmischungen, keine beigegebenen Kommentare. Soweit letztere erforderlich erschienen, haben wir selbst sie eingebracht.

Dies ist nun das längere, etwa vierstündige Gespräch, sozusagen aus dritter Hand, in meiner erweiterten, um die nämlichen Stücke angereicherten Aufzeichnung seines mir vor einigen Wochen mündlich eröffneten Verlaufs. - *Beltrán al-katib*.

([7])- Nach tagelangen unvorhergesehenen Recherchen, wir waren uns etwa sechzehn Monate nicht mehr begegnet, fand ich ihn schließlich in einer eisgrauen Lattenzaunsiedlung im östlichen Umland der Stadt. Keinem Ort der verspäteten Werbenovitäten, der soundsovielten Neueröffnungen von Neueröffnungen, an denen man mit mitleidigen oder hämischen Gedanken vorbeifährt: in jedem anderen Ort seien die Menschen wenigstens in ihren Träumen Könige. Auch die stattlich-deplazierten Wohnparks der Nachwendezeit sind hier erst viele Jahre später entstanden. Ich sah hier also nur die straßenwärts versunkenen Andeutungen ehemaliger Höfe, schlecht verputze, scheckige Häuserfassaden, die Reste stoppelig wachsender Rasenflächen, matschige, radzerfurchte Wegspuren, und ein paar Backsteinruinen mit abgesacktem Balkenwerk. Es war der langweiligste Ort, den mancher sich überhaupt vorstellen kann. So langweilig, daß es schwergefallen wäre, ihn sich überhaupt vorzustellen. Schwerfällt.
Im Sommer zwar tanzten hier Forsythien wie gelbe Nebel in Gärten und an Zäunen, hinter denen Vögel und Kinder Zuflucht suchten.
Und, ja . . . Ich erinnere mich an zwei nassgeregnete riesige Blutbuchen, die den mittleren Platz des Ortes ausfüllten und in der Dämmerung des Herbstes glitzerten. Immer im Herbst. Wie in dem

---

7. Die Wiedergabe der wörtlichen Rede Matéos ist im gesamten Buch mit einem Gedankenstrich am jeweiligen Anfang und Ende bezeichnet. Albes Rede ohne diese. (Anm. d. Schreibers).

Herbst, als ich hierher zurückkam. Monate später nach unserm Gespräch.

Damals aber, im letzten Wintermonat, gab der Ort wirklich nichts Eindrückliches her, wie ich schon sagte. Dieser für mich, trotzalledem, unvergeßliche Ort, dessen Namen ich aus ersichtlichen Gründen für mich behalten muß.

Albe saß regungslos, starr wie ein Findling aber mit stabilem Blick, und, was mir gegenüber früher auffiel, sehr geradem Rücken, vor einer Art geteertem, größerem Geräteschuppen, welcher regellos eingehüllt in einem Kleid von Nägeln und Metallkrampen erschien. Dieser Schuppen, den ihm ein älteres Ehepaar, gutmütige Leute, die schon in DDR-Zeiten hier und da freundlichen Umgang mit Chilenen gepflogen hatten, auf ihrem Grundstück überlassen hatte, gab nun offensichtlich seine neue Wohnstatt ab. Albe war ja körperlich ein hagerer Typ, aber blutvoll und zäh, der uns auffällig selten erkrankte. Die Art Mietwohnung, in der er bislang gehaust hatte, war immer jene gewesen, in der man winters Tag und Nacht den kranken ausländischen Nachbar die Leitungsrohre hochhusten hört. Aber dieser mit Blech und Maschendraht ausgeschlagene, irgendwie angebrannt wirkende, wirre, dünnwandige Bretterhaufen, den er nun sein Zuhause nannte, ließ mich ebenso erschaudern, wie der sirrende Klang seiner Stimme, die wie der über einen tiefen Wald regenbringende Wind klang. Wenn er schwieg, so, wie übrigens oft in seiner Gegenwart, bemächtigte sich meiner augenblicklich einer jener Eindrücke, die ich aus seinen lyrischen Gedichten kannte: Jetzt war mir, als lebte er in einem riesigen, holzigen Buch, das zum Teil schon verwitterte und der in diesem Vorgang seiner Auflösung die umgebende Luft mit einem fast unbemerkbar feinen, glimmendweißen Staub erfüllte. - Und nichts verhehlte die Kälte des strahlenden Tages, als er mich mit offenem Gesicht und mit diesen ermunternden Worten begrüßte: -

Nein, mein Lieber! Sohn des Teiches, mein menschengesichtiger... Nein: Vogel! *Auch* Vogel - wie sehr mich dein Anblick entzückt!

19 || Der Ausflug.

- Was soll ich da erst sagen! Es war gar nicht einfach, dich hier ausfindig zu machen. -

Und das sollte es ja auch nicht sein, nicht wahr? - Setz dich hierher, her zu mir und laß mich hören, was dein Herz erzählt!

(Ich umarmte ihn - natürlich bewegt, und überreichte ihm „das übliche Geschenk" mit dieser gewinnend-vertrauten Wendung, die den Landsmann zwingend ausweist.)

Katalanischer Wein! Das ist hervorragend, dem Anlaß würdig, daß du mich besuchst, und daß ich just in diesem Augenblick- ...

- Dich an deinem Abendessen gütlich tust. Oder - das wird doch wohl nicht alles sein - dem, was davon übrig geblieben ist! Nimm bitte auch die zweite und die dritte Flasche an dich.
(Dies tat er nun mit einem seltsamen und unbestimmten Lächeln, ohnedaß sein Blick, der stiller, und doch prüfender wurde, den meinen losließe.)
- Was also isst du da eigentlich?-

Mich, wenn ich einer der vielen Antworten vorausgreifen darf auf die vielen Fragen, auf die ich mich jetzt wohl einstellen darf. Und zwei Äpfel. Ich halte es hier wie das Licht, siehst du, das nichts essen mag, außer sein Herz.

(Ich widmete mich jetzt ein wenig beklommen dem Katalaner, indem ich die erste überreichte Flasche wieder an mich nahm und diese schweigend öffnete.)

Und nun sprich! Was führt dich zu mir?

*(Eine nicht uninteressante Frage. Denn tatsächlich wußte ich das nicht...
Doch entschloss ich mich trotz seines sichtlichen „Auftauens", von vornherein meiner Besorgnis Ausdruck zu verleihen. Womit ich ihn augenblicklich in jenen tieflidrigen Ernst versetzte, der angestrengt*

Rechenschaft gibt über Dinge, die lang ihrer Aussprache harrten. - Ich wußte nicht, wie anfangen . . .)

- Das fragst du noch? Also, die Freunde lassen fragen, . . .

Und auch dich würde interessieren . . .

- Warum du dich in dieses rohe Nest, diese Art Hühnerverschlag zurückgezogen hast, warum du uns seit langem meidest - und obendrein, wie`s scheint, das Studium abgebrochen hast. - Wir haben dich seit einem Jahr nicht mehr im Lesesaal gesehen.-

Ersteres stimmt nicht. Glaube mir, ich bin mehr bei euch, als je zuvor. - Das andere mag dagegen sein Übriges zu meinem Weggang beigetragen haben: unter anderem.

- Ich höre. -

Dann will ich mich des auf dem Herd flatternden Feuers vergewissern und die zweite Decke für dich ausschütten. - Wenn du mir folgen willst?
(Wir betraten jetzt das ärmliche, aber sehr aufgeräumte und nicht wie erwartet dumpfige Innere seiner Hütte, das, im Gegensatz zu ihrer äußeren Erscheinung, meinem Blick kein Anzeichen einer Verwahrlosung ihres Bewohners bot: soweit man es für zumutbar hielt, daß sie überhaupt bewohnt wurde. Aber sie hatte sogar etwas Heimeliges und Erwärmendes, das nicht nur von der auf einem kleinen Herd brennenden Feuer ausging. Den bewußte Satz - er müße sich dieses auf seinem eignen Herd „flatternden Feuers" vergewissern (er sagte nicht: „flackernd"), wiederholte er so oft, daß ich seinen Doppelsinn bald begriff. - So zuerst im Zusammenhang mit seinen zurückliegenden Studien, zu denen er sich, auf einer Art karminrotem, geflickten Kelim sitzend und sich am leuchtenden Wein erwärmend, äußerte.)

Der Ausflug.

Es ist wohl wahr, daß ich inzwischen einen Schirmbrand habe. Aber mein Kopf ist nicht so tot, wie manche meinen. Und wo der Span noch vom Holz fällt, brennt das Feuer schließlich länger.

Allerdings fürchte ich, dich mit meinen Worten wohl oder übel verwirren zu müßen, obschon das nicht in meiner Absicht liegt. Ich bin wenig gewöhnt an den glücklichen Umstand einer solchen Unterhaltung.

Und siehst du, mich haben anfangs noch manchmal die Katzen des Nachbarn besucht.[8] Aber ich konnte mich ja selber kaum versorgen. Und die karge alte Nahrung, die ich hier mit dem Licht des Tages teile, hat ihnen wenig gemundet. - Auf dein Wohl!

Dies ist auch übrigens vor zwei oder drei Jahren bei meinen ersten Begegnungen mit diesen Katzen so gewesen. Aber damals hatte ich sie noch mit gewissen Freundesgaben empfangen und abfinden können. Was mir jetzt bleibt, muß erst gedeihen... Und soweit das schon geschehen ist, möchte ich dich zu seinem ersten Abnehmer bestimmen, Matéo.

(Solche Redensarten gehörten seit jeher einfach zu ihm; sie waren mir nicht nur nicht unvertraut, sondern stellten deshalb auch anfangs das sehnlich erhoffte Vertrauen her. Es hatte auch übrigens früher kein Indiz für eine wie auch immer geartete Geistesverwirrung des Freundes gegeben. Bis auf einige eher unbedeutende Auffälligkeiten. So war es manchmal seine Art gewesen, auf der Straße zu gehen, nicht auf dem Bürgersteig, einerlei, wie stark diese befahren war. Einmal, da zerschlug er beim gemeinsamen Frühstücken eine schwarzemaillierte Teekanne, in der sich ihm seine eigenen Züge wohl zu deutlich abbildeten. Solche Sachen. Ansonsten plagte ich mein Gedächtnis vergeblich, mich ernsthafter Wunderlichkeiten an seinem Verhalten in der gemeinsam verlebten Zeit zu erinnern. Er trug an diesem Tag übrigens eine moosgrüne, zerlumpte Cordhose, kurz genug, um den Blick auf etwas freizugeben, was wie aufgerollte grüne Fußballstutzen aussah, wenn es das nicht sogar gewesen sein

---

8. Wie er uns belehrte, ist das ein kabbalistischer Ausdruck für Menschen, die teuflischen Einflüsterungen gehorchen und glauben, oder: für ebendie Wesen, die diese Menschen verleiten. (Anm. d. Schreibers).

sollte, sowie einen ebenfalls grünlichen Wildledermantel mit gelbem Futter und Brustaufsätzen aus synthetischem Plüsch, wie er damals in vielen Zweitehand-Modeländen Schönebergs oder Kreuzbergs für maximal dreißig Mark erstanden werden konnte. Seine Vorliebe für grüne und dabei möglichst verbrauchte Anziehsachen war aber nichts Neues. Er setzte von neuem an:)

Von der Philosophie, aus der Mitte des Nichts, angeödet von der schnurrenden Kulanz, die spirituellen Untiefen oder Versäumnisse der heutigen Welt zu kitten, irgendwie zu rechtfertigen, verschlug es mich schließlich ins theologische Lager, wie du ja weißt - du rietest mir ja selbst dazu. Nicht nur, daß wir beide dadurch häufiger zusammenkämen. Dies entspräche vielmehr meinen eigensten Veranlagungen, rietest du, während etwa deine Beschäftigung mit Glaubensfragen eine letzte Notwendigkeit darstelle, die aus den bleibenden Unbeantwortbarkeiten deiner naturwissenschaftlichen Studien erwachse.

Hier aber konnte ich das ganze unpersönliche und schwerfällige Reden von bestimmten Dingen irgendwann nicht mehr ertragen - Dingen, die mich allerdings tiefer bewegen. Wenn etwa, um beim Entscheidenden anzufangen, von Jesus gesprochen wurde als dem „sozial-psychologisch unentbehrlichen religiösen Kultsymbol" für die Menschen; von ihm, an den ich unmöglich denken kann, ohne mir beide Augen ausgraben zu wollen. Ich dachte, gut, daß man diese „Unentbehrlichkeit" so recht lebendig ins Bewußtsein rücken kann, so deutlich vor unser soziales Empfinden bringen. Da kann man ja kaum noch anders, als zu diesem „Symbol" aufschauen, man muß diesen Christus ja dann geradezu verstehen. Was er wahrscheinlich selber will: nicht sehr viel mehr, als ein Symbol des Glaubens sein, durch das wir zum Nachdenken gebracht und zum besseren Leben belehrt werden können. - Ist das Gott? – Spricht denn, wer ihn, Christus erhört und in sich aufgenommen hat, von Dingen wie dem „Christusbild unserer Zeit" oder darüber, was „Christologie" sei in unserer Zeit? Nein, er sucht Christus in den Menschen unserer Zeit. Er sucht mitten unter ihnen den, „der keinen Ort hat, wo er sein Haupt hinlegen könnte" und der „an den Lehm des Abgrundes geheftet" wurde, „in allem seinen Brüdern ähnlich geworden", bei den Unscheinbarsten, den am meisten Verachteten, den Untröstlichsten, Rastlosen. - Oder wenn gesprochen wurde von der „Rechtfertigung als versöhnendes Tun Gottes, das der Gemeinde gilt". Das ist schön für die Gemeinde, aber leider auch das übliche Rückzugsgefecht in dieser Welt; für all jene, die nicht dazugehören, zu dieser „Gemeinde in der Welt", die letzterer, der Welt, andererseits verdächtig ähnlich ist, nur ein Lebkuchensymbol mehr für die Offenheit des Herzens. Von der „Fähigkeit des Staates, das von der Kirche verkündigte Reich Gottes in Analogien gleichnishaft zu verwirklichen". Davon war oft die Rede. Diese Lüge ist süß, aber leider nicht klein genug, um wirklich süß zu sein. Und wenn das zutrifft, gilt es für „Verkündigungen" einer bürgerlichen Sicherheit, eines ökonomisch entspannten Sonntagmorgenfriedens, eines leidabweisenden Christentums, das schlicht auf Ausgrenzung der Wirklichkeit und alles Außer-ordentlichen beruht.[9] Auf Ausgrenzung jener, die sich nicht trösten lassen, nicht so einfach, des hungernden Lebens der Seele, der körperlich und geistig Abgewirtschafteten, der Kaputten, die aus ersichtlichen Gründen zu ihrem Kaputtsein sich bekennen, ihre Ziel- und Hoffnungslosigkeit verteidigen. Auf Ausgrenzung des viel- und heftigempfindenden Lebensempfindens, das, immer weniger fähig, in einer nach rationalen Regeln geordneten und funktionierenden Welt heimisch zu werden, gerade etwas, gerade mehr von der Wirklichkeit des Alleinzigen erfährt, ob es ihn als den nämlichen „erkenne" und benenne oder nicht: von einem Dolch, der den Dunst des Alltäglichen zerreißt, in unserem Leben wie in unserem Geist. Zweitens, des Glaubens, welcher glaubend über sich selbst hinaus gelangen will zu Gott selbst.[10] Denn wenn es eine Grenze gibt, umgekehrt, zu ihm selbst, der nichts gemein hat mit den Verkündigungen eines Christentums geistig Verplombter, die sich selbst „versiegelt" haben, für die einverstandenen Einsamen, die ihr Leben stutzen und ihre Seele verschnüren und trotzig Kinder zeugen, ihnen zur unbrauchbaren Seite, wie ein Freund von mir bemerkte — wenn es diese

---

9. In dieser Hinsicht kann man heute wohl kaum anders, als mit dem „Schandmaul" auftreten, das ein gewisser Däne schon vor hundertfünfzig Jahren aufgerissen hat, vergeblich, wie es scheint. (Anm. d. Schreibers).

Grenze gibt, dann ist diese natürliche Grenze über der Grenze, die wir uns gesetzt haben. Sie war nie so weit weg. Über der Grenze, „die ihr euch gesetzt habt". Und das ist das Problem, dass eure Herzen nicht beschnitten worden sind, noch nicht, noch die wenigstens der unseren, die wir von euch etwas empfangen sollen, angeblich, von Dem, der unbedingt, allem voran, beschneidet die Herzen der seinen.[11] Das bekamen unsre Ausbilder schließlich andauernd von mir zu hören, diesem hochmütigen Lump, der eines sicherlich nicht wollte: bloß einen weiteren Beitrag zu ihrem theologischen Maulheldenwettbewerb liefern, der verklingt, zuverlässig verklingt außerhalb der Fakultäten und nach den Stammtischen biederer Männer, die so gerne heulen täten mit den Wölfen. Die ich ausspucken sah, ich meine innerlich, sooft ich niederkniete und mich bekreuzigte.

Wo ist der Sinn, das vor allem, wo ist das Bewußtsein dafür geblieben, daß Gott etwas *mit uns* angefangen hat, mit uns etwas tut? Und wenn es weh tut, ist es gut. Das ist geradezu ein Indikator für Gottes Arbeit an uns, jene, die uns hinausführt aus dem tückischen, kalten Eingerichtetsein in uns selber und in dieser Welt, die alles daran setzt, uns sein wahres Angesicht und sein Anliegen zu verschleiern.

ER ist wie ein durchdringender Ton, der in deinem eigenen Inneren entsteht und der dich aufstört Tag und Nacht, dir keine Ruhe läßt. Keinen Raum mehr für dich selbst. Bis du bereit bist,

---

10. Er vergaß anzuführen: drittens, auf Ausgrenzung aller Stimmen, bekennende und praktizierende, der orientalischen, indianischen und der ethnischen Religionen, die von sich aus in einen konstruktiven Dialog mit unserem Bekenntnis eingetreten sind. Etwa dann, wenn sie sich, ohne Aussicht auf ein erträgliches oder ungefährdetes Weiterleben in ihrem Heimatland, dafür in dem unseren passioniert entfalten. Denn diese Stimmen sind immer gerne aufgefordert, uns von ihren Überlieferungen, „ihren Vorstellungen" zu erzählen und unsere Themenforen oder Aufsätze dadurch mit zugkräftigen exotischen Elementen zu bereichern, die bestätigen, wie tolerant und wie originell wir in Belangen des Dialogs sind. Aber sie mögen sich doch bitte nicht einbilden, der einen substanziellen Glaubenswahrheit dadurch fehlende Konturen zu verleihen. Geschweige denn tiefere und edlere. Weil es nämlich an uns ist, sie mit dem Überlegenen und umstößlichen Verständnis des Göttlichen, ja des Geistigen überhaupt zu beschenken, darum sind ihre Geschenke nur eben draußen erwünscht, wo wir diese geschmackvollen Begegnungspodien abhalten und einige bewußt tendenziöse Bücher anbieten, als Lockmittel für voreingenommene oder geistig weniger aufgeweckte, sinnliche Naturen. (Anm. des Schreibers).
11. Vgl. 5. Moses, Kap. 30. (Anm. d. Schreibers).

seine Stimme zu vernehmen und zu befolgen, was dir diese Stimme sagt. Eine Stimme, die sich aus diesem durchdringenden Ton bilden wird, immer vernehmbarer werdend, immer nachdrücklicher, fordernder...

Einerlei, welche Themen und Lemmata man sonst noch vorbrachte, von den „Ursachen und Folgen des Transzendenzschwundes", vom „Kairos", der „Versöhnung" und den „Gnadenmitteln" sprechend, undsoweiter, einerlei, welches Gespräch ich zum bedeutenden „Humanbezug des Geistes" auch verfolgte oder aufgegriffen habe; mir war immerzu, als ob ich mit Blinden über seltene Farben spräche. Und also damit ich diese Farben wie sie sehen lerne, endlich! -, muß ich erst alles durchkauen, was je Menschen unserer Tradition zu Gott zu sagen sich vermaßen. Dann mag ich frühestens auch meinen eigenen Mund auftun; aber auch nur unter der Voraussetzung, daß ich mich ausdrücklich auf diese Interpretamente einer urspünglichen *doxa* des ersten und größten Theologen beziehe, der da Gott selber ist, wie schließlich all diese Denk- und Redeweisen suggerieren. - Aber leider ist *er* des Holzes nicht, aus dem man solche Bilder schnitzt.

- Das ist doch aber letzlich Sinn und Zweck des Studienganges, daß du von solchen Verhärtungen erfahrest und sie abzuweisen lernest. -

Ja, aber wenn Gott *wirklich* ist, nein anders — wenn *Gott* wirklich ist, und sie wollen ja nicht in Abrede stellen, daß er *das* Wirkliche schlechthin ist, muß dann nicht gerade der theologische Geist am echten, erfahrbaren Leben geschult sein, am drängendbedrängenden Leben, am Feind der Muse und der Schutzbehauptung aller Gedankenvertiefung, am Feind des Feindes und Fürchters aller nahen Berührung? Keine Spur davon. Dafür, daß es ihnen doch um die wahre Speise des Lebens gehen sollte und ihren besonderen Geschmack, der nicht von ungefähr entschieden bitter ist, backen sie viel zu kleine und zu süße Brötchen, die allenfalls ihren eigenen Kopf sättigen, schaffen und raffen diese fortwährend in einem stickigen und geisterhaften Rauch, der die fragende Seele vollständig benebelt: sowie sie aus sich selber aufschaut. Nur dieses Vergehen ist nicht klein. Gerade an unzähligen jungen Studenten der Theologie kann man diese fortschreitende innere Verödung beobachten, die nach und nach um ihre eigenste Motivation und ursprüngliche Leidenschaft gebracht werden ...

Aber es soll hier nicht der Eindruck entstehen, als monierte ich nur das Format der Verantwortlichen einzelner lokaler Lehrbereiche an bestimmten Instituten. Ich richte mich gegen den gesamten theologischen Wissens- und Lehrbetrieb dieses Landes, und, grundsätzlicher, gegen ein komplett falsches Geistverständnis in der westlichen Welt, welches unter anderem auch diese Verödung verursacht hat. In dem der Daus nach Lust und Laune west. Von wo aus er sich eines weichherzigen, puerilen Christentums bemächtigt hat, das nicht einmal versucht, sich gegen die Einflüsse und Quertreibereien des Feindes zu wehren, weil es diesen in seinem eigenen Schoß und Herzen beherbergt, ohne das, wie es scheint, überhaupt für möglich zu halten.

- Zu weich gebettet gibt nicht nur Verspannungen, die Schmerzen verursachen können und das meistens auch tun. Es macht auch das Gemüt träge und das Gefühl zuschanden, erstickt jeden Instinkt für -

Nur nicht auf die Art, die es sich finden läßt und reifen, dieses Gemüt. Denn zuschanden werden muß es ja gerade dazu. Nur, in einem ganz anderen Sinne und auf vollkommen andere Weise.

Entschuldige. Zum dritten werde ich bloß andauernd auf meine liederliche Kleidung, mein, wie soll ich sagen, mein Entspannungsdefizit, und meinen traurigen Gesichtsausdruck angesprochen. Leider, so scheint es, unterscheide ich mich von diesen „Farbenbewunderern" und Gelehrten nicht wie Gelb und Weiß oder wie Blau und Schwarz, ja, das ließe sich noch annehmen. Aber wir sind wie Tag und Nacht. Wenn sie sich wieder in ihre formalen Gewißheiten hineinwiegen, sage ich laut: Ich habe keinen Sinn, ich kann und will ohne die *she'kina* nicht leben. Wenn Sie die lutherische Zotte abrufen vom deus absconditus, frage ich: Ja, *spürt* ihn denn nicht in dieser Stille, in der unendlich duldsamen Stille dieses Raumes, die eure Worte vernimmt und erträgt, und, deutlicher noch, in eurem *Nacken*? „Ah ja, jetzt meinst du den mystischen Schauder oder den weniger oft bezeugten Vitalbezug, das, was im Unbewußten stattfindet, sich in der Umgebung des dritten Gehirnventrikels abspielt, wie bei den Indern? Ja, aber wir meinen doch den hellen spiritus der rechten Unterweisung und der Gnade, den der Weiss-sagung und der Erfüllung und der Rechtfertigung des intimen Dunkels jeglicher Individualität". Und ich spüre und merke nur wieder, daß sie einen Theologen meinen aus Mitteleuropa. Und antworte: „Gut, dann laßt ihn hören, wenn ihr in derart gutem Vernehmen mit ihm steht". Dann kommen sie mir mit der „Wort-Gottes-Theologie", der „Zweinaturenlehre" und anderen Dingen, die sie zu biederen Ausflüchten ihrer offensichtlichen Verhirnlichung verdrehen. Und ich kann dieses Gerät nicht ausschalten. Wenn sie es selbst nicht können!

Aber ich will, ich will, daß es wenigstens in mir selber nur eine äußere, gefügige Stelle versieht; weil ich dieses Gerät letzten Endes nicht brauche.

Eines Morgens dann, es ist ungefähr neun Monate her, erhielt ich einfach keine Antwort auf die Frage, wie wir angehende Theologen damit umzugehen hätten, daß niemand anderes als Ghandi die Meinung verfochten hat, das heutige intellektuelle Europa vertrete nicht etwa den Willen Gottes, sondern den Geist des Widersachers, den Geist Satans. Danach bin ich nicht mehr hingegangen. Ich glaube, seit diesem Tag nicht mehr. - Aber lassen wir das, es würde ja kein Ende nehmen.

- Also, dir ging es schon mit der Philosophie ganz ähnlich. Du glasäugigiger Grünfink hast auch da mehr als einmal die feste Absicht bekundet, das Studium aufgeben zu müßen, es aber dann doch immer wieder aufgenommen. Ich weiß nicht, wozu ich dir raten soll. Hoffe aber, daß du dich auch diesmal eines Besseren besinnen wirst. Weil mir ähnliches schon aus geistig weniger ambitionierten Bereichen bekannt ist, kann ich mir vorstellen, welcher Verödung in erfundener Erfahrung, in begriffsweltlichen Surrogaten du dich in diesen Zirkeln ausgesetzt fühlen mußt. Aber: woher rührt diese Haßliebe? Muß unsereins nicht selbst einräumen, in einer Sackgasse zu stecken? Daß uns, indem wir mit einer bestimmten Art zu denken oder schlicht „des Denkens" konfrontiert werden, die keinesfalls ein natürlicher Anspruch unserer Seele ist, indem wir uns ihrer, vielleicht, nicht genügend *erwehrt* haben ... Trotz all der Warnungen, die uns begleiteten, gerade auch der biblischen - eine Art Richtungslosigkeit oder Verstörung ergriffen hat, die uns daran hindert, zu diesem natürlichen inneren Sinn zurückzukehren? Stark und unbefangen auch wider das bloß Reziptive, Kompilierende und Tradierte zu optionieren, das, wie eine allzu augenfällige Falle, eine große innere Leere verdecken will, die man so oder mit allen möglichen intellektuellen Kraftmeiereien ausgleichen zu können glaubt. Schlechter Einfluß, der uns ebendaran hindert, die innere Stimme des Glaubens noch vorbehaltlos anzunehmen, das heißt, unsere eigentlichsten geistigen und menschlichen Empfindungen. Es ist auch eine völlig andere Art, uns *selber* zu empfinden oder zu erfassen, indem solche Beschäftigungen und Einflüße auf Dauer prägen, und uns wahrscheinlich so lang im Wege stehen, in diesem Wege, bis wir nach unendlich vielen und letzlich weniger wichtigen Fragen - endlich wieder fragen: Wie kann man *nur* leben? Denn leben ja ist unsre Aufgabe. Ein menschlich vertretbares Leben im Zeichen der uns offenbarten, empfundenen Wahrheit. Das bleibt, wie du wahrscheinlich fühlst, die eigentliche Frage. - Aber bedenke, gerade das abgeschlossene Studium würde dir alle möglichen Wege eröffnen, um -

Ja, wozu eigentlich? Wenn ich weitermachte, würde mich das irgendwann derart konditioniert haben, daß ich wahrscheinlich nichts Lebendiges, Authentisches mehr in mir fände ...

- Das halte ich für ausgeschlossen. −

(Nach längerem grübelnden Schweigen.)
Unsere Muttersprache, mehr denn jede andere, verschränkt jenen dir glücklicherweise bewußten inneren Instinkt mit dem erfahrbaren Bedeutungssinn des Wirklichen, sozusagen seinem substanziellen Gehalt. Diesen letzteren erklärt sie ja an sich als das „Empfundene": Wir sagen „sentido" und meinen einen herausge-

schälten, bloßgelegten Kern des geistigen Empfindens. Wörtlich, einen lichten „Vor-Sinn", eine sich behauptende, sich selbst erweckende „Prä-Senz" der mit dem betreffenden Wesen des Lebens einsfühlenden Kraft in uns. Eines lebensbewußteren, anscheinend eingeborenen Empfindens, Wahrnehmens und Kennens, das jedenfalls nicht erlernt oder erworben werden kann.

Es ist das, was der Koran *fetra* nennt und als ein ausschließlich von Gott in uns erwecktes, uns insofern unverfügbares Geschenk beschreibt. Ein Geschenk, durch das allein wir in einem Stand echter *Geschöpflichkeit* mit ihm verbunden sind bzw. bleiben.[12]

Aber: gerade dieser „Sinn" kann und muß auf unmittelbare Weise bewährt werden, die dem uneingezogenen, erlebenden Kern der Person eine tiefere Verständigkeit und Sinnigkeit verschafft. Die von da aus erst das bewußte Denken ein- und nachsichtig, mitfühlend und verantwortlich macht: durch die der Geist erst zu ihm, diesem Herzenssinn, „gewetzt" wird.

Und wenn unser Leben nicht die Suche und Beschreibung dieses Weges ist, dann weiß der innere Mensch vorne nicht, ob und wie er rückwärts lebe, obschon ihm kein Spiel zu hoch ist. Aber weil er nur Zuschauer ist.

Denn er sieht hier und da die in diesen Weg Hinein-Gebundenen, der das Herz schält, der sich auf vielfältigste Weise äußerlich vermittelt, vergegenständlicht in den verschiedensten Formen des Gebunden- und Gefangenseins mit Menschen und an Menschen, aber es ist, als sähe er nichts; denn weil und solange er keine Schlüsse daraus zieht auf sich, auf die eigene Bindung zu allen und zu dem, der da alle bindet, sieht er nicht, *was* er tatsächlich da sieht.

Er hat keinen Anteil am wahren, ernsten Schauspiel dieses Lebens, das in nichts anderem als der sukzessiven Begegnung mit unserem Gott besteht und in der damit verbundenen nachhaltigen Veränderung des Ichs. Seine tiefsten persönlichen Einsichten bleiben scheingeistige Augenverblendungen, deren befriedigende Wirkung nur auf das Maß hindeutet, in dem er sich unterworfen

---

12. Die sich darin hauptsächlich bekundende „geistige Geschöpflichkeit" bildet das Leitthema des „Alten Liedes". (Anm. d. Schreibers).

hat der Angst, zu sehr von der Immensität, der inneren Tiefe, der verändernden Kraft des Lebens selbst verschlungen zu werden, sozusagen sich aufzulösen. Oder sich mit oder ohne Wissen unterworfen hat dem Wider-Gott, der in diesen Nichtigkeiten ihn Errungeschaften einer denkerischen Unabhängigkeit, einer charakterlichen Autokratie sehen läßt, die keiner Lenkung und Bewahrung höherer Natur bedarf und folgt. Tatsächlich ist gerade das dann in Kraft getreten, höhnischerweise, nur leider von der anderen, von der dunklen Seite her.

Und wie ein unnützer Blasebalg, mit dem er die Funken seiner eigensten inneren Natur brennen lassen zu können glaubt, weiß er vom Was-Wert nichts, vom Licht-Gewicht dessen, was da empfindet oder denkt, aber weder Empfindung, noch Gedanke ist.

Er sieht das, *was ist*, was das Was ist in uns, weder bei sich, noch bei irgendeinem anderen Menschen.

Er weiß auch nichts von der Demut, die den Schatten einer offenen Wunde, der Schälungswunde des Geistes unseres Herzens, über die Gesichter derer legt, die ihrem wirklichen und letzten Grund begegnet sind. Stehend begegnet sind.

Wer sind diese Menschen? Figuren, die erloschen sind. Und seitdem brennen sie. Ihr Herz ist, wie es im 5. Buch Moses, Kapitel 30 steht, beschnitten worden, damit sie fähig gemacht würden, den Herren wahrhaft zu lieben. Durch jede Regung, jede Tat, durch jeden Blick und jedes Wort drücken sie, die Gebundenen, ihr Wissen darüber aus, wie stark und verbindlich diese Bindung ist, wie bedürftig sie in diesem Grund, unserer aller letztem Grund sind gegenüber der in ihm begegneten höheren Macht, die ihre tragende Liebe und *ihre* geistige Wahrheit äußert. Und *die* allein äußert, was sie von sich selbst hat oder „hört".

Hinter der nichts mehr ist. Deren Stimme auch von dort her zu dringen scheint, wo nichts mehr ist ... Aber nicht niemand.

Denn davor noch, da ist niemand – nichts Beständiges, nichts wesenhaftes und nichts bleibendes: ehe nicht diese Verbindung hergestellt wurde zu Gott.

31 || Der Ausflug.

Und eben: das auf der unnachbarlichen Ebene unseres Verstandes so zu üben, „von sich geben, was man von sich selbst hört", das bringt den Mund, der alles umwandelt, alles „durcheinanderbringt", auf den Plan. Damit fängt die ganze Misere des Menschseins an und alles Üble dieser Welt.

Es ist der weit verbreitete, gefährliche Betrug an der Macht des wahrhaft und schlechthin Geistigen - dem *wir* innerlich stattgeben. An ihrem natürlichen Durchsatz mit der wesenhaften Güte des Alleinzigen, der, sowie wir uns unseres inneren Seh- und Aufnahmevermögens vergewissern, sich in dem vorher benannten Geschenk ausdrückt einer geistigen Lebendigkeit, die zur vorbehaltlosen Anerkennung, Förderung und Begreifung drängt all dessen, was *nicht* „Ich" ist, was ein „Ich" ist, aber nicht das meinige. Wie es zunächst scheint.

Betrug, der einem anderen, sehr anstelligen Nachbar, der nichts Weißes in seinen Augen hat, und seinen „Katzen" endlich alle Türen öffnet in den Garten... In den Garten vor dem Haus des Herren. In unsere Seele, unseren Geist - unseren Verstand.[13]

(Hier erwachte in mir schlagartig die Erinnerung an einen Traum, den ich kurz zuvor, vielleicht sogar in der vorausgegangenen Nacht geträumt hatte. Er beinhaltete ein ähnliches Bild, eine ganz ähnliche Konstellation, festgemacht an drei verschiedenen, mir unbekannten Menschen, von denen einer ein Feuer anmachte und dabei Unmengen von Rauch erzeugte. Wenn ich mir das nicht einbilde, waren sogar streunende Katzen in diesem Traum vorgekommen, die durch säuberlich gestutzte, hohe Hecken hindurschschlüpften. - Ich beruhigte mich zwar mit dem Gedanken: „Nein, Hecken aus Rauch waren das nicht." Dennoch einigermaßen hierdurch aufgewühlt, mißtraute ich von jetzt an meiner anfänglichen Einstellung, daß „Weinreden ihren Wert nur beim Wein" hätten. Und öffnete die zweite Weinflasche, während er seine Reden fortführte. - Solche und ähnliche Dinge trugen sich aber auch im späteren Verlauf unsres

---

13. Mit dieser motivischen Anknüpfung besteht hier ein erster möglicher Übergang zum „Alten Lied", dem inhaltlichen Hauptstück des Buches, anfangend mit Matéos Worten: „Weißt du, woran ich immer denken muß?" Dieses alternative Vorgehen bietet sich für Leser an, die einen direkten und intensiveren Einstieg in die religiöse Materie des Buches bzw. in Albes eigenes Schaffen bevorzugen. (Anmerkung des Schreibers).

Gespräches häufiger mit mir zu. Ich werde sie hier nicht alle ausdrücklich darstellen, möchte mich aber auf die ebenso verwirrende, wie ernüchternde Feststellung beschränken, daß Albe an diesem Abend eine mir völlig unerklärliche Kenntnis von meinem inneren Leben besaß, die offensichtlich durch meine bloße Anwesenheit, das Bei-ihm-sein, in ihm erweckt wurde.)

Das soll übrigens nicht heißen, daß der Widersacher für mich eine völlig verselbständigte Macht des Bösen darstellt. Genausowenig behaupte ich, daß jeder Mensch auf Anhieb oder grundsätzlich im Sog der göttlichen Leitung oder Inspiration stehe.

Nicht von ungefähr wird der Böse aber „Widersacher des Menschen" genannt: gerade in dieser Hinsicht. Entweder „gibt es ihn nicht", wofür nicht eben vieles spricht, oder es handelt sich bei ihm um unseren natürlichen inneren Feind, dessen Einflussbereich – gedanklich, noetisch, psychomotorisch – derjenige zwischen uns, das heißt, *uns selbst*, und dem einen wahrhaftigen, lebendigen Gott ist.

Solange der Mensch nicht vollständig und wahrhaft bei sich selber angelangt ist – und das ist er ausschließlich bei Gott[14], während auf diesem Weg nur das Leben, das er lebt, ihn prüft, ihn frittet – unterliegt er in ganz erheblichem Maße der Macht des Verführers, des ihn umwerbenden Bösen. Und sein ganzes Tun und Lassen, Denken und Empfinden wird ebensolange auch ein Ausdruck dieser Einflußnahme bleiben. Bevor wir überhaupt irgendein eigenes Denken anstrengen, sind daher unbedingte Vorkehrungen, Vorsichtsmaßnahmen des Denkens um das Denken selbst erforderlich.

Auch hier meine ich: Kann man das für sich in Erfahrung gebracht haben, sich Klarheit über diese Verhältnisse verschafft haben, und sie den Menschen verschweigen, ihnen vorenthalten, wie real und drückend, wie perfide diese Macht ist, wie das in hunderten von theologischen Veröffentlichungen und Beteuerungen der Fall ist, die diesen Punkt nicht einmal berühren? - Nein, so

---

14. S. dazu insbesondere „Die Bitte". (Anm. d. Schreibers),

hat man sich eben keine Klarheit darüber verschafft, so erliegt man gerade *der* Illusion, die der Lebenssaft und das Genist ist des Verführers.[15]

- Albe, was hat das alles denn mit deinen Lernanstrengungen zu tun? -

Nun, ganz einfach, daß ich vor- und nachher nichts anderes als die Notwendigkeit dieses Abstieges, des Abstieges zu den Gebundenen, ja, eines tieferen noch vor mir gesehen habe.

- Welchen Gebundenen? -

Den von Gott Gebundenen. Und hier bin ich also, um mich von dem, was folgte, zu erholen, um mich zu regenerieren.

- Ich darf daraus doch nicht etwa folgern, daß du versucht hast, dich umzubringen? -

---

15. Wie unangenehm – warum gleich zuanfang ein so dunkles, abwegiges, okkult anmutendes Thema? „Muß das denn sein?", möchte man einwerfen. Ergänzend zu Albes Begründung: In Anbetracht der tatsächlichen geistigen Lage des Menschen, ihrer grundsätzlichen Gefährdung und Labilität, ist dies theologisch sogar das erste, was überhaupt zur Sprache gebracht werden sollte. Deshalb auch steht das Thema am Anfang der Unterweisung Gottes selber, der Bibel: das Thema der Verführung des Menschen durch etwas Nicht-Menschliches, das durch eben diese Verleitung in den Menschen selber übergeht.
Ist man hinsichtlich dieser Verhältnisse bzw. in ihnen nicht erprobt, nicht aufgewacht, sich nicht im Klaren, so sollte man sich auch nicht mit sonstigen religiösen Beteuerungen aufhalten, geschweige denn, sich mit solchen an Menschen wenden. Man sollte dann sogar dem, was man da selber denkt und glaubt, keinen weiteren Glauben schenken; vermag man das, so ist das nicht etwa schizoid, sondern im Gegenteil ein Gesundheitsindiz. Die Wahrscheinlichkeit ist ansonsten eminent hoch, daß man den bewußten Eindringling schon um sich hat oder in sich, ihm schon gehorcht: je mehr oder je weniger man ihn gerade losgelöst von sich selber vergegenständlicht. Destomehr entzieht er sich dem inneren Blick, macht, hinter ihm stehend, diese Menschen glauben, er habe mit dem, was sie denken, empfinden oder wahrnehmen nichts zu tun, er sei auch überhaupt, im Grunde gar nicht da - er sei, das vor allem, für nichts verantwortlich, was sie aufnehmen, erfahren, usw. – aber nicht sie. Diese Verblendung ist sogar noch größer und gefährlicher. Und genau genommen hat er sogar recht: sind wir es doch, die sich seiner nicht entschieden genug erwehrt haben, wonach sich sein Wirken in diesem oder jenem Umfang unserer Innen- und Außenumstände bemächtigt. (Anm. d. Schreibers).

Ganz im Gegenteil. Aber geradedas hätte mir um ein Haar alles gekostet, Leib und Leben.

Mir sind andere Wege verstellt worden, indem ich mitunter diese gewisse tiefere Bindung und ihren inneren Ruf in Frage stellte und mich mit dem hier gängigen, rand- und bandlosen Intellektualismus anfreundete, der Gott in seine stickige Sphäre hineinzieht, als den „obersten Theologen", dessen Geist sie anders nicht einatmen tut. Solange ich nicht verstand, *nicht* verstand - daß die Erde nicht kühlt ... Und das Silber nicht annimmt des seligen Wissens.

Frühestens dann, wenn all die entzündlichen, stimmlosen Dämpfe des Denkens verflogen sind, vertrieben, kommt etwas Sehendes, wahrhaft Erfassendes zu Wort. Vielleicht. Es steht dagegen, es meldet sich selbst. Und dann wird augenblicklich klar, daß *dieses* Licht gebunden ist an dasjenige eines Gottes der feurigen und eifersüchtigen Liebe zu seinen, im engeren Sinne, geistigen Geschöpfen. Einerlei, ob diese durch die Annahme der Heilswirklichkeit, des Namens und des Weges Christi auch schon zu seinen Kindern geworden sind.[16] Während er, auf verschiedenen, auf unvermittelten und indirekten Wegen, von sich aus einen Zugang zu jedem einzelnen sucht. Und auch findet.

Diese Wege sind keine Buchwirklichkeiten, die sich prototypisieren, einteilen, verallgemeinern und dann etwa dadurch erfahren und kennenlernen lassen, daß man von ihnen liest oder sie sich erzählen läßt.

In diesem Leben stehen wir und alles ist be-zeichnend. Alles, was wir erblicken, erfahren, begreifen, in uns finden und selber bekunden, ja, auch bewirken in dieser Welt, ist bezeichnend hinsichtlich dieser seiner Wege zu uns und hinsichtlich unserer diesem Gesuchtwerden vergoltenen inneren Öffnung. Alles spricht von diesem Verhältnis. Und also hinsichtlich dessen, *was* in den Dingen des Lebens zu erschauen ist, meine ich nicht das übliche

---

16. Wozu unabdingbar die gewillte Nachfolge Christi gehört und mit ihr der individuelle Weg heraus aus dem „verhätschelten Geschlecht der bestehenden Christenheit" in ein Wahres, da ersteres geradedas nicht darstellt, das wirkliche Christentum, mit Kierkegaard gesprochen. (Anm. d. Schreibers).

Verstehen und Begreifen, sondern das Aufgehen der Augen, das mächtig-prompte Aufwachen des Geistes, das, nicht weniger, dieser „Herr" bewirkt.
Es ist ein großer und folgenreicher Irrtum zu glauben, irgendjemand könne zu Gott geführt werden ohne Gott. Entweder absorbiert Gott unsere Aufmerksamkeit ohne einen Vermittler, oder er tut das überhaupt nicht.

- Andererseits sagst du, alles, alles oder gar nichts, sei bezeichnend hinsichtlich dieses innerpersönlichen Verhältnisses. Ist dann denn Gott der Richtungslose – dem zumal wenig Erfolg bei uns beschert ist? –

(Er schien jetzt zum erstenmal länger nachzudenken und wandte dann ein:)
Ich sprach zuerst von einem sozusagen intuitiven Erfassen des nackt-gegenwärtigen Wesens des jeweils Anderen, des betreffenden Lebens als solches. Dieses seinerseits nackte Erfassen, das ich mit dem koranischen *fetra* in Verbindung gebracht habe, steht in unmittelbarem Verhältnis mit dem unvermittelten Erfassen der Gegenwart Gottes, mit einem nur insoweit „vermittelten" intuitiven Wissen-von-Gott: dem, „Der da ist" - und darin ist. Echte „theologia", wie sie noch in der Patristik auch ausdrücklich aufgefasst wurde, hat vor allem damit zu tun. Sie maßt sich nicht wie unsere heutigen Theologen an, ohne gegenständliche An-erkennung seiner „Rede", die das Existente an und um uns ist, ohne Auflesung seiner mittlerschaftlichen Schöpfung, Gott selber unverschleiert schauen zu können und „seine Wirklichkeit" zu thematisieren. Gerade letzteres, die unmittelbare „Anschauung", sufitisch *muschahada,* bzw. mystisches Erkennen, das im „Schauen mit dem inneren Auge" besteht, ist wesentlich Ergebnis dieses Aufwegs, das im Erkennen der gegenwärtigen Wege besteht, die dieser Gott auf uns zu beschreitet. Wenn unser Weg der Weg der Erkenntnis ist, dann ist der Weg diese Doppelung der Wege. Aller Wege.

- Dann laß uns von diesen „gedoppelten Wegen" sprechen – aber bitte von den Wegen an sich. -

Schon gut, das werden wir. Ich will vorher nur klarstellen: Befragenswert ist also nicht die Weghaftigkeit des Lebens aus seiner Sicht und von ihm aus, sondern die diesem Gesucht*werden* vergoltene innere Öffnung oder Devotion des Menschen, die Flamme, die *in* dieser Erde diejenige seiner beständigen Liebe erkennt und *erwidert.* Sie ist der einzige - aber ein starker Schutz und auch das Lösegeld von aller Dämonie ihres vorangegangenen Betruges . . . Die uns alle davor beherrscht, uns verändert und zusetzt, uns in unseren eigenen Köpfen und Herzen umhergehen läßt wie gefangene, gestörte Tiere, die ihr natürliches Streifgebiet nicht kennen oder kaum einmal zu Gesicht bekommen haben. Denn nur „Gott kennen heißt Leben", wie Tolstoj es ausgedrückt hat.

Wenn ich vorhin sagte, seine Wege zu uns könnten nicht „weitergegeben" und verallgemeinert werden, so doch trifft das leider auf dieses „innerpersönliche Verhältnis" zu: Die zum Leben erweckende Hand und der glückverheißende Blick eines Freundes verwandeln sich in die Trauer, den Ingrimm und die Hoffnung eines enttäuschen Verbündeten unserer säumenden Seele, die diese Wege nicht unbedingt erwidern zu müssen glaubt. Noch – aber es kommen Tage der Entscheidung. Heute ist da dieser glückverheißende Freund, der uns sich zuneigen will, morgen das Unentrinnbare, das sich Lebendige und Tote unterwirft, den einen leichter, den anderen schwerer.

Das alles will sagen: Früher oder später muß sich jeder mit der Tatsache anfreunden, daß wir an und für sich in *dieser* Wirklichkeit, der der verhüllten oder unvermittelten Begegnung Gottes, des Alleinzigen - und erst damit tatsächlich in *der* „Wirklichkeit" leben . . .

- Also weg mit dem Staub! Wir wollten abkürzen. -

Auch im Bereich der wirklich oder angeblich gelebten Mystik gibt es offenkundig unverantwortliche Grade der Verinnerlichung oder ihrer ungesunden Übertreibung. Echte Mystik ist aber im

Grunde blankester, gewissenhafter Realismus: mit eben dieser Erfahrung der Wirklichkeit schlechthin als einer Gottgesetzten und -besetzten, die auch ständig *um*gesetzt wird, eingeholt wird in der mit ihr und durch sie bewirkten Eroberung des inneren Menschen durch Gott. Wichtig ist letzlich nur, welchen Grad der Erfahrung man erreicht hat. Wichtig für die persönliche Verwirklichung der so-erfassten Wahrheit. Die Großmutter kann nicht Großmutter werden, ohne zunächst Mutter zu werden.

Und die Vaterschaft? – Sache des Vaters. Die wirkliche Religion – gerade die christliche – kann weder intellektuell erlangt werden, noch eine gewaltsame Auferlegung von außen sein, weil sie innerlich von unserem alleinigen Herren erweckt und eingefordert, ja auch zur Reife entwickelt wird: „Herr" auch und gerade insoweit. Hiernach kommen Etappen, da sich Gott als göttliche Agitation, als Helfer zum Ausbruch und im Streit wider eine Welt offenbart, die alles daransetzt, uns sein Angesicht und Leiden zu verhüllen – und die Notwendigkeit unseres Leidens um seinet- und unserer gefangenen Mitmenschen willen.

Deshalb ist *Mut* das, was du vor allem brauchst, um Gott zu finden. Mut, weil er nichts von dem ist, was die Gesellschaft oder die Kirche mit ihm gleichsetzen, die, auf die eine oder andere Weise, paktiert haben mit dem Geist der Täuschung. Er ist viel eher das, was die Gesellschaft mit ihrem bestrickenden Wohlstands- und Sicherheitskodex ausgrenzt, verstößt. Darum ist es vor allem Mut – Mut zum Ausgegrenztwerden deiner selbst, was du brauchst, um Ihn zu finden, Ihn und die seinen. Mut: und nicht Lammfrommheit. „Die Gewalttätigen", nicht die Sanftmütigen, „reißen das Himmelreich an sich" (Mt. 11.12). Das ist der wahre, nackte Geist des Evangeliums und wer dem nicht zustimmt, hat die Botschaft nicht verstanden oder nicht verstehen wollen.

Der „Himmel" ist das Pugnat, das zu Erkämpfende, der seinsqualitative Zustand der allesumfassenden Liebe und Gerechtigkeit, in den die „Erde" verwandelt werden soll, an dem jeder Mensch teilhaben und an dem jeder erquickt werden soll. Die natürliche Grenze ist über der Grenze. Die natürliche Grenze, das heißt, die zu Gott, die ist über der Grenze, die wir uns gesetzt haben.

(Er gab sich heftig die Kante, bändigte eine kurze emotionale Aufwallung und fuhr fort:)
Und das Hindernis, das es wegzuräumen gilt, ist nicht die Welt-an sich, sondern, weil er ihr Glauben schenkt (statt dem), die Weltergebenheit des Menschen, sein geistiger Selbstand deshalb, weil er selbstisch sich einzieht zu sich, sich selbst nicht auf das Spiel der Kräfte setzt, die das Leben gestalten, wie es der Vater will. Und, gleichzeitig, von da an das Göttliche als Theorem, als Meinungs- und Betrachtungsgegenstand feilhält, mit dem er zu leben aufgehört hat, soweit das je zuvor der Fall war.

Dagegen ist die Flamme der wirklichen Re-ligion immer schon und auch heute nur in einem „geklärten und ungefüllten Gefäß" empfangbar, das heißt, unter Aufhebung der Selbstbezogenheit des Intellektes, unseres an-sich-haftenden Eigendenkens, das etwas, was geistiges *Leben,* Leben im eigentlichen Sinne darstellt, ergänzen oder ablösen zu können meint, etwa durch ein bloßes Vorstellen und Versprachlichen dieser Vorstellung von ihm. Das ist die tiefere Bedeutung von der „Armut im Geiste", die Jesus beschwörte, von Marias „jungfräulichem Leib" oder dem scheinbar schmählichen „*ummi*" („Analphabet"), mit dem Muhammad im Koran bedacht wird.

- Also? -

Wer sich also selbst diese Tür aufmacht, die vom Garten in das Haus, der wird nicht eingelassen werden. Niemals könnte sie selber aber, die uns geöffnete Tür, uns betrügen oder betrogen werden: der initiale Geist der Zuwendung, den Gott für uns aufbringt, und, sich aus dieser ursächlichen Liebe entspinnend, der Geist der uns umbildenden, umbeartenden Bewesung – erst zu eigentlich *geistigen* Kindern, neuen geistigen Geschöpfen.

Zugleich verlangend, daß wir jegliche eigene Vorstellung sowohl von ihm, als auch von jedem anderen Menschen oder sonstigen Wesen, überhaupt vom Leben im Ganzen aufgeben. Damit er selbst uns über das wirkliche Wesen seines eigenen und jeglichen anderen Lebens sozusagen „aus erster Hand", der des Schöpfers, belehren könne.

Das ist die einzige Chance, die wir haben, weise, liebevoll, verständiger zu werden. Dass *er* uns über seine hauchbildliche Schöpfung und die Unverbrüchlichkeit ihres einen Zusammengeschöpftseins, ihrer geistigen Allverknüpfung belehre. Ihres Bemessenseins als Ganzes in jedem Einzelnen und, andersherum, ihres Bezogen- und Erhaltenseins als Ganzes aus der lebendigen Ganzheit jedes Einzelnen.

- Verstehe ich nicht. -

Das sehr einfache Gesetz ist: Entweder ist etwas ganz - oder es ist *beschädigt*. Und jede einzelne Beschädigung verschattet alles, was im Lichte dieser einen atmenden Ganzheit steht. Das gilt insbesondere für den sogenannten oder vermeintlichen Geist des einzelnen Menschen. Irgendeines oder *jedes* einzelnen. In Hinsicht auf das wahrhaft und bleibend Geistige existiert das „Ich" nicht: nicht in dieser seiner ausgesprochenen Abgegrenztheit oder Singularität.

Weil diese geistige Ganzheit erst noch erlangt werden muß, ist das Empfangen ihrer Flamme nur der Anfang, nur der allererste Schritt. Oder anders: das Empfangen und Empfangenmüssen, das ich anspreche, ist unendlich vertiefbar, unausschöpflich.

Und diese Flamme, das habe ich ausdrücken wollen, führt sich ein und entwickelt sich schlicht als ein anderer Geist, der „innere" oder „innernatürliche", von dem aus gesehen wir „außen im Ich" stehen: aber doch, wenn empfangen, ihn bzw. sie erschauend, diese andere Innenperson, mit der wir eine neue Einheit einzugehen haben. Sie erlaubt die Bezugnahme auf verschiedene mystische Namen und Gestalten des Menschheitsgedenkens. Insbesondere zur „Herrin des Tages" Eva.[17]

---

17. „Die Herrin des Tages" ist ein ursprünglicher, alternativer Titel unseres Haupttextes „Das Alte Lied". (Anm. d. Schreibers).

Sie ist die Erweckung des Verständnisses für das innere Gesetz des *fetra*, das dahin ruft, jeglichem Leben eine „theonom" bezeichnende Eigenschaft zuzuerkennen, es in seinem geschöpflichen Gottesbezug zu sehen und zu lieben, zu bestätigen und uneingeschränkt zu achten. Das aber darin vor allem zur Einheit, zur wirklichen Einheit von Denken und Sein, von Sich-Einbegreifen und Handeln ruft, *diese* regelrecht einfordert.

Ihr, Evas „innerer" oder „innernatürlicher Geist" ist es, dessen flammende Bestimmungsmacht in Christus neues Sein, ethisches Postulat und Verfügung des Himmels wird.[18]

Und nur wenn du *diese* Einheit meinst, stimme ich gern deinem Ausspruch zu: „Die Aufgabe heißt Leben".

(Fortsetzung: Buch Levitationen, Teil 1).

---

18. S. auch dort Näheres zur „Conaturalität" von Eva und Christus. (Anm. d. Schreibers).

41 || Der Ausflug.

Daniela Przybilla, „Die Herrin des Tages", Aquarell, 1995.

DAS ALTE LIED

("Eva-Stück", Buch Levitationen, Teil IV)

Für Eva Setz, † 1985

Matéo.
- Weißt du, woran ich immer denken muß? –

Albe.
Nicht negativ.

- Ich denke an den ersten Menschen.

Nicht negativ.

("Nicht negativ - nicht negativ". So fing es an. – Ich erinnerte mich, irgendwann vorher eindringlich von ihm gewarnt worden zu sein: Wenn es soweit käme, daß er mir von Adam und Eva zu sprechen anfinge, möge ich das nicht verhindern, ihn einfach gewähren

lassen, es solange wie möglich aushalten: ihn „aus-halten". Wenn nicht um meiner selbst willen, so doch wenigstens ihm zuliebe.
Ja, und nachdem ich dies alles angehört habe, alles, was nun an Erklärungen folgen sollte, weiß ich mit Bestimmtheit: Albes ständiger Begleiter war in jenen Tagen Eva.
Oder: Niemand. Eva oder Niemand anderes als Niemand.

Ich war bisher ein ums anderemal kopfschüttelnd dagestanden oder weitergelaufen, indem ich immer wieder bei mir dachte, nur das eine: Was ist bloß aus meinem Freund geworden? Was aus dem heftigen jungen Mann, den ich kannte und liebte, mit den ausladenden Gesten und dem offenen Gesicht, mit seinen großen, so lebhaften Augen, nächtige Mühlen und Schrot von Sternen, auf noch leuchtenderem schwarzen Samt. Was nur? Und was aus seinen drangvollen, gewagten, flammenden Gedichten, die er gleichsam aus der Luft griff und mit hinreißendem Schwung zum Besten zu geben pflegte, wann immer man ihn, früher, dazu aufrief? - Nun also, in eben einem dieser Zwischenaugenblicke meines teilnahmslosen, ungläubigen Staunens, hob er wieder seine Augen zu mir auf und sprach, mit einem eigenartig bitteren und doch beherzten Ton:)

Wenn ich letzlich der Garten *bin*, in den mich der Schöpfer gesetzt hat, sind es seine Schritte, sein Licht, seine Pflanzungen, ist es die Arbeit des Gärtners im Winter der Seele und seine lebendige Stille, was ich wirklich *wahrnehme* . . . Und wovon sollte meine Sprache dann noch künden?

(Eine unwiderstehliche Eingebung trieb mich darauf, ihm sehr deutlich zu entgegnen:)
- Ich verstehe: Worin sollte schon die Verbindlichkeit eines *Gartens* bestehen, nicht wahr? Also bist du immer bar jeder Lässigkeit, jeder Widersetzlichkeit gegen seine „Arbeit" gewesen? Besitzt selber keinen natürlichen inneren Feind, der dir seine, Gottes, Greifbarkeit oder Erreichbarkeit – anders denn durch die ehrfürchtige Ansehung dessen, was Er sagt und tut - weismachen möchte? Mir scheint, daß du, gerade du, dieser intellektuellen Versuchung erliegst!

Und ich meinte eigentlich, wir wären alle aus jenem Garten vertrieben worden, weil wir dieser arroganten Einflüsterung irgendwann gehorcht haben, den Geist des Göttlichen einsehen, seine Natur gleichsam mit inneren Händen greifen zu können. Wie eine besondere oder die köstlichste unter vielen fassbaren „Früchten"... -

Nicht deshalb vertrieben. Das Ganze hat mit einem Sichverschließen und Sichverweigern zu tun. Aber nicht seitens Gottes. Aus anderen Gründen. Vertrieben, und doch auf einen anderen, neuen Versuch hin begnadigt.
Indem uns die geistige Freundin des Ursprunges blieb.
(Hier bemerkte ich, als ob ihm ein bedeutender eigener Irrtum aufstieße, etwas wie eine feurige Scham in seinem jähen Innehalten, die ... - Er fuhr zunächst fort:)

Denn es ist und es war, unter seinem Geheiß, nicht der Herr selbst, sondern die zu einem eigenwirklichen Wesen erweckte lebendige Seele dieses ihm geweihten begeisterten Gartens, die ihn auch bewohnt und bestellt hat: Die sein Sprechen hörende, sein Leben schmeckende und sein Licht erblickende Seele des Gartens.

(... Sich zu einem flatternden Schatten entwickelte, einem traurigen Mutwillen, der sein Gesicht kurz verzerrte, dessen ganzen Ausdruck dann wie entzweigeteilt in sich hineinriss.)

Und mit ihr *vertrieben*: Ab extra ad intra ... : Aber auf die ernste, versöhnliche Möglichkeit hin, ihm dieses „Weib", ihm diese seine eigentlichste und strahlende Frucht danken zu können, vergelten zu können, eines Tages.
Eines Tages nach der abgebrochnen Dämmerung der Welt, nach der aufgehaltenen Zeit *ihrer* Vermenschlichung. Denn das ist im Grunde unsere... Das ist schlichtweg - *die* Zeit.

(Und zwei oder drei Minuten verstrichen, bis dieser zuckende Schatten, der sichtbar seinen inneren Schmerz durchschlagen

45 || DAS ALTE LIED

hatte und der aus ihm aufgestiegen war, nun wie etwas Zugreifendes, ihn nicht mehr Beschwerendes, in ihn zurückdrängte, ihn ganz besaß. Der von dann an stete und jähe Trieb einer ihn freimachenden Kraft. „The bat that flits at close of Eve"[19].)

 Jetzt allerdings auf Mannes Art, in Mannes Sein. Begreifend, entschließend, sich einselbstend, folgernd. Und *werdend*. „Die Erde bebauend, von der er genommen war". *Sich* also schaffend. - Denn sie mag empfänglich gewesen sein für jene teuflische Einflüsterung: die sie wahrscheinlich nur noch nicht wußte, wie zu sagen Nein... Aber er war der „innere Ort" der Führwahrhaltung dieser gewesen, der ihrer geistigen Befolgung.[20]

 Und danach war mit einemmal, sich von den sterbenden Fingern ihrer frühesten, sich verwandelnden Erscheinung lösend, die gleichsam körperlos war - wenn er etwa ihre Hand gehalten hatte, schienen sich *seine* Finger um sich selbst zu schließen ... - War etwas in ihn gefahren, was *er* nicht mehr selbst war. *Seither*... Hat er Dinge empfunden, die er nicht verstand. Und, bedenklicher noch, hat er Dinge verstanden, die er nicht empfand.

 Denn - „er selbst": Das war das Gewahrsein und –werden, das Begreifen oder An-denken an sich. Der die Dinge umfassende und zusammen-fassende Geist, der die wunderbare Einheit aller geschaffenen und lebendigen Dinge, für sich genommen, dadurch zu sich selbst führen sollte, als solche, in-eins: zu diesem einen Sein „geistiger Erde"[21].

 Und diese geistige Erde bestand neben der „entsiegelten Quelle"[22] des Geisthimmels; von ihr belebt, undenkbar ohne diese Belebung.

---

19. „/... Has left the brains that won't believe" (Blake).
20. Lese im Anschluß hieran den ergänzenden Begleittext (Beg 7) „Boca" im Anhang, der als Albes poetologisch-philosophische Deutung des „Sündenfalls" betrachtet werden kann und eine ältere Vorstudie zu diesem Buch darstellt. „Boca" ist nach unserem Ermessen derart tief mit Albes eigenstem Glauben und Denken verbunden, daß wir es bei der Wiedergabe des Textes vorgezogen haben, ihn in seiner rohen, ursprünglichen Form mit allen deren inhaltlichen, formellen und syntaktischen Eigenwilligkeiten zu belassen. (Anm. d. Schreibers.)
21. = „Adam" nach Albes Deutung. (Anm. d. Schreibers).
22. = „Eva" nach Albes Deutung (Anm. d. Schreibers).

Anders ausgedrückt: sie aber war der ungehinderte Zugang zum „Baume des Lebens" gewesen. Wesenhaft verstand und empfand er die Dinge mittels der Kraft des Sinnes, des Sinnes der Kraft, die „Eva" für ihn war und darstellte, die sie durch sich selbst vergegenständlichte. Der Zugang in *dem* Bilde und dem Empfinden, die, indem sie „um ihn war", der Geist des Schöpfers vom nackt-unverhohlenen, himmlischen Wesen der Dinge unmittelbar *in ihm* erweckte: als spräche und dächte und wiedererschüfe er diese in ihm, Adam. So daß dieses, sein geistiges, imaginales Empfinden, sein spirituell-hauchbildliches Sehen und Denken ihrer, auch recht genommen deren tatsächliches und unverfälschtes Sein war: von und in ihm gehalten. So daß es *das* war. Gewesen ist.

Eine sehr freizügige Eröffnung, eine gewaltige, lebensfördernde Hypothek – nur durch das paradiesische Erscheinungsbild *vermittelt*: in der Anmut jenes vertraulichen, unendlich aufgeschlossnen Ausdrucks, der zugleich ganz unmittelbar von den Dingen selbst auf ihn ausging – während Eva ihm alle Dinge „gezeigt" hat. Das tat sie, damit er, unter anderem, die diesem ihrem wahrhaftigen Sein getreuen „Namen" fände und anwenden lerne. Sie *fände*. Gemeint ist – nicht die lautliche, vom Menschen selbst erfundene Sprache, sondern die schon da war, die Sprache des Seins, die mit dem Sein gleichbedeutende und gleichlautende Sprache: die ihm *von ihr* intimierte, hauchbildliche Geist-Sprache. Damit er also aus diesem unverstellten Wiederverspüren *bestünde*; damit *sein* Geist, wie der ihm vergegenwärtigte, allein stehende Baum ihres unverbrüchlichen Zusammenhanges, den wesensmäßigen Weckgeist alles Seienden in sich enthielte, bewahrte und artikulierte, ihn „trüge"; und so auch die Dinge an sich fortwährend wieder ins Leben rufen, mit Leben erfüllen könne.

Gesprochen, entsprochen. Erhalten, geschaffen. Empfunden, *gegeben*.

Hierauf übrigens, wenn du mich heute danach fragst, möchte ich das Wesen aller wahren *Dichtung* bestimmen und einschränken. Und ihm, alles in allem, zugleich als solchem nachtrauern.

– Auf ein selbständiges „Wortwerden des Wesens des Seins selbst", wie Heidegger gesagt hat? –

Es gibt verschiedene intellektuelle Konstrukte um die „biologische Sprache" des ewigen Ursprungs, wie etwa Hamann sie aufgefasst hat. Man darf aber annehmen, daß nur die reine, ursprünglichste Dichtung selbst Spuren von ihr enthält und aufnimmt, sie uns bisweilen verdeutlichen, an sie heranrühren kann. Aber alle wahren Dichter sind Juden, im metaphysichen Sinne. Und Sänger des Lebens sind selten, sehr selten. (siehe Anmerkung 1)

Da nun aber Adam der geheiligten Früchte des Baumes, geheiligt um ihrer mittlerschaftlichen Eigenschaft gegenüber den Eigenschaften der Nachaußenwendung, der Liebe, Anmut und Güte Gottes willen, dieses ihr vermittelndes Bild nicht vom eröffnet-eröffnenden Geist unterscheidend, entstanden aus einem, aber nicht gar dieser (wie Früchte *am* Baum prangen, der sie hervorbringt), da er sich ihrer nun mit *seinem* geschöpflichen Sinnen und Denken bemächtigen wollte, wofür das „eigene Schmecken des Verbotnen" steht, statt der Dinge des Himmels, die sich mit ihnen bekundeten, weiterhin in einem Zustand des aufnehmenden Bewahrens, des Bewestseins, eines sozusagen jungfräulich intuitiven Wahrnehmens und Empfindens zu leben, zu dem Gott ihn als *das* Geschöpf seiner direkten geistigen Einwirkungskraft vermocht, ja überhaupt ins Sein gesetzt hatte; da wurde ihm *ebendas*, seine erleuchtete Stille, sein eigenstes himmlisches Leben entrückt.

Das ist Evas ersterbende erste Gestalt.

Nicht wegen dem einen oder anderen einzelnen Mal, sondern notorischer Verzehr, die Verkonsumierung *für sich* dessen, was als höheres anvertrautes Gut von ihm und in ihm wiedergestaltet werden sollte und aktiv aufzuwenden war; somit das Nicht-Beherzigen, Verscherzen seiner eigensten geistigen Kraft, das muß den Ausschlag dazu gegeben haben.

Tatsächlich sind das Essen und die Notwendigkeit, daß es zu ihm werde, dem Esser, das Essen und die Notwendigkeit, daß *er* gegessen werde, undenkbar ohne einander in der einen Schöpfung Gottes, in ihrem „spirituellen Haushalt". Übermächtig weist das bereits auf die Entsühnung dieses Essers durch das spätere Hingegebenwerden des „Gotteslammes", Jesu des Christus, voraus.

Dieses umgekehrte Essen und der nämliche Verlust, das ist Evas ersterbende erste Gestalt. Gerade da er noch über ihre welligen, welllenden Lippen und ihre haferartig hellere, zarte Haut staunt, Hafer und Honig, die sich hinter durchsichtig vor ihrer Brust gefalteten Fingern jetzt auszudehnen scheint, immer noch, immer weiter. Und dann - wie der grellen Lichtspalt auf der Schwelle einer plötzlich aufgeschlagenen Tür, hinter der ein halb Schlafender, halb Wachender im Dunkeln liegt - das implosive, verschlingende, das morgenrote Licht, mit dem sich der Eingriff des Schöpfers jäh manifestiert.

Und in diesem hervorbrechenden roten Sturm von Licht zwei überzählige erstarrte Sterne: statt der Perlaugen der geistigen Freundin des Ursprungs. Während seine, Adams, wie gestochen zufallen.

Dahin die paradiesische Gestalt der geistigen Freundin des Ursprungs.

Die, verschwindend, ab extra ad intra, ins ungreifbar Seelenweltliche, von hier an die widerstrebende, unbändige, unstillbare Seite seines eigenen Inneren bilden sollte.

Ihm dieses sein eigenstes himmlisches Leben gänzlich zu *nehmen*, hätte auch bedeutet, die nämliche Schöpfung, die *er* war, zunichte zu machen, und nicht nur eine bedeutende Veränderung seiner geistigen Prägung und Konstitution, wie sie tatsächlich dadurch eintrat.

Auch für den Fall, daß er jene himmlische Gabe mißbrauchen würde, deren Sinn das Wiedergeben ist, die zurückstrahlende Be-Geisterung einer jeden lebendigen Gestalt mit dem zündenden Hauchbild ihres wunderbaren Stammes, ihrer lichtweltlichen Einheit, für diesen Fall war *sie*, gewissermaßen aus seinem Innersten herhorgehoben, aus seiner „Rippe" gewonnen, in den Leib, das eigenwirkliche Leben gefügt worden der Eva, die bis hierhin als ein, ja *dem* wesentlichen „Teil" seiner selbst sich zugleich auch *in* einer jeden solchen Erscheinung des „begeisterten" Lebens für ihn anfand, widerspiegelte und darstellte.[23] Aber nun schwiegen die Dinge ihm von diesem leichtbeweglichen und gütevollen Wesen der Verähnlichung und *seiner* ausnahmslosen Gegenbildlichkeit, da er völlig dem Wunsch erlegen war, es für sich selber in Anspruch zu nehmen, in *einer* ihm ebenso fasslichen, einer vereinzelten körperlichen Form, wie sie *ihm* nunmehr eignete. Gleichzetig - nach einem unerquicklich langen, dunklen Schlaf, in dem er sich, bevor er diesen Leib bekam oder hervorbrachte, wild hin- und hergewälzt hatte, wie wenn man ihn innerlich unaufhörlich hin- und herrisse – ging Adams erste, pneumatische Gestalt, ihrerseits als solche ersterbend, in den zweiten, fleischlichen *Körper* der irdischen Eva ein, in ihn über. Der ihn so ewig an *seine* verlorene geistige Höhe und Hellfühlendheit gemahnen sollte, *seinen inneren Ursprung* versichtbarlichend und erinnernd. Aber auch auf diesen Körper bezogen sollte er bald unverständig werden.[24]

Zusammen-unzusammen in der Harmonie der Nacht, die er gewählt hatte, mit der entwendeten Sonne des Lebens. Ihrerseits eingezwängt und abgelegt in einem unbeugsamen Weib, von dem er zehrt, um *sich* zu nähren. Und das er nährt, um immer neu von ihr zu zehren. Das ihm das mit einem unausketzbaren und dunklen Lebenstrieb vergilt, von dem er sich deshalb bedroht fühlt, weil er sehr deutlich das unlebendige Leben, den Hauch des Todes

---

23. Somit lautete das Verbot des Baumes der Erkenntnis, des „Baumes der Ewigkeit und des Reiches, das nicht vergeht", mit den koranischen Worten des Satans (Sure 21,118), für Adam genau genommen auf ein: „Du bist dir selbst verboten", wie Albe später erläutert. Übrigens kann die koranische Version der Erzählung um Adam und Eva insgesamt als unanim mit Albes Deutung verstanden werden, nach der diese sich auf das geistige „Bewestsein" und Bestehen, auf die „beständige Geistesgeschöpflichkeit" des seinzuhabenden Menschen bezieht. „Wir fordern nicht von dir, daß du dich versorgst, wir wollen dich versorgen, und der Ausgang ist die Frömmigkeit" (Sure 21.132). Eine weitere Parallele liegt in der Tatsache, daß der Koran bzw. der Islam keine Erbsünde kennt. Trotz der Ausstoßung aus dem „Garten", bleibt dem Menschen die Möglichkeit, Gottes Leitung anzunehmen, auf seinem Pfad zu wandeln und sich zu rehabilitieren. „Dann empfing Adam von seinem Herrn gewisse Worte des Gebets. So kehrte er sich gnädig zu ihm; wahrlich, Er ist der oft Verzeihende und Barmherzige." (Sure 2.37). (Anm. d. Schreibers)
24. „Wie es nahezu alle sexuellen Neigungen und Praktiken des gewöhnlichen Mannes heute ausdrücken": das oder etwas ähnliches anzufügen unterließ er hier dezenterweise. Sie bedeuten nichts anderes, als ein eigenwilliges Einbrechen in den Himmel: bei konsequenter Ausdeutung der hier beschriebenen Zusammenhänge. (Anm. d. Schreibers)

in ihm aufweist, der die ursprüngliche Einmütigkeit und die ursprüngliche Partnerschaft des Seins, insbesondere ihrer beider, verwirkt, zersetzt hatte.

Obschon sie deswegen durchaus begründet ist, ruft nun die unnötige, dumme Angst zu *sterben* auch „den Teufel" auf den Plan, den Plan der unsehnlichen Kräfte der Beharrung auf das eigene Verstehen und Empfinden, das man einfach nicht verabschieden - und nicht herausgeben kann: es sei denn als sichtbaren Schlund seiner Verbergung und Verborgenheit.

Denn ursprünglich ist dieser *Körper* die schicksalhafte Verifikation und Versichtbarlichung des *inneren* Todesleibes, in dem sich das empfanglose Eigendenken vereinzelt, die Stelle des konversativen, bewesten, rein präsentischen Geist-Seins einnehmend, das weder zu Gott aufschließt, noch von seinem Entfaltungsraum sich absetzt. Wo dieser „Umsprung" des bewesend göttlichen Geistes in den rein präsentischen Geist seiner Einlassung sich verhindert fand oder findet, ist der Ursprung der Zeit und der zeitlich-verzeitlichten Lebensform selbst. *Ihr* väterlicher, generierender Impuls ist der der unsehnlichen Selbstunterscheidung, der Angst und der der Kapitulation. *An* das Ende dieses „Ewigkeitszustandes" - im Jetzt. Oder der der Angst *vor ihm*.

Folglich wird man, sich dies eingehend und klar vor Augen führend, vermöge der gläubigen Überwindung dieses Impulses, vermöge dieses rein präsentischen, rein *seinszeitlichen* Geistes der Einlassung, auch seine Gefangenschaft in diesem Körper überwinden können: mitten in ihm stehend, dennoch aus ihm herausgelangen können, sozusagen mit ihm aus ihm herausgelangen können.[25] Das allerdings ist ein anderes Thema.

- Du stellst es so dar, als hätte er diese Vergröberung und Entlichtung, die sich mit ihm selbst und allen anderen Dingen ereignete, die ihm plötzlich vor Augen stand und ihn verstörte, selber ausgelöst und sich in dieses selbstverantwortete Schrecknis mehr

---

25. „Indem es über die drei Gunas (die in der Welt der Dualität allgegenwärtig wirkenden drei „Energiearten" in der hinduistischen Theorie) hinausgelangt, aus denen sich die Körper entwickeln, genießt das Leibgebundene, von Geburt, Tod, Verschleiß, Schmerz erlöste Wesen die Unsterblichkeit" (Gita, XIV, 20). (Anm. d. Schreibers).

oder weniger kampflos gefügt. Vielleicht aber „kapitulierte" er gerade deshalb, weil er begriff - sowie er überhaupt anfing zu begreifen - daß er *nicht* gotthaft war, daß er der Endlichkeit überantwortet war, daß vielmehr alles sich in einen solchen „Schlund" hier zurückwendet - in seiner Zurücknahme und Auslöschung „mündet". Aber das wirkliche *Denken* besteht in nichts anderem als der Fähigkeit oder den Mut, in dieser Angst zu gehen. Jemand geht unweigerlich auf das zu, dessen Schrecklichkeit ihn aufwühlt. Aber er hält nicht inne, er geht weiter. Ja, statt daß ihn diese *Tatsache* als solche lähmen würde - und just in dem Moment, da sie ihm aufgeht - geht er weiter, hält nicht inne. Das ist Denken. Wessen Ansichten und Äußerungen nicht auch von dieser Empfindung zeugen, dieser schrecklichen Gewißheit, hat sich nicht wirklich bedacht, noch *überhaupt* - gedacht. Er über-legt und überlegte - dies und jenes, aber eine andere freundliche Macht meinte es gut mit ihm, zu gut - die ihm den wahren Grund seines Sinnens und Daseins dann besser ganz vorenthielt. -

Daß und warum du keine über diesen Schlund hinausreichende Hoffnung hast, verwundert nicht, wenn du nicht - stehst . . . Wenn dir die Gegenwart, das Sein an sich so wenig gilt. Gib mir nur etwas Zeit, ein wenig mehr noch, dir auch ihre wirkliche Natur und Heilsamkeit aufzuzeigen. Den wahren Gegenwert der *Gegenwart,* gegenüber alledem.

Weil die Verhältnisse der Sterblichkeit - und manche sagen, die physische Welt an sich - von der Verselbständigung dieses Besitzwillens, Adams, über den „Leib der Eva" herrühren, der sein eigener innerer Lebensleib ist und dessen Leben nur aus der tätigen Liebe Gottes zu ihm hervorgeht, weil diese Verhältnisse nur die erhellende Symbolik seines und ihres inneren Lebens sind, in der sie weiterhin, unauflöslich aufeinander bezogen bleiben, daher hat es auch mit jener weitverbreiteten Auffassung nur eine tiefere Verwirrung auf sich, nach der *ihr,* „Eva", ihrem eigentlichen Wesen und Einfluß, insbesondere die Sphäre des physischen Lebens zustehe. Und die des geistraubenden Todes.

Denn das ganze Gegenteil trifft zu. Seit jeher, unwiderruflich.

Wenn sie früher beieinander lagen, einer schlief und einer wachte, so erwachte durch die bloße Tatsache, daß einer nicht schlief, auch der andere im schweigenden Sog seiner Wachheit, einerlei wie tief er selber vorher schlief. Und eine stille große Einmütigkeit in ihrem ungesprochnen Wort empfing den hellstrahlenden Tag. Im Ersterwachten aus dem Leibe, der geschlafen hatte, tönte Evas ungesprochnes Wort und aufblühender Mundgedanke, welcher Adams helle Rede werden sollte. Und der „Wache", wem nun diese Rolle zufiele, äußerte sich stets auch dahin, daß er nur von jener Kraft, die er darin erhalte und erfahre, leben könne. Nur was Gott ihm durch diese Kraft stifte, sei von dauerndem Wert und Bestand: Liebe schaffen sei ihr Werk. Aber auch, daß er diese Liebe empfinde und mit jedem seiner Atemzüge, Worte und Taten artikuliere. Umgekehrt brauche die Kraft, die er *darin* erfahre und hinausbringe, gerade jene. Nur die einkommende Gabe, die er unmittelbar aufwende, fließe auch in der Welt und fließe von seinem, Adams Geist aus in die Welt.

Hierauf war der begeisterte Garten begründet, in dem Gott das Licht des Tages war und in dem er sich selbst, seinen „inneren" Geist in dem „unanderen" des erwidernden Geschöpfes anrief, ohnedaß irgendein scheidender Gedanke je dazwischentrat. In der unverlassenen Dimension des rein Präsentischen, des Eins- und Gleichzeitigseins, in der auch die tiefste Dunkelheit und der längste Morgenschatten nicht ein „umweltliches" Ding waren, sondern eine sprechende, erwartsame Regung innerhalb des einen begeisterten Gartens selbst, von diesem rein junktiven, „inneren" Geist bewirkt, seinem aufkommenden Licht und seiner Sehnsucht.

Aufs Genaueste diesem Verhältnis entsprach dasjenige ihrer beider, Adams und Evas, ihres gemeinsamen, miteinander-ineinander gesetzten Seins. In den Momenten, in denen Adam der Wache das ihm durch Eva insinuierte aber ungesprochne Wort, das Gott *in ihm* gedacht hatte oder gesprochen, weniger deutlich vernahm, hätte man ihn beobachten und ihm zuhören können, wie er sie sehr bestimmt fragte: „...*Was* hast du gesagt?".

Jetzt aber, jetzt, da er sich selbst genug sein wollte, riß ihn eine unbestimmte Dunkelheit ans Licht, ans Gegenwärtigsein, ans

Denken. Eine ihm unverständliche, ihn aufschreckende Stimme, obschon sie unablässig kundtat: . . . *and heaven`s in your mind, look, heaven`s in your mind* . . . Aus der nicht nur jene göttliche Gegenwart, sondern auch jeglicher menschlicher Stoff, jede *Persönlichkeit* gewichen war. Sie drückt gerade Selbstheit oder Persönlichkeit aus, sie bietet Persönlichkeit an; aber diese Persönlichkeit, die sie ihm anbietet oder beläßt, ist die Persönlichkeit der Unpersönlichkeit, mit der er sich der Anmut der Begegnung, jeder Begegnung und Vermischung entzogen hat.

Und weil dieses andere, dieser jetzt von ihm abgebundene, entmischte Stoff gerade jener ist, aus dem die Welt in ihren Wesensfesten und in Wirklichkeit gemacht ist, wacht sein Geist in dem Gefühl der Zwecklosigkeit und Willkür einer Schöpfung auf, deren Erscheinungen eher die Tiefe dieses seines Geistes seltsam überdachen und umnachten, wie mit einer flachen Schicht geronnener und schwarzer, verbrannter Milch.

Das Bild verdichtet sich ihm in dem Fasslich-Anderen seiner neben ihm liegenden schlafenden Frau, ihrer wie aus der Dunkelheit herausgemeißelten Gestalt - die ihm, wenn sie erst wach wäre, lange nachdem *er* so erwacht war, eine völlig andere Deutung des Lebens und dieser Schöpfung dartun würde . . .

Nur, daß es nicht mehr in *seiner* Macht stünde, sie wach zu machen. Nicht mehr in dem Gegebensein seines eigenen Wachseins.

Der dies forthin einzig und allein vermochte, Gott war in diesen Tagen selber die Gewalt der Umgewöhnung, das unsichtbare Schwert der Scheidung. Und eine blutige Morgenröte, die ihren beiden Herzen miteinander verlöten sollte oder eines davon töten. Die Gewalt der Umgewöhnung, die dem Geist, der an die uneinnehmbare Reinheit des himmlischen Lebens gerührt hatte, ein tieferes Angewiesensein auf die Schule des Lichtes lehrte, die Gott *außerhalb* seines, Adams, eigenem Denken und Erfassen gründen sollte, ein tieferes Angewiesensein, als er, Adam, es je für möglich halten sollte.

Jene Stimme, die wir erwähnten, der Teufel, hatte ihm dementgegen weisgemacht, daß er, wenn er nur wolle, ein Gott sein könne wie der des Himmels und vieler anderer über der seinen gestapelten Welten (in welcher Hinsicht er selbst der „Durcheinanderbringer" - *diabolos* - genannt ist), die seiner, Adams, eher oder einzig würdig wären. Denn weil er ihm im Grunde die *ihm* gegebene Welt und Geltung vor Gott neidete, gedachte er ihn zu verderben, mit dieser ihm unzuträglichen Versuchung seines Intellektes; die ihn von seiner *Geschöpflichkeit* und seiner eigensten geistigen Pflicht in der einen göttlichen Schöpfung schändlich abkehrte.

Seither, da es ihm einmal ja gelang, hat er geradedas immer wieder unternommen, mit ähnlich schiefgelagerten, ätzendscharfen Vorstellungen, direkt eingegebenen Vorstellungen oder popularisierten der Wissenschaften, der Kunst, der falschen Religion, der esoterischen oder rationalistischen Philosophie, der positivistisch-technokratischen Geschichts- und Freiheitskonzeptionen. Auch darum ist es mir wichtig, die „Katzen des Nachbarn", gepaart mit dem tieferen Sinn des geläufigen Satzes: „Laß dir nichts erzählen", gerade als *solche* zu entlarven: Die sie in diesem unserem Garten nicht das Geringste zu suchen haben.

Man täuscht sich sträflich, wenn man meint, der Feind belasse es bei dem *einen* halbwegs gelungenen Versuch.

Ebenso verkehrt ist es zu glauben, daß der Höchstzustand der Güte, der ursprünglichen Verhältnisse des Seins, sozusagen nach unten korrigiert worden wären, und es sich damit schlußends habe.

Zu beidem: Folgendes... Du willst sicherlich auch ein Zeugnis dieser schweren „Durcheinanderbringung" hören?

(Ich versäumte - wie berauscht, aber von bloßem, reinen Wasser - eine prächtige Gelegenheit, ihn am Verschütten dieses Wassers seiner Klarheit noch zu hindern, diese angedrohte Fortspinnung seiner Verwirrung aufzuhalten ...)

Das geht im Umsehn, ohne Anstoß - wenn erst das *fetra*, welches auch „Eva" heißt, den Garten räumte, der wir sind. Wenn erst - . . .

Bevor der Teufel dann zu einer neuen und gewiefteren List ansetzt, brüllt er einem seltsam antrieblosen, unentschlossenen, erschöpften Mann ins Ohr: „Schlag sie dir aus dem Kopf! - Denn *dort* wird sie dir ohnehin nicht aufgehen.

Und dort, das heißt hier, Adam, in deinem Kopf, wo du mit dir allein bist, und wo ich mit dir allein bin, ist der Himmel. Ihre Welt aber ist grausam, warm und feucht. Vor allem grausam. Du schaust in den Garten und weißt nicht, daß es ein böser Garten ist. Wieder erwartest du die Schöne und weißt nicht, daß ihre Schönheit Verderben bringt: das Gift ihrer heimtückischen Blumen, heimtückische Wüchse ihrer, fremdweltliche Stücke ihrer, die, wie ihr Atem, vom Gift des hungernden Grundes und der Verzauberung durchtränkt sind, des unverwelklichen Anderweltlichen, an dem man ewig hängt. Ihre Mundtrauben versauern aber und verätzen dir, von innen her, Augen und Hirn. Ihr schöner Garten! Der ist solange vergiftet, bis der böse Same der Verzauberung in dich gelegt ist – der ist so lange verzaubert, bis sein Gift sich durch dich tankt, bis in die letzte Faserspitze - den verstecktesten Gedanken. Dabei schaut sie dich an, als könnte sie wirklich kein Wässerchen trüben! - Ja, die Frau ist eine sehr feine Erfindung Gottes. Du siehst es. Wahrscheinlich die feinste. Aber sie passt nicht her in diese Welt.

Deswegen mußte dein Versuch scheitern, *sie* wirklich in Besitz zu nehmen – statt des Himmels, deines Himmels in der Welt!

Den liebe: ehe sie ihn dir vergällt. Ehe er dir überwuchert wird von diesem schlingarmigen, dumpfen Sumpf."

Aber, tatsächlich, wenn erst die Stimme der Weltbringerin Gottes *uns* verläßt, verschwimmt und kompliziert sich alles. Ich und Nicht-Ich und Innen und Außen, Vorher, Nachher, Richtung, Ursache und Wirkung - in einem Zustand des hohlen Treibens, Dahingetriebenwerdens, der mit höllischem Gelächter die ursprüngliche Einwendigkeit und harmonische Entfaltung dieser

Momente oder Gegensätze verhöhnt, auf uneinheitlichste und dunkle Weise.

Dann erheben sich die kichrigen Wesen der Hölle vom Rücken unserer Stirn her, über die Landkarte unsres Gehirns, wie aus dunklen, knorrigen Wurzeln, deren erhitzten Geflechte gekappt, verdreht und auseinandergepusselt werden; jedes An-Setzen unseres Liebens und Verstehens (*„res tantum cognoscitur quantum diligitur"*) hineinreissend in eine Welt völliger Sinnverlassenheit, in der uns alles, mehr oder weniger, ängstigt, oder alles Verachtung und Hohn findet. In der nichts mehr unsere Leidenschaft entfacht, nichts mehr unsere Aufgeschlossenheit, Zuwendung, Andacht findet. Die alles ist, was uns gehört, solange wir uns selbst gehören.

Wenn diese „neuen Empfindungen" durch das dunkle Gestrüpp von Schlingpflanzen vordringen, entpuppt dieses, sein Gehirn, drahthart werdend, um dem Impuls der sie begleitenden Verzweiflung nicht stattzugeben, daß dieser Impuls sich nicht verselbständige, sich als der angeblich himmlische Garten selbst: oder das, was vom ihm blieb. „Ich selbst? Dieser Garten?" In dem, vielleicht sogar einträchtig, Gärtner und Bock vereint sind? Wer ist jener... - Wer ist dieser?

Eine Art Angst-Lähmung, ein innerer Stupor der Abwehrung, nunmehr des Guten, wie des Bösen, ist, in verschiedenen Graden, die psychische Grundspannung, die von dann an den begeisterten Garten ersetzt.

Seelisch und vegetativ verdinglichen sich hier wiederum der Zustand des ob seiner plötzlichen Verminderung gestörten Atems – und die Geste der sich schließenden und verkrampfenden Hand.

Das ist die Grund-Spannung, die von hier an das rein oder unaufhörlich Präsentische ersetzt, die eigentliche, volle Dimension des Augenblicks, in der sich durch alle Erscheinungen hindurch Gottes Liebe mit dem Hauchbild ihrer wild-lichten, voll erschlossenen Wesensanmut in ihn eintrug – und zugleich von ihm, Adam, ausging.

Da sich, demzufolge, als die nämliche Hand ganz offen war, die zwischen seinen Augen, dieser „begeisterte Garten" nicht weniger *in ihm* selbst befand, in dem erleuchteten und voll erblühten Blumenkohl-artigen Gebilde über seinem Stammhirn. Sozusagen minimalisiert (und wer wohl – wer bewohnte ihn *dennoch*?), identischer sogar in den Ganglien seines enterischen Nervensystems und des Vegetativums...

Aber – Schnitt. Er wird durch sein eigenes Verschulden zurechtgestutzt, wie von einer Saugpumpe ganz auf den Vordergrund des Bewußtseins gezogen, zusammengedrückt von Gravitationswellen, die mit dem Schrumpfen des Raumes um ihn her einhergehen. Reduziert auf einen nach und nach bequemgequetschten Verstand und auf das bloße Selbst-Gewahrsein, in dem er sein unseliges, mißtrauisches Eigendasein führen wird, von hier an.[26]

Was war... – Was war aus Adams blauem Stern geworden, der in ihm die Wesensgegenwart, den hauchbildlichen Geist, den unbetrachtbaren Lebensgehalt aller Erscheinungen zu einem anderen, einem wirklichen „Sehen" ihrer entflammte, das in nichts anderem, als einem Leben mitten *in ihnen,* in dem defintiv Anderen der *Dinge* bestand: dessen bar sie nicht erst erschienen, nicht gewesen wären?

Was war aus diesem Stern geworden, dessen schwindendes Entgegenströmen von diesen, allen Erscheinungen ihm schon verdeutlichte, daß sie, beziehungsweise dieser Stern, nun ihren eigenen Bereich bezogen hatte, ihre eigene „irdische" Wohnung...

Sobald aber *er,* in sich rutschend, *sich* in seinem eigenen Denken fand, „verlor er Grund", verlor den weißblühenden Baum und den gesamten Garten aus der Sicht, um den der Himmel sich wie eine fortschwebende... *Muschel* schloss.

Und um diese die Nacht des unerträglichen Durcheinanders und des Gemischtseins der beiden Gefühle, daß er, wo er sich befinde, eigentlich nicht hingehöre, und daß er, von wannen er gekommen, nicht bestimmt sei, nicht „dahergehöre" hierher.

---

26. Jeder Mensch ist durch diese Art Drucktunnel getreten. Manche durch ihre leibliche Geburt, viele in der Adoleszenz, wieder andere in reiferem Mannesalter. Und wir dringen durch ihn zurück, wenn wir aus diesem Leben scheiden. (Anm. d. Schreibers).

Jetzt war *er* derjenige, der sich wie eine geschorene Katze, die man ins Meer geworfen hat, entsetzte; daß ihn dieses, etwa dieses Gefühl beschlich, macht insofern den ersten Sieg des Durcheinanderbringers aus, als der sein Werk darin übt, daß er uns *die* Erfahrungen durchleben läßt, die seine Selbstsucht - *ihm* beschert hat.

Nunmehr den Sog der Gemeinschaft zweier, die im Geiste fielen, witternd, für sich nutzen wollend, tritt der Durcheinanderbringer unverhüllt an ihn heran.

Er erscheint ihm mit hinter dem Rücken zusammengebundenen Händen und hält diese *Muschel* zwischen seinen schlierigen, brandschwarzen Zähnen, die ihm, unverhoffterweise, einmal Recht zu geben scheint.

Aber es ist derselbe Trick. Wieder versucht er dem von Gott erschaffnen Menschen zu verkaufen, was dieser, der Mensch, selbst *ist* - als wär er's nicht.

Die „anderen Welten des freien Geistes" um jener willen, die in ihm lebt, um jenes Lebens willen, welches er, der Mensch, selber zum Himmel werden lassen kann. In dem jene *ihn* um dieser Befähigung willen und gerade mit derselben hierher gesetzt oder erwählt haben.

Doch der Akzent liegt auf *Be*-fähigung: Adam erkennt im besten Fall, daß die Muschel auch ihm nicht greifbar und verschlossen ist. Und daß der Teufel sie - *nicht* öffnen kann.

Auch in dieser Prüfung möchte der *ihn selbst* gegen seinen geistigen Ursprung ausspielen – seinen Herrn und Schöpfer, der allein die Muschel öffnen kann, das heißt, dem geistigen Menschen sich selbst offenbaren - um diesen einklänglichen „Umsprung" der sich selbst gestaltenden geistigen *Einheit* ihrer beider aufzulösen, in der die Unterscheidung zur Kreatur nur zum Zweck der kreativen Verbindung, des aktiven Bewesungsverhältnisses zu ihr bestand. Er will *diesen* Bruch provozieren, um Adam geradewegs in die selbe innerweltliche Öde zu befördern, in die er zuvor verbannt wurde, aus der er bereits, wie auf gemeinsames Terrain, zu ihm hervortritt.

In den Maßen der wahren Tatsache, daß er *getötet* worden wäre, ja eigentlich *nur dann* getötet worden wäre, wenn sie *ihm*, Eva, tatsächlich genommen worden wäre, laviert jener essentielle Bereich, in dem sein „blauer Stern" verschwand.

Und die Weltbringerin lebt im Innern der mystischen Muschel, die sich zweimal öffnet und auch zweimal schließt.

Soweit sie ihm als die geistige Freundin des Ursprungs erhalten blieb, ist sie die ungeborgne Perle seines fliehenden und suchenden und unschlüssigen Denkens: *Wonach*, also, soll er die Reusen desselben auswerfen?

Geradeweil er sie in seinem eigenen geist-geschöpflichen Grund trägt, ist seine äußerliche Spaltung, die des von diesem Grund entlassenen Eigendenkens, welches verwunderungsvoll oder unverständig über ihm kauert, diese Art Bewußtseinsspaltung - die noch zu *ihrem* kündenden Mund sich wenden und hervorgestalten kann - auch gottgewollt und unumgänglich. Er muß nicht nur dem verderblichen Zauber jeder anderen Führung mißtrauen, sondern sich selbst am allermeisten. Verwerfen und hassen, was er von sich selber hört, bis eine andere, falschlose, leitende Macht des natürlichen Denkens in ihm die dem Teufel verleidete Stelle versieht...

Der ist sich dieser Unentschiedenheit bewußt. Aber er weiß, daß er nach dieser ersten in Adam ausgelösten Erschütterung wenigstens, unweigerlich, dessen Neugier und Suche nach seinem wirklichen Selbst entfacht hat.

Er, der „Durcheinandergebrachte" mag in diesem Zustand nachgesonnen haben:

„Ich bin etwas und weiß nicht, o Schwestern, was ich bin!
Ich meine: vielleicht eine Puppe, vielleicht, dran sie hängt, jener Faden,
Ein Ball in der Hand des Geliebten; vielleicht ein Joch, schwer beladen;
Vielleicht bin der Palast ich, darin ein König sinnt,
Gar manche Dinge beredend, daß Kenntnis er neu gewinnt.

Vielleicht bin ich ein Roß auch, das irgendein Reiter lenkt,
Vielleicht die Woge des Meeres, die äußeres Sein versenkt,
Vielleicht die Hennablüte, mit Röte ausgelegt,
Vielleicht auch eine Rose, die Duft im Haupte trägt;
Auch mag ich eine Quelle, gefüllt von der Wolke, sein,
In der die Sonne sich spiegelt und Mondes Widerschein.
Vielleicht auch der Widerschein Gottes bin ich von Anbeginn,
Der jenseits aller Worte- ... vielleicht, daß ich gar nicht bin!"[27]

Hierauf führt der Satan ihn bei untergehender Sonne an einen zweiten, auf der Abendseite des Gartens silbrig schimmernden Baum heran, an dem auch morsche und unreife Früchte erkennbar werden. Dies ist nicht der Baum „des Lebens", sondern der der „Erkenntnis des Guten und des Bösen". Und hier erwidert er ihm auf seinen Gesang:

„Wenn es so ist, brauchst du einen Partner, der dir begreiflich macht, wo du stehst und wer du bist, Adam."

(Dieser) Sag du mir, wer ich bin.

(Satan) „Die dich umgebende Herrlichkeit aller Dinge, ihre Verfügbarkeit in ihr, verdeutlicht es: Ein Gott bist du, nach dem Ebenbild des Höchsten geschaffen, gebildet aus dem Widerglanz seiner Macht und Allgegenwart. Ja, mehr als das: das Werk des Alleinzigen ist mit deiner Erschaffung abgeschlossen, damit du an seine Stelle tretest, Adam. Jetzt beginnt, nach der Art des seinen, hier dein Werk. Hat es zu beginnen.
Und was ist das – was hat Er mit dir gemacht?

- Er hat *mich* gemacht. –

---

27. Sachal Sarmast, Risaló Sindhi.

Ja, und er hat dir den Geist gegeben, damit du dich Ihm dankbar zuwendest und ihn anerkennest als deinen Herrn und Erschaffer. Nun also: ist der Geist *dein* Geschäft, Adam; eine Ware, beweglich wie die Luft, teuer wie der nährende Hauch des Lebens, für den Handel mit der dich hier umgebenden Natur, die um dich wirbt; da du, Adam, ihr Gott, höher stehend und mehr als ihre Sonne, ihr nicht angehörst. Da sie ihn, diese Ware, von dir empfängt – was tut sie außerdem? – hat sie, in immer neuen, weihevollen Formen, die entstehen und vergehen, dir ihre Dankbarkeit auszudrücken.

Alles ist zu deiner Erfüllung da, und alles, was zu deiner eigenen Erfüllung beiträgt, steht dir zu: Leben geben und Leben nehmen.

Dein Scheinen ist auch seine Weigerung, die Weigerung deines Scheines. Mit Verweigerung *der* Dunkelheit aber, das ist geschickter, aus der alles Scheinen hervorgeht, tritt weder irgendeine dieser Erscheinungen ans Licht, noch das Scheinende in dir selber in Erscheinung. Sieh zu: Diese Verweigerung deiner innesten Tiefe und Besinnung: Das ist Göttlichkeit, dein Gottsein. Dieser Macht, Adam, mußt du dich, als *ihr* Gott, versichern und bedienen.

Auch das Leben, welches sich im Ableben und Nichtleben dir zeigt, auch das Verkümmern und Zugrundegehen dieser dir gegebenen Welt, jedes einzelnen Wesens in ihr, müßen von dir ausgehen: du mußt das ebenso wollen und auslösen. - Komm nur, tritt noch etwas näher heran ...

Ich will dir heute Leiden und Kummer aller Art vorführen, damit du sehest: sie sind Sache der dir unterstellten Natur, die deiner Einwilligung und deiner Kraft bedarf; sie sind eine andere Form deines eigenen Widerglanzes. Wie alldiejenigen, Adam, die nach dir kommen, die nach deinem Bild werden in ihr entstehen.

Viele, unzählige werden durch dich kommen, aus dir entstehend, nach deinem Ebenbild oder dem deiner Gegenspielerin gemacht. Durch die, durch dieses Weib, Gott dich in den Stand gesetzt hat, das, was er an dir vollbracht hat, unzählige Male zu vollbringen. Sie kann dir in beiderlei Hinsicht sehr behilflich sein.

Noch ehe sie sich untereinander anblicken können werden, wirst du all diese Gesichter sehen, weil sie alle Möglichkeiten sind deines Gesichtes. So daß sie, von ihm aus entstehend, anfangs neben ihm stehen, bis sie schließlich von ihm gehen.

Allen diesen kommenden Menschen, die nach dir kommen und zu dir, wende ebenso deine Pracht zu. Wende ihnen dein Licht zu - gemeinsam mit dem ihren, dem Licht deiner Gegenspielerin, die deine Nacht ist: oder die Nacht deines Lichtes. Zugleich also verweigere es ihnen: damit sie, wie dieses Weib, dir dienstbar bleiben und das wirkliche Wesen deiner Macht anerkennen, ja, diesem Wesen selber gerechtwerden. Solange *du* lebst - und danach. Sei dieser Gott, deiner Anlage gemäß, damit sie verstehen, daß vor dir etwas anderes war, das für sie nicht erlangbar, noch begreifbar ist. Und daß nach dir, oder euch beiden, dir und Eva, nichts mehr kommt.

So werden sie nicht mehr nach unserem Vater flehen oder wünschen, ihn zu sehen. Sondern sie werden ihn in dir sehen und sich selbst in dir erschauen, alle nach deiner Art lebend, handelnd und verstehend.

Denn du bist es, wie ich sagte, dem alle Möglichkeiten offen stehen. Alle Möglichkeiten, über den Kreislauf des Lebens und Verendens zu verfügen.

Und, wie ich dir schon beteuerte: bereits das Vorhandensein dieser Möglichkeiten zwingt dich dazu, sie zu versuchen."

Die ihm nun vom Teufel, in der Erscheinung der Schlange (s.u.), angebotene Frucht ist also die, in der sich der Teufel selber ihm anbietet; wie er zuvor, in der ersten Versuchung, ihn, Adam, sich selbst zu schmecken gab: als wär er's nicht.

Denn der bzw. das Böse ist es, was im Zeitlichen eingekerkert, „eingetempelt" ist; als dessen aufgedeckter „Kern" und gefühllose Seele. Die vertodende Macht, die sich wider die Macht des Ewigen, d. h. des unausgesetzten Liebes- und Lebensgedankens, der bewest und trägt, der vertraulichen Dienstbarkeit gegenüber dem hervorgebrachten Leben selber, erhoben hat. Ebenda er selber im Zeitlichen festgebunden ist, bemüht er jeglichen zeitlichen Reiz (des Auslösens und Beobachtens von Zerstörung, Auflösung, Zerwürfnissen), alles bis zum Abwinken auskostend, was ihm diese vorübergehende Befriedigung verschaffen kann. Ohne allerdings jemals tatsächlich Befriedigung finden zu können.

Auch für ihn, gerade für ihn (!), bleibt das ursprüngliche Licht der Gottesbewestheit eine unerkannte Liebe, die ihn im Unerkannten befehligt. Bleibt dieses auch insofern *unvergegenständlichte* Licht seines Ursprungs, das dahin drängt, sich *als solches*, „umsprünglich", unverwandelt einzuverwandeln, in seinem Geschöpf auszuzeugen, ein Unauslöschliches, das ihn am seelischen Hungertuch der Welt nagen läßt. Der Welt, die *er* - ohne diese Vergenständlichung und statt ihrer – vorgezogen und gewollt hat.

Auch eingedenk dieser bevorstehenden weiteren Versuchung vergegenständlicht Gott Adam vorher seine Eva, damit er zur Wahl des Guten, des eigenen Guten und seiner aktiven Erprobung fähig sei - es vor dieser Wahl, die er treffen muß, ansehen, kennenlernen, ermessen könne. Gerade auch hierzu dient der paradiesische Zustand der unversehrten Ganzheit und Einheit ihrer beider. Hiernach ist seine, Adams, persönliche Wahl frei; obschon ihm das eigene Gute offenbart und entsprechend nahegelegt wurde.

Die Eva selbst geltende Ermahnung bezieht sich auf ihre, die geistseelische Durchdringung des Widersacherisch-Bösen, Vertodenden: eben als eine Möglichkeit der sich in sich einziehenden, einrollenden, nach innen entsagten und veruntreuten Gabe des Herrn, des Licht-Geistes. *Insofern* haben das *vergegenständlichte* Gute und Böse einen und denselben - unvergegenständlichten - Ursprung in Gott. Da aber *sie*, Eva, die gegenteilige, die schöferisch-analeptische Macht des Ursprungsgeistes besitzt, die, Wirklichkeit zu erzeugen, erweckt sie auch dieses Möglich-Böse zum Leben, wenn *sie* es antastet, wenn sie diese erweckende Kraft (in Adam) auf „seine anderen Möglichkeiten" aus-richtet. - Die „sie nur noch nicht wußte, wie zu sagen Nein", oder: die „Scham ihrer Nackheit" - ihres freigiebigen Dar-Seins - nicht gekannt hat. Ja, könnte man sagen, tatsächlich außerstande war, sich Adam in dieser ihrer eigensten bekräftigend-erweckenden Eigenschaft zu versagen.

Und, verwirrt durch Adams erste Verfehlung, sein Unverständigwerden ihr selbst gegenüber, durch das ihre ursprüngliche spirituelle Verständigung darangegeben wurde, hängt sie sich nun verzweifelt *an ihn*: um wenigstens in der Vertodung und Verzeitlichung, in dem eigenen Entlichtetsein, mit und bei ihm zu bleiben. Wodurch sie, nicht willentlich, aber wenig besorgt um die Folgen, ihm in seiner Neugier folgt und diesen seinen Schritt zur entfesselnden „Erkenntnis des Bösen" mitträgt, mit verursacht.

Daher ist die Erscheinung des Versuchers in der „Schlange" auch oder genauer die einer lasziven Frau auf einem roten Thron, den Thron der Welt, den sie „verspätet einnimmt". Das Böse beruht auf der mißbräuchlichen Verkehrung der guten, weißen Macht der Adam inwendig beisituierten himmlischen Seele – und auf deren Willfährigkeit gegenüber dem erblindeten Mannesmenschen, um seiner, zwar ungerechten, Liebe willen vergessend, daß sie eigentlich Gott gehört, Gott enstammt, nur von *ihm* lebt.

Letzlich ist aber diese „andere Frau" *seine*, Adams, verkehrte ursprüngliche Identität: Surkpush, „der mit dem rotem Gewand". Der weiße Himmel wird sich rot färben (s.u.).

Das Böse ist mehr als eine Potenz des Wirklichen, eine „lauernde Existenz"; es ist die Kraft der Unkraft, das Wollen der Entsagung, die eigenliebige Einziehung jenes geistigen Lichtes, das Gott in sie (d.h. in uns) gelegt hat. Daher müßen *beide* ihm sowohl aus Gehorsam gegenüber Gott, als auch aus eigenem Antrieb widerstehen. *Sie*, weil sie es andernfalls entscheidend auf den Plan der Wirklichkeit ruft; *er* aber, weil es sonst seine geistige und (dann widerum deren sich-schaffende real-iterative) weltliche Wirklichkeit einnimmt und bestimmt.

Anfänglich warnt ihn noch Eva: „Nein, Adam. Alles, was du tun mußt, ist singen. Und alles, was du tun darfst, ist singen. Singe den alleserhaltenden Geist und die alles durchdringende Schönheit des Herren. Vor allem: Singe sein Licht im Anblick eines jeden lebenden Dinges – um dieses jeweiligen Dinges willen!"

Wonach sie aber - Wahn und Wirklichkeit ringen miteinander in Adams Augen, aller Hoffnung beraubt durch den an diesem Blick sichtbar erlittenen Einbruch ihrer ursprünglichen, rein spirituelle Kommunikation, die durch eine vollkommen wortlose Sicherheit im Glauben an die verborgenen Kräfte ihres Vertrauens gestützt wurde – wonach sie keine andere Möglichkeit sieht, als ihm in seinem Entschluss zu folgen.

Adam verstummt vollends und nimmt die ihm gewiesene, mehlige Frucht...

Es entsteht ein seltsames Rumoren um sie her und beide spähen aufgeregt den malvenfarbenen Himmel ab, der sich für Augenblicke entwölkt. Kaum merklich weicht oder erwacht der schattenbleiche Tag.

„Teufel, wie kommt es, dass ich dich nicht sehe?"

- „Ich habe mich in dir versteckt." -

Dann gerät der Himmel, plötzlich feuergespickt, in wilde Auflösung. Und wie aus einem zerspringenden Felsgrat hinabsteigend, treten ihnen einige Dutzend verwunderter, verzweifelt dreinblickender Menschen entgegen.
Bald ist es eine nicht abbrechende Schlange angebrannter, wie unter Schimmelflecken gärender menschlicher Körper, inmitten von tosenden Feuer- und Kugelwellen. Alles ist rot. Sie schreien, zerbersten, winden sich in rotglühendem Staub - dann sich wie dürres Laub in alle Winde zerstreuend... Unzählige aber bleiben unmitelbar vor dem Menschenpaare stehen. Geschundene Gerippe, haltlos, mit irrem Blick, mehr tot als lebendig.

Die Stimme des Teufels klingt jetzt wie einer, in dessen Augen trotzige Genugtuung blinkt: „Jawohl, Adam, auch das bist du. Ja, wenn es einen Unterschied zwischen dir und unserem Vater gibt, so, meine ich, ist das hier der ganze Unterschied."

Und die roten Verwundeten drängen jetzt beide, sich zuvörderst, als ihre „Ahnherren", in ihre sich dahinschleppende, unüberschaubar große Menge einzufügen, die an der Gabelung zweier roter Wege stehengeblieben ist.

Da erhebt Eva ihre farblose, von Bitternis und Ekel getrübte Stimme zum Himmel: „Mein Herr, was soll nun aus werden. Nimm mich fort von dieser Erde, dessen Sonne ich verstört habe."

Der Himmel antwortet:
„Nein, Eva, du mußt nicht sterben um des Adams willen. *Denn das werde ich selber tun.* Ich brauche, im Gegenteil, dich dazu, daß er am Leben bleibe: daß er mich hören und verstehen könne.

Meine hohe Rose, ich nehme dich in meine Hände. Um der Nähe willen, die ich zu dir halten werde, und die du ihm spenden wirst, will ich an meinem Glauben an ihn festhalten: in dir.

Ich nehme dein Herz heute in meine Hände und segne alles, was in ihm ist, mit meinem Lebenshauch und meinem Wort. Was in ihm ist, wird in ihm sein: unveränderlich wie mein Wort."

Sie sagte nur, sie werde Wort halten.

Was immer Gott seitdem getan hat, das tut er, um unseretwillen, mit Hinblick auf sie oder tut es durch sie.[28]

Denn sie ist, was von Ihm in uns steckt.

Und das ist das ganze Problem: daß es jetzt in uns steckt. Und daß sie in uns steckt.

Das ist es, was hier zu erläutern bleibt.

Einschließlich der Tatsache, daß die noch ausstehende Begegnung mit dem Herren in der Vollendung „nur über sie führt". Oder über das, was sich in diesem, ihrem Herzen befindet.

---

28. Zu diesem co-naturalen Zusammen-Sein Christi und Evas s. insbesondere EZAL 3 (im Anhang).

DAS ALTE LIED

(Hiernach hüllte er sich in längeres Schweigen. Wir machten Rast an einem Baum von heller Rinde, der, breiter als andere, sich trocken anfühlte.

Hier hockte er sich in dumpfem Brüten hin und mied meine Augen, wie ich die seinen, die sich danach für einige Augenblicke schlossen. Völlige Ruhe bemächtigte sich seiner. Vermutlich fand er sogar etwas Schlaf.

Ungefähr zehn Minuten später richteten wir uns, mit einiger Mühe, wieder auf. Und mich sogleich zum Weitergehen auffordernd, fuhr er fort:)

Wenn wir uns nun in den Zustand nach Adams eigentlichem oder erstem „Sündenfall" zurückversetzen, der zum Verlust des ursprünglichen zwei-einigen Lebens seiner geistigen Natur geführt hatte.

Und wenn nun dies an sich die innere Geschichte eines jeden in der Welt ist:

Womit sollte *er* nun anfangen, in der Zerknirschung dieser Art bleibender Unverständigkeit und der so entstandnen Begrenztheit dessen, was *er* war - in der Lehre und Leere seines eigenen Geschickes, für das er, wie er in seinem anfänglichen Verwirrtsein meint, im Grunde gar nichts kann?

Wer kündet nun von der durchdringenden, herzlichen Wärme des Einst, der möglichen Höhe des Lebens und seiner willigen, bebenden *Ergreifung*, die er *nicht* besitzt, der alles Lebendige zusammen-fassenden „Nimmbrunst" Evas.[29] Von der menschlichen Blüte aus Licht hinterm zugigen Bogen der bleibenden Aufruhr und bleibenden Zuversicht, dieses sein einziges, vollständiges „Sein" wieder zurückgewinnen zu können. Welches, wie das innere Heil, das man zwar aufs Spiel setzen muß, aber nicht verlieren darf, so nun mit ihrer beider Feind wirklich vertraut - ihn nunmehr ernstlich warnt? Und nun anders:

Daß er jetzt in sich hinein wirken muß. Ohne das ihnen beiden weiterhin zugeneigte Heilige unter das eigne Joch zu beugen, aber auch die gegenwärtige Schmach nicht als unlöschbar anzusehen.

---

29. S. das vor „Das Alte Lied" gestellte Adam-Gedicht. (Anm. d. Scheibers)

Als unabänderliches Fatum, um dann willens, fliehend die Knechtschaft in die völlige, entfremdende Verzweckung seines inneren Lichtes, seiner verlebendigenden geistigen Achtungskraft einzugehen. In äußeren Sachzwängen, die dahin reichen können, aus ihm eine Maschine zu machen, die verrichtet, auch innerlich, im Denken und Fühlen aus harten Laufbändern gemacht, die immer weiter laufen, bis sie rosten, zerfallen. Wessen Blick, aufgelöst in Wasser, wie ein ungefasster Brunnen, kühlt sein abgehetztes Antlitz?

Während er im stickigen Dampf der Jahrhunderte sich allem zuwendet, was zum Errichten und Betreiben einer fabulösen Gegen- und Ersatzwelt der stumpfen Befriedigung notwendig ist, einem in seiner vermummenden Künstlichkeit perfekten Nichts, das wegen der immer größeren Wartung und Widmung, die es von ihm heischt, alle nur vorstellbaren Rechtfertigungen liefert, diese verlebendigende geistige Achtungskraft des Menschen von sich und seinesgleichen abzuziehen. Unaufhörlich diese „Verhältnisse" als Schicksal „erster Ordnung" schaffend, damit das Elend und die Schuld der Welt eben in diesen und nicht womöglich etwa in ihm, beziehungsweise uns selber geortet werden. - Sich wirklich allem zuwendend: nur nicht seinem geistigen Lebenslicht, dem er entsprungen ist. Und wie ist er ihm entsprungen?

Indem es ihm entsprang.

Adam kann mit der Lüge leben. Er kann sogar meisterhaft mit *ihr* leben.

Ja, wenn es noch irgendetwas gibt, von dem sie, Eva, staunend in ihren Liedern sagen wird, die aus den Fäden der Enttäuschung, Schmach und Armut in dieser Welt gesponnen sind – Adam, das kannst du aber gut -, dann ist das, mit der Lüge, die uns alles durchbringt, leben. Man meint sogar, sie wäre gar nicht da; so selbsverständlich geht die Lüge neben ihm her. – Aber, im Gegenteil, das hält sie hoch, das gibt ihr alle Macht der Welt, daß *er* sie nicht bloßstellt, daß er sie frei gewähren läßt, sich frei ausweiten, entropieren ...

Und weiter: Wer gibt und kündet diesem blinden Feuer vom sehenden Lichte, vom Freikampf des währenden inneren Morgens, der zu neuen, hoffenden Lebensentwürfen entschließt. Von den versöhnenden Ideen des einstigen Erwachens in diese „Vollständigkeit des Seins"[30], das dann augenblickhaft, hin und wieder, vorerlebbar wird. Alles Dinge, die sie ihm seitdem, „seine Eva", danach eingegeben hat, wenn sie auch in der Mühsal der „Wirklichkeit", der eigenen selbstverhafteten Existenz, in ihm selber dann wiederum, meistens, ausbrannten . . . -?

Wenn ich sage: unsere eigene Seele tut es, ist die Trennung zu berücksichtigen, von der wir vorher sprachen. Ist diese entschiedene, zugleich bewahrende Versetzung angezeigt eines wesentlichen „Teiles" dessen, was gemeinhin als „die Seele" überhaupt verstanden werden kann - aus dem Bereich *ihres* unmittelbaren oder beliebigen Zugriffs auf sich *selber*.

Der Teil, der *sie* geschöpflich bleiben läßt. Dem das Leben der Welt in anderer Weise anvertraut und in einem ganz anderen Sinne *vertraut* ist.

Dem in dem „jungfräulichen Denken", der authentischen Wiedergabe und Aufbewahrung unsres Geistes die wahrhaftige Wesensessenz, das unmißverständlich weibliche *dhat*,[31] eines jeden wirklichen Dinges zugehört, und ihm so auch, „einfach", eingeht. Das ihm, drittens, auch rückwirkend und fördernd auf dieses jeweilige gebende Leben selbst entströmt.

Wie dem eigentlichen „Leib" dieser tatsächlich sehr essenswerten Essenz: Wieder als Frucht des Wahrheitsbaumes. Als die alles erhaltende Kraft ihrer direkten und unverbrüchlichen Allverknüpfung, die der weißblühende „Baum des Lebens" darstellt.

- Also ist mit diesem Baum dann die Seele des Menschen gemeint oder dieser „geistige Mensch" an sich bezeichnet? -

(Er wirbelte jäh herum und starrte mich zufrieden an.)

Merhaba! Welcher Gottes *Geschöpf* ist. - Diese geistige Geschöpflichkeit oder geschöpfliche Geistigkeit ist das, worauf

---

30. Das Ideal Rimbauds. (Anm. d. Schreibers).
31. In der mystischen arabischen Philosophie, insb. in der Linie Ibn-Arabis, wird dieses sinnfällige grammatische Femininum mit Hinblick auf alles Seins- und Wesenhafte nachdrücklich betont. (Anm. d. Schreibers).

die Symbolik der Genesis durchweg abzielt, wenn nicht sogar der gesamten Schrift. Es ist *ihr* Hintergrund, der im wendungsreichen Vordergrund der Erzählung vom geschaffnen Menschen steht. Wer den nicht wahrnimmt, liest nicht nur nicht die Bibel richtig, sondern mißversteht das ganze Leben: Das aus diesem selben Hinter-Grund heraus bedeutungslos, bedeutungsstumm genannt werden könnte, wenn man es von ihm losgelöst betrachtet.

Jede echt göttliche Unterweisung vermittelt recht besehen diesen Hinter-Grund und warnt auch vor dieser Gefahr, soll diesem schwerwiegenden Fehler vorbeugen, während sie tiefere Betrachtungen oder Erkundungen zur Heiligkeit des Lebens anregt. Denn letzlich zieht nichts anderes als die Verkennung und Entheiligung des Lebens selbst den währenden Bruch und die Hybris des menschlichen Denkens gegenüber der schöpferischen Liebe Gottes nach sich.

Lass uns aber bei dieser eingetretenen Versetzung der seelenräumlichen Mitte bleiben, die ich eben ansprach:

„Nur" insofern - was sehr viel ist - hat sich an dem ursprünglich-paradiesischen Zustand des Bewestseins, der Intimation, des erleuchtenden Gegebenwerdens dieser eigentlicheren „Seele" nichts geändert, als *ihr* Leben nur aus der Liebe Gottes hervorgeht, nur aus seiner Liebe zur erschaudernden und hungrigen Erde seines Geschöpfes.

Und so *kann* dieses jene nur haben - wenn *sie ihn* vollends besitzt. Nicht umgekehrt.

Während sie ihrerseits den Geist der göttlichen Intimation und Anrufung *in ihm*, Adam, vertritt, außerhalb dessen sie nicht fassbar, nicht gegeben, nicht bestimmbar, noch überhaupt selbst bemerkbar ist. Was übrigens unsere Sprache weiß: „Der Ruf" ist „die Gerufene", die in ihrem Wesen wie eine Flamme ist, geflammt oder „beflammt". Der Ruf ist die Beflammte und Gerufene: Das alles drückt das Wort *llamada* aus.

(Wieder schien ein mich schwindelig machender Grad der Abstraktion erreicht zu sein, der mich an einem beliebigen Punkt seiner Ausführungen ansetzen - und hier förmlich herausplatzen ließ:)
- Aber ich kenne diese „Eva" nicht. –

Das genau waren Adams erste eigene Worte: angesichts der *irdischen* Eva, die er nunmehr neben sich liegend fand.

- Doch, nein - ich kenne *deine* Eva nicht, und weniger noch diesen angeblich „richtigen" oder eigentlich „wirklichen" *Zustand*, in dem der Geist Gottes den menschlichen besetzt hält wie ein usurpiertes Land, ein fremdes Land in Krieg und Aufruhr. Von dem man niemals weiß, wem es zufallen wird - den Himmeln, den Teufeln, einem völligen Nichts, uns selbst . . . - Das kann einfach nicht sein! -

(Das hätte ich vielleicht früher einwerfen sollen: Denn nun erst erreichte ich bei ihm eine Art Synthese, eine zwingendere Schlußfolgerung seiner Einsichten zu diesem Thema, die mich erst, im Nachhinein, den Kern der Sache als eine gar nicht abstrakte Angst und Traurigkeit erfahren ließ: indem diese Empfindungen endlich benannt wurden.
Heute zweifle ich übrigens nicht mehr daran, daß dies schlicht und ergreifend d a s Thema des Geistes ist, das erste, innerste und letzte. Das denn vielleicht auch eine so wenig fliehende, monolithische Betrachtung fordert, wie er uns beide von hier an ihrer unterzog. Auch glaube ich, daß er mich einer sozusagen unendlichen Auslängung dessen unterziehen wollte, dem ich mich damals grundsätzlich - und besonders in dieser Situation der einseitigen Einwirkung auf mich entzog: dem, was er die reine oder ganze „Dimension des Augenblicks" genannt hatte.)

Wenn das der Fall wäre, lebtest du mit halbierter Seele und würde dir der bedeutsamste Teil deines inneren Wesens schlichtweg fehlen.
Aus deiner Antwort spricht nichts anderes, als die durchaus berechtigte, aber ganz unsinnige Angst, in dem, was dein gewilltes

und gelenktes Eigendenken ist - „zu sterben". Und ich äußerte mich schon zur Eigenart dieses sozusagen metaphysisch vererbten Angstgefühls unseres Denkens.

Aber in dieser Angst erwachst auch du neben ihrem sehr weichen und glutigen Körper.
Sie schläft; und doch glaubst du, ihr Weinen zu vernehmen. In dir regnet es, in dir weint es. Und doch ist es nicht dieses – dein Herz, welches weint. Du erwachst neben ihrem Körper, der ganz schwarz ist, schwarz, wie nur irgendetwas schwarz sein kann, schwarz wie eine bis auf den letzten Grus erloschene Sonne. *Dieser körperliche Schatten* . . .

Da du jetzt deine Augen aufschlägst in der Nacht, weil sich dein Herz zusammenkrampfte, zusammenschloß, wie eine rundum gezähnte Muschel, die man losreissen will von ihrem Versteck. In einem drückenden Traum, den meine Worte dir in Erinnerung riefen, dir nachbereiteten. Träumtest *du* ihn? - Den Traum vom Teufel mit der Muschel in seinem fälschenden Mund.

Der Mensch ist die Schale, sein Geist das Muschelfleisch, die Perle im Fleische das ewige Leben.

Der Teufel lügt: Denn es gibt diese „anderen hehren Welten" nicht, genausowenig wie das innere Leben und Licht der Gegenwart, des Allumherigen, des Seins schlechthin; es sei denn, daß sie mitten in deinem Herzen, mitten in deinem inneren Lebensleib stecken. Oder daß sie diesen *Leib* bilden.

Es ist *sein* Fleisch, das ich dir zeige, das wirkliche, innere, bleibende, pulsende Leben des Geistes, das etwas Zweideutiges und Unaussprechliches noch für dich selber darstellt, so zweideutig und unaussprechlich, vorerst, wie *das* Wirkliche, *das* Bleibende *außerhalb* deines Bewußtseins von dir selbst. Wie das innere Licht der Gegenwart, in das dieser Geist doch *dich* immer und fortwährend - und manchmal schlagartig - hineinversetzt. Oder besser *hinaus*.

Das „Licht des Lebens" und das Allerinnerste im Menschen sind unauflöslich aufeinander bezogen. Wenn die Menschenschale einst geöffnet ist, wird nicht der mindeste Unterschied zwischen diesen beiden Dingen bestehen.

(Seine Augen blickten mich unsäglich seltsam, schleierig, wie blind an).
Nachdem du dies gehört oder geträumt hast, wird dein Herz von der Sehnsucht nach dem Bild *deines* inneren Ursprungs gepresst; den du, tatsächlich, in der Auseinanderlösung von deiner wahrhaftigen und wirklichen Seele gefunden hast. Und dennoch: du hörst sie weinen. Vermeinst, sie weinen zu hören.

Kenntest du tatsächlich die Besitzerin des Schattens deiner Seele nicht, würde dir dieser „Teil", der bedeutsamste Teil deines inneren Wesens, in dem Maße fehlen, als man dir nur den Mut zur Angst wünschen könnte, mit dem man die beängstigenden Phasen *seines* Erwachens verwindet. Wenn es gut geht. Denn das sind auch die Phasen des Verschwindens, der notwendigen Darangabe des anderen „Teiles" *als solchen*: In dem „Eva" erwacht – aber nicht außerhalb des ihren. Sie erwacht, wenn sie erwacht, in „ihrem Körper".

Auch dieser *Mut* bezeugt *ihr* Leben, ihr Leben *in dir*, und nicht deines, d.h. „Adams" in seiner Angst.

Daß sie nicht *in dir* leben kann, daß sie in deiner Art und Form von Wachheit *nicht* erwacht, und daß deine Bewußtseinsstimme nicht die ihrige erweckt – so gegenwärtig und aktiv diese auch sei, denn gerade „deine" Aufgewichtung ist der Hinderungsgrund – das bringt sie um jeglichen Atem, jeden Freiraum, jegliches Licht, jede Lebendigkeit: *seid ihr doch eins.*

Es scheint, sie weint.[32] Angesichts dieser Unaufhörlichkeit des Aufhörens und dieser „Unverständigkeit der Angst", daß da zwei Körper sind, aber ineinander und füreinander geschaffen ...

Es scheint, sie weint. – „Wohin mit mir, wohin mit meinem kalten Zucken, wo mit meinem kalten Feuer hin." Mit dem automatischen, oberflächlichen Zugriff seiner Sinne und seines Bewußtseins auf das bloß Gegenständlich-Bekannte, dessen

---

32. Wenn man die in diesem Neutrum („Es") anklingende, auf ihn, „Adam", gemünzte Persönlichkeit des Unpersönlichen, auf sein „unlebendiges Leben", einbedenkt, wie in dem „scheinen" ebendiese kalte Sonne seines Geistes, die die Quelle des Flusses mißachtet, von dem sie sich letzlich nährt – dann sind diese vier schlichten Worte der wahrscheinlich tiefste und signifikanteste Viersilbensatz, der überhaupt zusammengesetzt werden kann. (Anm. d. Schreibers).

Umklammerung ihn wieder ruhig stellt, wieder mit der Vergegenwärtigung seiner selbst, des Sich-Anwendenden, ihn befriedet. Das „zweifache Greifen" genannt im Buddhismus, das weder nach innen noch nach außen tatsächlich greift (oder besser begreift) - das ihn zurückbringen kann in die Nacht, da weder „er" noch „sie" sich abzeichneten *in* der Welt und *in* den Dingen.

Das aber ist, was „zu sein hat": was das Sein *hat* – um seinetwillen. So tut Mann im tragenden Licht der wirklichen Natur des Denkens, in *ihrer* „extreme Frühe" *seines* unmittelbaren Erfassens, welche Natur nichts anderes als die Erhebung der wahren Natur der Dinge ist, wie wir schon sagten: aber eine ganz einsfühlige, harrende Herausprägung derselben ohne jegliche Herausbesonderung des „Erkennenden" selber. Das ist – *dann* ist - das lebengebende geistige Element, das hauchbildliche Brot des Seins, das er, Adam, dem Leben schuldet; und nicht umgekehrt der „Leib der Eva" *ihm*.

Er muß seinen Blick kurz halten oder sehr weit. Bis er zu aller Lust erloschen ist. Und das Licht ihm verzeiht. - Erloschen in all *der* Lust, aus ihrem, Evas vergemeinsamenden Geist freier, unerfragter Güte einen Brauch-Körper zu machen, dem der gedengelte Blick seiner gedanklichen Eigenfremdheit befiehlt, diesen irgendwie fühllosen, abgebundenen Leib seines Denkens mit ihrem wärmenden, erhaltenden Licht zu ernähren. Und, immer fest auf sich selbst geheftet bleibend, aus jedem Ding und Wesen ein fügiges Etwas zu machen, das, um in den Tempel der Wirklichkeit zu finden, zu dem umgekehrt sein Denken und dessen Selbstwahrnehmung sich, *haram*[33], erhoben, sich wie jener „Körper" ihm opfern muß, verbrennen und erlöschen; und zwar in dem, was die diesem „Ding" eigene Natur und Seele für und von sich selbst besehen ist.

Nur wenn die Form der Einverwandlung und seiner inneren An-Sehung der in ihrem, Evas, Geist empfangenen entspräche, fände dieser *Tod der Dinge* vorher nicht statt. Wo all die ungelebten inneren Lebensgestalten, die doch auf *ihn*, diese versammelnde

---

33. „Verbotenes" (arab.). (Anm. d. Schreibers)

„geistige Erde", zu gerichteten Hauchbilder ihrer unberechenbaren Unmittelbarkeit, deren bar sie nicht sie selbst wären - wie traurige Kinder, fern ihrer Heimat, vor sich hinkümmern, bis sie so verbrannt oder geschröpft werden für einen schiechen, wanken Gott, dessen Beschwörung, selbst wenn sie um seiner eigenen *Gesundung* willen angestimmt würde, selbst tot ist - lautet sie doch: „Wandle dich *nicht*! Nein, eröffne mir *nicht* deine unsichtigen und vollen Tiefen, deinen bitteren Geschmak von „Jenseitigkeit", von mir gänzlich unähnlicher Unendlichkeit, - denn keine Sehnsucht preßt mein Herz als die nach dem Bild *meines* Ursprungs, den ich in der Auseinanderlösung fand von deiner Seele. *Dazu* brauche ich dich, daß ich diese Auseinanderlösung selbst wiedererlebe, in der ich zu mir selbst fand".

Doch das genau ist *nicht* geschehen.

„Deine Seele", das ist das Licht der Aschen, das sich über so viele, so viele Jahre in uns hielt . . . - Wo doch ein einzelner Tag ihres Wiederaufglühens schon einem Wunder gleichkäme, wenn wir die „geflammte Gerufene" hätten mit eigenen Kräften des Verstandes und Fühlens ernähren müssen. - Wessen „Hauch" speist also ihr Licht, wenn doch der unsere nicht zu ihr spricht - ja nicht einmal ihr antwortet?

Ich unterbreche mich wieder bewußt, weil dieser „Jemand", dieses *unum necessarium* gänzlich über „unseren" Geist geht, über unserem Selbstgewahrsein, „über unserem Leben steht". Das tut es im Sinne der höheren Liebe und des ungreifbar Wirklichen in *ihrem* kenntlichen und mitlebenden Grund, in Evas eigenem „Selbst". Das allerdings kaum etwas davon an sich hat: weswegen seine Wahl auf *sie* gefallen ist. Denn „Gott wohnt nicht in einer Wohnung, die aus sich selber Bestand haben will, sondern er liebt ein solches Haus, das sich selber nicht kennt".[34]

Die Antwort lautet: Jesus Christus, Sohn der ewigen Weisheit und Liebe, ihr fleischgewordnes Wort.

---

34. Hildegard von Bingen, „Geheimnis der Liebe", II. (Anm. d. Schreibers).

Verkannt, verstoßen und ermordet von seinen ihm als solche entrückten *Brüdern;* wie da „Adam" einer ist, oder, gewissermaßen, alle. - Tod und Leben hatten vorher noch denselben Ort: „Adam" und „Eva". Himmel und Hölle waren noch ebenso scharf voneinander getrennt, wie fest gefugt in der einen „menschlichen Erde", die auch als deren, dieser seiner „menschlichen Brüder" geistige Existenz zu deuten ist. Sie ist auch der Ort, an den er sich nach seinem Tode begab, um, mit einer weiteren Heilstat, eine nicht minder große, vor dem Hingehen in seinen Ursprung, dem uns unwissbaren Gott (soweit nicht an diesem seinem Sohn „sichtbar" geworden), das höllische Riegel der Gefangenschaft im Nichts, dem adamitischen, in *ihrer* Unausgestaltetheit, der evaischen, *die* ihn letzlich, den Sichtbaren, ermordete, zu lösen. Auch die Hölle hat er aus den Händen der widergöttlichen Todesmacht befreit, so daß die Kräfte und Bestrebungen in ihr verteilt sind. In ihr ist Aufruhr alle Tage, ein Ringen und Aufbrechen ins Lichtweltliche, in die andere Welt des Nichtsichtbaren, das dem spirituellen Streben und Geschehen in der Sichtbarkeit, in der uns sichtbaren Sichtbarkeit, auf Erden sehr ähnlich, verdächtig ähnlich ist. Er hat durch das Sichhingeben und Eingehen in die „geistige Erde" des Menschen deren himmlischen Anteile, ihre angelische Identität wiederbelebt, die unabhängig von diesem Kriterium der Sichtbarkeit bzw. der Körperlichkeit besteht, unabhängig von einem bestimmten Seinsbereich, sie wie durch das Zuleiten des diesen Anteilen entsprechenden Blutes wiederbelebt, eines „gegentodlichen" Mark-Serums, ihres Markes, dessen Wirkung auf eine erste starke Anregung und ihre langfristige Gesundung angelegt ist.

Und er hat in einem jeden lebendigen Menschen mit diesem *seinem* Bilde die „Geflammte" beprägt. Hat in diese geistige Erde einen machtvollen Hunger nach ebendiesem Bild gelegt. Und mit ihm eine *Leere* hinterlassen, die dieses einzige *Muster* hat: und die deshalb nur von ihm selber gefüllt werden kann.

Es ist ein Vakuum, das wir alle das ganze Leben mit uns herumtragen. In das wir mindestens einmal, mit der persönlichen

Untergangserfahrung dieser angelischen Wesensanteile, oder anders gesagt, des vorläufigen Verendens Evas in uns, auch hineinfallen werden: wahrscheinlicher mehrmals oder immer wieder. Das sich lange völlig diffus, in einem so unbändigen wie unbestimmten Sehnen ausdrückt, das wir mit allen möglichen Dingen, materialisierten und nicht materialisierten Irrtümern und Projektionen auszufüllen suchen. Doch vergebens: weil dieses Muster Gottes dem Vakuum selber eingeprägt ist.

Und in diesem Bild „ruft" sie Jesus; ruft die in uns, in der menschlichen Erde begrabene Seele der himmlisch Geflammten in *das* Leben, welches an *seinem* persönlich-überpersönlichen Leben teilhat. Am bestimmten Lichte seiner Weisheit und unüberwindlichen Liebe.

(In meinem Inneren glühte es wie in einer Esse und meine Augen müßen helle Blitze gespieen haben, als ich ihm darauf entgegnete:)
- Und das ist ganz klar keine Botschaft des Friedens! Wenn nämlich dieser Friede *Gottes*, wenn sein „positiver Tod" voraussetzt, daß er uns besetzt und besitzt, und wenn nämlich, damit *wir* „seelisch wieder leben", jede andere Persönlichkeit an uns erst ausgelöscht werden muß - durch die „seine"! -

Welche die Überwinderin des wirklichen, geistigen *Todes*, des Entwestseins ist. Die einzige. Und dementsprechend: furchtbar gut.

- Das ist nicht der Jesus, der mir gelehrt wurde! - Diese Art Schamane der Freiseele, deren Entschwinden aus uns selber uns in die Gefahr des geistigen und eigentlichen Todes gebracht haben soll! Ja, faktisch in den Zustand schon dieses Todes ... *(Ich konnte kaum an mich halten)* - Ist das denn noch zu fassen? -

Auf dem Verloren-*Haben* liegt die Betonung. Wir haben sie zwar - und zwar *wir* - doch „verlorenerweise". Das kann man vom geistigen Leben überhaupt sagen. Und gegen diese Form des Habens – des Innebehaltens von etwas, das in eben diesem Beisich-*Behalten* verloren geht, entleibt, entwirklicht wird, entwest -

richtet sich seine gegentodliche, furchtbare Güte. Genauso werden wir überwältigt von schmerzlicher Güte, wenn sie es ist, die in uns lebt, wenn sie wieder Besitz ergreift von uns; und das währt solange, bis wir imstande sind, dieses Gefühl zu leben, es zu atmen, es nicht nur auszu-halten.

Solange wir nicht mit jeder Faser unseres Seins begreifen, daß man sie nur darin „haben" kann, daß sie *uns* gänzlich besitzt: solange behält Er *selber* sich ganz ihr Leben und ihre Belebung vor.

Nur *darum* geht es . . . - Wie schon, da er „bei uns war", sein ganzes Handeln, Auftreten und Sprechen, die vollkommene Einheit des Denkens und Seins, die er lebte, sich gegen diese Form gerichtet hat: Gegen das eingezogne Selbst, das unsehnliche, feuerscheue Ego, diesen Feind naher Berührung, der zugleich die Quelle des Flusses, von dem er sich ernährt, verleugnet und verrät, sie nicht ansehen will.

Der der von uns aus und in uns voraus-wirkende Tod ist: zu dem sich dadurch das in uns selber verscherzte Licht unserer ursprünglichen geistigen Natur verkehrt, langsam aber unaufhaltsam verkehrt.

Denn die Sensibilität gerade ihm, diesem Licht (oder schlicht Eva) gegenüber, die Gott uns zusammen mit dem Geschenk und der bestimmten Gabe dieses Lichtes gebietet, weist auf die Beschlossenheit aller Wirklichkeit in der Sphäre des geistigen Lebens aus Ihm hin. - Damit insbesondere auf die Frage:

Wenn etwas, das unsterblich und gut ist, das unabwendbar „Seinzuhabende", das, einmal von Ihm selbst ins Sein gerufen, nicht zurückgedrängt werden kann ins Unausgestaltete, das also eine „unverunwirklichbare" Kraft darstellt, die vom Geiste des Menschen her Bestand in der Welt nehmen soll, welcher, dazu, mit ihr beschenkt wurde,

wenn dieses wirkmächtige „Licht der Welt", welches „ihr seid" (Mat. 5,14), gerade in seiner durch Christus besiegelten Über-Gabe an uns, in ebendieser wesens-kräftigen Wirklichkeit der Güte, der Gabe, die zur Vergegenständlichung im Menschen selber und durch ihn gelangen muß, die, ihm gegeben, auch von ihm gegeben werden muß, -

wenn nun dieses Licht, diese Gabe, als solche zurückgewiesen und verweigert wird, in eben ihrer lebensbekräftigenden Lichthaftigkeit vom Menschen nicht angenommen wird: Was passiert dann?

Sie verwirklicht sich dennoch. Nunmehr aber dem reinen Wesen der „unverunwirklichbaren" *Kraft* nach; und wesenhaft sich in ihr Gegenteil, in die Wirklichkeit ihrer eigenen Entsagung oder Be-nachtung verkehrend.

Der Geist des Menschen, von seinem himmlischen Ursprung,

dem Ursprung, der wieder tätig geworden ist, dessen Be-kommenschaft in Christus eine neue Form der Herrscherlichkeit, die der nicht hintergehbaren Liebe angenommen hat,

seinerseits mit der Gabe ausgestattet, „sich selbst zu schaffen", wird unwissentlich oder willentlich in jene Form seiner *eigenen* Vergegenständlichung hinausgeführt, die *ihr* Nichtbestehen und Verenden in ihm bezeugt. Die aber der offenkundigen Erscheinung nach nicht das Geringste mit Gott, mit dem Denken und Glauben, überhaupt mit torpedierten Bestrebungen der christlichen - oder schlicht der menschlichen Liebe zu tun hat.

Das vor-wirkliche Drama, das inwendige, ist nur noch den Augen des Menschen und der Welt, die sich in *ihnen* darstellt, abzulesen:

Eine schreiend offenkundige Welt des negativen Hinweises auf sie selbst, auf diese selbstbestimmte Gabe; in Annalen des Grauens, der gegenseitigen Verachtung der Menschen und Völker, des Aushungerns und Herumschleifens der menschlichen Seele auf ihren Knieen. In denen „jede neue Form des Entsetzens überbietet die ältere", und „was überdauert, kein invariantes Quantum von Leid, sondern dessen Fortschritt zur Hölle" ist.[35] Eine Welt der schuldhaften Verstrickung seines in dieser Gabe ungewordenen oder „unverwesentlichten" Geistes an allem Leid und aller Brutalität jener Zeit, in der er lebt: ebendadurch.

---

35. Adorno, Minima Moralia. (Anm. d. Schreibers).

Insofern haben das *vergegenständlichte* Gute und Böse einen und denselben - unvergegenständlichten - Ursprung in Gott.

Mit der gewichtigen Einschränkung, daß Er nicht gezögert hat, diese in Ihm selber unanschaulich-wesenhafte Kraft animisch, das heißt, ihrem Willen und Sein nach zu definieren, ihr unmißverständlich ein Gesicht zu geben, dem Guten *in uns selber* unverkennliche, lebendige Züge und eine eigene Stimme zu verleihen.

Das tat Er, indem er Adam seine Eva zu zeigen und zu geben geruht hat: damit der Mensch das von diesem seinem göttlichen Ursprung her in ihm Seinzuhabende prinzipiell als die eigenste Möglichkeit und Grundlage seines geistigen Wesens ermessen und erfahren könne.

Und indem Er schließlich nicht gezögert hat, seinen eigenen Sohn, „vom Weib geboren", uns zu senden und zu opfern, auf daß wir zum Leben selbst finden könnten, das im Festhalten und Glauben an dieses uns unmißverständlich offenbarte Gesicht der Liebe erlangt werden kann - „schon" darin, aber auch nur darin. Ungeachtet allen unseres bisherigen persönlichen Versäumnisses desselben. Ja, gerade auch ohne Ansehen der weltlich verstrickten und verschuldeten Person.

Denn in den Tod *ging* Er, weil wir *im Tod* sind.

Soll der Tod aber nicht *in uns* bleiben, braucht es noch diese unsere ganz persönliche Entscheidung für Ihn, die seine, Gottes, Entscheidung und Aufopferung für uns erwidert.

Wenn wir aber von Jesus Christus sprechen, so genügt es nicht, uns seine schier übermenschliche Selbstentäußerung um der Liebe willen zu vergegenwärtigen, die er uns lehrt, die er uns in diesem Leben zu beherzigen auffordert. Wir müssen ebenso und gleichzeitig jenes Unabdingbare finden, die substanzielle Grundlage im Menschen ansehen, die Gott zu diesem seinem *prima facie* oder ansonsten illusorischen „Glauben an uns" und dessen Umsetzung bewegt; die uns in den Stand setzt oder setzen kann, diese Liebe eben so aufzunehmen.

„*O testimonium anima naturaliter Christianae*".[36]

Es gibt eine geistesgeschöpfliche, sozusagen generische Voraussetzung dafür, an die Gott immer „dachte", mit der er kommuniziert. Diese zu zeigen war und bleibt hier unsere Absicht. Wenn wir uns dieser ganz anders besetzten, von Grund auf für diesen Plan prä-okkupierten Prägung des menschlichen Wesens nicht entschieden zuwenden, wenn unser Glaube sich nicht auch gerade *auf sie* bezieht, oder, wenn wir diesen „andersgesichtigen Grund" nicht einmal entdecken, dann wird die tragische *Polarisierung* ebendieser unserer geistigen Natur niemals behoben werden können. Und damit gerade das nämliche göttliche Ansinnen an uns vor *dem* Graben, der ihn, Christus, weiterhin von unserem offenkundig werdenden Naturell, sozusagen unserem geistigen „Phänotyp" trennt, etwas „Un-erhörtes" (sic!) bleiben. Das ewige: „Diese Rede ist hart. Wer kann sie hören?" (Joh. 6.61).

Dieser Graben[37] wird dann weder in zukünftigen theologischen Bemühungen, noch in der immerhin an seinem Beispiel eingegangenen gläubigen Lebensarbeit unseres Geistes, in der wenigsten in den metanoetischen Wandel einwilligenden „Arbeit an sich" eines jeden Gläubigen (oder auch Zweifelnden!), jemals zu überbrücken sein.

Anders gesagt: wenn wir nicht von *ihrem* von Gott berührten Licht schwanger gehen, wenn wir nicht ihr Leben und Wissen *in uns selber* zu würdigen anfangen, ist sie es, Eva, die uns alle in blinde Eulen verwandelt und in Erdlöchern zu leben zwingt. Uns in dumpfen gehirnlichen Bauden gefangenhält, von denen aus wir uns in immer körniger werdenden Bildern voneinander gegenseitig negieren und ver-toden, oder aus denen wir, „Irre, die zwischen den Gräbern wohnen", hervorspringen, um Argwohn, Missvertrauen - blanken Hass aneinander walten zu lassen.

---

36. „O über dieses Zeugnis der Seele, die von Natur aus Christin ist." (Tertullian)
37. S. den in EZAL 1 (Anlage) genannten „Spagat" des zwei-einigen geistigen Lebens, der vom Menschen gemeistert werden muß, damit sein „inneres Entwestsein" aufgehoben werden könne. (Anm. d. Schreibers).

Ohnehin geht es hier nicht um einen theologischen oder meinetwegen psychologischen Sachverhalt, der sich in der Kategorie des Reflektierbaren, etwa des „Motivierenden", „Entsetzenden", „Anregenden", usw. ermessen ließe. Sondern es geht um die Wiedergewinnung oder Erreichung des eigentlichen Lebens, des unmittelbaren oder „rein präsentischen" Lebens unseres Geistes. Und weil dieses nur im zwei-einigen Empfangen Gottes und im gegenseitigen Sich-Einverwandeln der bewußten beiden Wesensanteile des inneren Menschen besteht, wird es auch komplett mit den gestrigen Spielen des Geistes aufräumen; mit allen seinen, hinsichtlich dieses Distanzverhältnisses, telemetrischen Disziplinen – ob sie nun philosophisch oder wissenschaftlich-physikalisch sich äußern.

Es gibt, das vor allem, keine rechtmäßige „Wissenschaft von Gott" oder „seinen Wegen", die eine solche von Zuschauern Gottes sein dürfte. Und es gibt keine legitime Aussage über irgendeine Erscheinung in der Welt oder in der Schöpfung, die nicht von *dem* Verstand getroffen würde, der sich in ebendieser Erscheinung selber ausprägt, den *sie* gestaltet: dessen eigene Veränderung sie nicht wäre.

Jene vorgenannte Voraussetzung aber, diese der „menschlichen Erde" ursprünglich ingenerierte „Grund-Lage" und ihr segnendes Licht: das ist der „frühe Geist" der Eva, an den das sich in unseren Tod gebende „Wort Gottes" sich gerichtet hat und richtet: weil es diese Eva ist, die wesenhaft, co-natural, zu ihm, Jesus Christus, *gehört*.[38] Das ist *der Geist*, der unsere innere Antwortfähigkeit auf ihn überhaupt gibt, den Gott in der menschlichen Erde aufruft und – entmüdet ... Zu dem „menschlichen Licht", das zu dem ihm, der Angerufen-Geflammten, verinwendigten Bild Christi erwacht. Das mit dem paulinischen „Angeld" seiner Herrlichkeit umschrieben wird. - Und nun ...

---

38. Zu diesem co-naturalen Zusammensein ist Entscheidendes in EZAL 3 ergänzt, das parallel hierzu gelesen werden sollte. (Anm. d. Schreibers)

(Plötzlich verdüsterte sich sein Gesicht und nahm einen aberwitzig starren Ausdruck an.)
Wenn du nun sagst, daß sei nicht der Jesus, den man dir gelehrt hat, dann ist das gerade die entscheidende Feststellung: Der dir *gelehrt* wurde, kann *unmöglich* er *selbst* sein. Wie muß doch seine *eigne* Gegenwart dich eigentlicher, näher und eher berühren - mit elementarer Kraft - bedenkst du nur einmal selbst, wer *er ist*! – Dich und jegliches andere Leben berühren, in welcher Gestalt, Realität und „Welt" auch immer . . .

Aber man muß es umdrehen: dir wurde eine andere Eva gelehrt, weil dir ein anderer Jesus gelehrt wurde.

Und in dem Maße, als dir ein schmeichlerischer, begütigender Gott gelehrt wurde, der von deinem eigenen Inneren losgelöst und abgetrennt bestehen soll, ist dir eine tumb-gegenständliche, stimmlose, sogar verwerfliche Eva gelehrt worden.

Damit, schließlich, ist dir Gott aus deinem Inneren gerissen worden, damit du ihn als ein Bild anbetest dessen, worin menschlich-vernünftige Wertvorstellungen sich selbst heiligen, ein Bild des Streben nach höchster Mäßigung oder gesellschaftlich-sittlicher Vervollkommnung, einer in billiger, gespielter Demut verborgenen Weihe des Ichs. Ein Bild des höchsten Affirmanten einer stillen, gesättigten Welt, eines ausgesprochen irdisch gesättigten Nebeneinanders geregelter Privatzonen, wo das Christentum im Stillen hochgehalten wird, in der Zurückhaltung der sittlich-sozialen Ordnung, mit der es immernoch verwechselt wird, in der der Gläubige den Schutz hat der Verborgenheit und keine Notwedigkeit, sich zu beweisen. Damit du nur nicht auf den Gedanken kommest, mit Gott verbunden, von ihm abhängig zu sein ohne eine institutionelle Unterweisung. Damit du nur nicht der schier unbändigen Kraft folgst, dich selbst und alles Bestehende zu verändern, die seine dir geschenkte Auferstehungskraft und seine Liebe auslösen, auslösen können, sowie du seine Wirklichkeit entdeckst.

Denn wenn du seine Wirklichkeit annimmst als die Einzige, nimmst du sie als die deine an; das heißt, als die, die in dir spricht und zu dir spricht, zu dir persönlich. Du nimmst an, daß es keinen

Gott gibt ohne Kenntnis der Bewegungen deines Inneren, keinen, der nicht um dich wäre und in dir, um eben dieser Regungen deines Herzens Herr sein oder allmählich Herr werden zu können. Und du nimmst somit seine Un-widerstehlichkeit für dich und die Unweigerlichkeit deiner eigenen Entwicklung dahin an, wo der Herr dich, dein Herz be-herrscht.

Wenn wir also von Gott sprechen, verstehe: vom Herren selber, und wenn mich seine Gegenwart dagegen nicht berührt, nicht mit dieser elementaren Kraft berührt, dann gibt es dafür wiederum nur eine eine mögliche Erklärung. Diese Erklärung ist nicht weniger von zwingender Realität: und ursprünglich hat sie überhaupt Gottes Fleischwerdung und Heilswirken in seinem Sohn bewirkt, zu seinem Entschluss geführt, ihn uns zu opfern.

Darum möge sich dies jeder selber für sich vor Augen führen, sich begreiflich machen, der mich anhört, wenn er auch nur ungefähr nachvollziehen kann, was ich hier sage:

Wenn also ich, der ich etwas Leben besaß, selber aber, soviel ist ja sicher, nicht das Leben selbst war, in mir, in meinem tiefsten Inneren, eine unverrückbare und bodenlose Leere empfinde, und, trotz aller angestrengt festgehaltenen und doch vorübergehenden Überdeckung ihrer mit den Gegenständen meiner äußeren Beschäftigungen oder meiner intellektuellen Interessen, den heulenden Wind in der trockenen Höhlung höre,
ob ich nun weiß oder nicht weiß, daß dies die Leere ist, die wir vorhin als Noch-Absenz, als negative Be-Musterung durch den einen Gottessohn erwähnt haben;
wenn das rauhe Rumoren dieser Leere mich innerlich letzendlich beherrscht, indem sie regelmäßig da ist, konstant oder periodisch wiederkehrend:
Ist es dann nicht wahrscheinlicher, sehr viel wahrscheinlicher, daß ich, rechtbesehen, in geistigen Hinsicht - tot bin?:
als daß das mit dem Leben, *dem Leben an sich* der Fall sein sollte, geschehen sein sollte?

Ist das nicht wahrscheinlicher, sehr viel wahrscheinlicher, als daß die Freiheit und die Liebe des Lebens selbst, deren geistiger Grund dieser CHRISTUS ist, das sich-innerselbige, zusammengefasste, reine Leben (darum: Garant und Geber jeglicher Er-füllung *im* Leben und *mit* Leben), welches mich sicherlich einmal umfangen hat und das mich, zudem, ursprünglich ins Sein gebracht hat – daß dieses Leben aufgehört haben, zum Stillstand gekommen sein sollte? - Nein, nicht Gott ist tot. - Sondern alles spricht dafür, daß ich tot bin.

Sowie dafür, daß ich diesen Einen finden muß; daß ich, zu dem Einen Großen Zusammen-Hängenden Leben zurückfindend, mich von Ihm finden *lassen* muß, um diesem meinem Todeszustand ein Ende zu setzen.

(Er hatte seine Hand um die Augen gelegt, in sie hineinblickend, um das zu sagen. Jetzt nahm er sie fort und blickte mich fest an.)

Zu jener armseligen Verwechslung zwischen dem einen lebendigen Gott und dem Christus, der uns gelehrt wurde, möchte ich mich später wieder und dann näher äußern. - Aber es scheint, daß wir wieder von vorne anfangen müssen. Ganz von vorne... Also komm, hier entlang, weiter. *Jalla*.[39]

(Wie selbstverständlich entwanden sich jetzt unerträglich sinnfällige Wortgemälde seinem bläulichen Mund, beweglich wie die Luft, die ein eisiger Sprühregen durchzog, für den ich dankbar und dankbarer war, je mehr mir der Kopf vom angestrengten Zuhören beim Laufen schwirrte.)

Gott ist jener, der uns „in seinem Ebenbild erschuf". Es heißt, „Als Mann und Frau erschuf er sie, in seinem eignen Ebenbilde". Weder „Mann" noch „Frau" gesondert, sondern das Paar selbst ist Gottes Bild, ihm wirklich ähnlich.

Soweit er den Menschen nach seinem eigenen „Bild" erschuf, und das gerade tat er, erschuf er ihn als Mann *und* Frau.

---

39. Arabisch für „vorwärts". (Anm. d. Schreibers.)

Hervorzuheben ist dann, daß Der, dessen Sein sich darin zu einem lebendigen Bild „gemacht" fand, nicht von dessen Formnatur *ist*, der hervortragend-hervorgetragenen, sondern ausschließlich und unumschränkt *Geist*: aber dahin sich gebender und dahin ein-wendiger Geist. Der Grund, der *Geist ist*, unumkehrbar in seinem schöpferischen „Naturell", vergegenständlicht die eigene Liebe zum Leben in dessen Schöpfung, der vielgestaltigen, ist aber in dem *einen* Bild selbst ausbildlich, selbstherig, das seinem eigenen, geistigen Sein entspringt.

Mit diesem „Ebenbild Gottes" ist somit der unverkehrte *Wesenszustand* des erschaffenen geistigen Menschen gemeint, derart von diesem Grund hergenommen, daß in ihm der Geist der Liebe, die sich im Schöpfungsakt ausdrückt, und der ursprüngliche Geist der Schöpfung, der sich in der lebendigen Hinterbringung ebendieser Liebe ausdrückt, „einbildlich" vereinen.

Mann und Frau erschuf er *geistig* den einzelnen, „ersten" Menschen: in nichts anderem, als einem „geistigen Geschöpf der Liebe", das sowohl den formend-belebenden, als auch den lebendig-geformten Hervorgang Gottes aus sich selber ausdrückt. Mit dieser kennzeichnenden Gabe - aber auch unter ihrer inneren Voraussetzung - unterstellt Er dem Menschen die ganze lebendige Schöpfung als die *ihm* entsprechende - als *seine* Welt. Und ebendann tritt Gott *selber* als Schöpfer und Zusammenschließer derselben zur Ruhe: Geradeweil er das in diesem geistigen Menschen keinesfalls tut.

Von hier aus ist der allgegenwärtige innere Schöpfungszusammenhang keine „gemachte Sache", kein schweigend-sprechendes mystisches Rumoren, sondern gründet in einem bestimmten werklichen Prinzip und in einer bestimmten segnenden Kraft innerhalb dieses einen Geschöpfes: Nicht nur das geborene, geschöpfliche Moment, sondern auch das Hervortragende, Schöpferische, das sich in und um dieses sein selbstheriges Bild eine ganze neue lebendige Welt entringt, gelangt wesenhaft und wesens-kräftig, durchaus auch als das inner-natürliche oder „seelische" Licht dieser Lebens-Welt, in dieses erschaffne „Bild".

DAS ALTE LIED

Und diese neue lebendige Welt erhält sich oder geht beständig aus der inneren Vermählung seiner beiden Wesensanteile hervor[40]:
der himmlischen Natur des ins-Sein-setzenden, ewigen „Wortes", das sich „hauchbildlich" und antwortfähig im wirklichen Wesen aller belebten Erschaffenheit erhält, und der Natur seiner eigenen „Leibwerdung", die all das zur Schöpfung gelangende Sein sammelnd oder liebend rückverbildlicht in das eigene, tragende Sein: den vermenschlichten Stern der Welt, das con-sider-ierende Hauchbild aller Hauchbilder der Welt.

Das erstere, die eigentlich geistige Leibwerdung, ist somit weiblich; sie ereignet sich vor der, die irdisch sein wird und um derselben willen, entsteht als deren Postament, sozusagen schöpfgeschöpflich erst zwischen Gott und Schöpfung.

Der eigentlich „männliche" und verwirklichend-erkennende Vollzug dringt in deren irdisches Werk, indem er die Schöpfung in ihrem ein-weltlichen Zusamenklang erkennt, bestätigt und benennt, bekräftigt und erhält.[41] Den Baum des Lebens als erkannten, den der Erkenntnis als gelebten; außerhalb und unwandelbar vor jeder nicht-eingedenkenden Scheidung des eignen „Hauchbildes" von allen anderen; da dieses, vielmehr, nur als alle diese Hauchbilder eingedenkende Abrufbarkeit aller in ihm selber verstanden werden kann. Vielmehr also, indem er selbst zu dieser „geistigen Erde" gerät, in dem irdischem Bilde einer ursprünglich „geistigen Fleischwerdung": als der mittigste und der höchste Aus-Bund aller Formen und Stufen der göttlichen Schöpfung, nämlich Adam, eingeführt.

---

40. Vergl. EZAL 1.3. und insb. EZAL 3. (Anm. d. Schreibers).
41. Das geschieht durch die Intimation der Hauchbilder: d.h. des inner-natürlichen oder „kompartimentären" Wesensbildes, der „wahren Gestalt des Lebens" eines jeden Erschaffenen, durch die gerade diese „individuelle Form des Einig- und Gastbewestseins" in allem Erschaffenen befestigt, immerfort gesegnet und belebt wird: Das jeweilige Hauchbild ist „der familiale Geist der um den einen Gottessohn verdichteten inneren Wirklichkeit, der alles Geschaffene inwendig beprägt hat und nach sich be-hungert, untröstbar auf irgendetwas anderes". (Anm. d. Schreibers)
Zum näheren Verständnis der Begriffe Hauchbild, Kompartimentarität und Intimation ist „Die Bitte" heranzuziehen. Den Versuch einer systematischen Aufarbeitung dieser Lehre und Thematik stellt unser Buch „Mittlerweile" dar. (Anm. d. Schreibers)

Was also in Gott männlich ist und weiblich, doch an sich ununterschieden, tritt erst im geschöpften Bilde eigenwirklich auseinander. Das aber gerade, um das aktive Bewesungsverhältnis des alleinigen hervorbringenden Grundes in seinen präsentischen Empfänger oder „Träger" auszulösen, der, seiner-seits *(sic!)*, diese ihm widerfahrende belebend-erweckende Gabe der ihm anvertrauten Lebenswelt unaufhörlich abgedeihen lassen soll.

Daraus folgt, daß diese Welt in ihrem Angewiesensein auf sie, diese Gabe, bzw. ihn begründet ist.

Daß diese eine neue Welt, mithin, *bestehen* könne, ohnedaß die sie vermögende und schöpferische Liebe in diesem ihrem „selbstherigen" Bilde bestehe, daß heißt im gegenseitigen Enthalten und Hervorgehen *seiner* beiden Wesensanteile, sondern auch wenn diese geist-geschöpfliche Ehe verwehe:
das ist eine ebenso irrige, wie mörderische und verführerische Annahme, die - mit dem Verlust der hauchbildlichen Sprache, die nichts anderes als sein liebegeleitetes ursprüngliches Denken war, und der Segnungskraft der Intimation - bis auf den heutigen Tag Adams ursprüngliche Hybris und Unverständigkeit, sein Entwestsein und Entwesen markiert.
Mörderisch, weil sie aufgrund dieses unaufhebbaren innernatürlichen Hängens ihrer an Riemen seines eigenen „geistigen Fleisches", die gesamte - ihm in diesem ursprünglichen Sinne anvertraute - Schöpfung zu der einen animisch[42] ausgehungerten, „wehen Kreatur" werden läßt, die zugleich diese losgerissenen, gekappten Riemen vergegenständlicht: Zugleich Evas Verkanntheit, Zurückweisung, Ersterben. Todes Walten in der Welt, seit er sich ihr zu entfremden begann.

Es sind Riemen *ihres* Herzfleisches, an dem die gesamte Kreatürlichkeit und Schöpfung hängt wie *eine*; es ist nicht bloß eine von ihm abgetrennte und sich verselbständigende *Rippe*, aus der Gott die „Männin" formt. Die Vergegenständlichte, die in diesem Schatten-Körper - neben einem anderen, stolzen Schatten ...

---

42. Wesenhaft-wesenskraftlich. (Anm. d. Schreibers).

Darauf beruht Adams tiefgreifende Verirrung: in der er *den* Teil seiner selbst, der ihn gerade in geistiger Hinsicht gottesgeschöpflich macht und bleiben läßt, von sich abstößt, und dessen „weiblichen Werke" unbeantwortet und unverseint aushungert. Damit eben beileibe nicht nur jenen spiebrigen körperlichen Schatten seiner Seele, dem Gott unwiderruflich das weibliche Wesen und Antlitz gab.

Der nicht nur, untrennbar von ihm, „die andere Hälfte des Mannes" ist, sondern zugleich die „andere Hälfte" des Seins, allen Seins überhaupt. Auf der sein wirkliches Gewicht liegt und seine wahrhaftige, von hier an mißempfundene, mißachtete, zurückgewiesene Natur.

Der animische Tod, der „seither von ihm wirkte", der diese seine Welt innerweltlich entlichtende Tod ist die „natürliche" Auswirkung der wahren Tatsache, daß wir in dem, was uns in jenem ursprünglich-geistgeschöpflichen „Bild" gegeben wurde, nur noch „spielen, was wir sind". Die Wurzel allen Übels besteht in jener entsetzlich lässigen philosophischen Geste des Undanks, nach der der Glaube und die Liebe des Geistes, der uns gegeben wurde, seine widmungsfähig-attentionalen Kräfte, für uns keine realen oder wirklichkeitsbedingenden Kräfte darstellen, die etwa um dieser lebensfördernden Einlösung durch uns willen vom Leben selber, dem kompromittierenden, in uns aufgeboten sein könnten: indem wir diese Kräfte vielmehr für unser eignes Wohlbefinden, unsere eigene geistige Sättigung, unsere eigene Er-Füllung proklamieren. Während es Gott immer und von Anfang an nur um die Erzeugung dieses menschlichen Lichtes gegangen ist, in dem es nicht den leisesten Schatten der sich be-wägenden oder herausbesondernden „Erkenntnis" geben soll, *neben* jener des „Angelds" seiner „Herrlichkeit", dessen „Sinn die Gabe und das Gegebenwerden selbst" ist. - In welchem „Sinn" also der geistige Mensch an sich verwirklicht oder besser „verwesentlicht" werden sollte. Mensch an sich sein oder bleiben: nur so. - Und so, nur so, verstehe man:

„An dem Tage, an dem ihr von diesem Baum esset, werdet ihr des Todes sterben". So also könnte die Erläuterung lauten: „Weil du lieblicher, leuchtender Mensch, mein geistiges Geschöpf, weiterhin vom Geist meiner Liebe leben sollst, mein Sohn - alles in allem seiend und alles für alles: darum bist du *dir selbst verboten*".

Nur die Erkenntnis und geleitete Bewahrheitung seiner ursprünglichen göttlichen Bewesung kann den Tod, der seither „von ihm wirkte", und zwar in eben dieser *seiner* Welt, wieder aufheben. Indem er selbst dahin gelangt, nicht mehr der Sohn seiner eigenen geistigen Werke zu sein, sondern der seinerseits „werkliche" Sohn der weiblichen Werke, die der Geist des Herren in ihm vollbringt.

Kein Disput der Welt und keine moralische Anstrengung um diese, wie edel und unbeirrt auch immer, wie gewissenhaft und aufwändig in ihrer Umsetzung, kann die ursprüngliche Vollständigkeit und Partnerschaft des Lebens in dieser Welt wiederherstellen. Sie rührt nicht an die primären Umstände und Ursachen. Was *ist*, wie kalt, verworfen und verkehrt auch immer, kann nur in ebendiesem ver-todeten Zustand angenommen werden, während es in und um der Möglichkeit eines in ihm keimenden neuen Seins willen gesegnet wird. Darauf beruht im wesentlichen Gottes Handeln und Gnade in Christus. Eine andere Kraft – neben der, die entwest und ver-todet – gibt es in uns selber nicht. Die allerdings haben wir; haben wir „verlorenerweise". Aber, gottlob, auch das nicht ganz. Dank Jesus Christus.

Nur die Wiedererlangung und Einlösung dieser *segnenden Kraft*, die auf dem Grund unseres Herzens schläft, die aber von Jesus Christus an der Quelle unseres wirklichen, geistgeschöpflichen Lebens berührt wurde, um immer mehr und eines Tages vollständig aufzuwachen, kann auch das gemachte Leben, das wir leben, von Grund auf verändern. Weil nur sie – nicht der Groll, nicht die Ethik, nur die menschgewordne Liebe – diesen entwesenden Tod, der seither „von ihm wirkte" (Adam), *in uns selbst* besiegen kann.

Dazu, daß wir umkehren, oder besser umgekehrt werden: zu dem unverkehrten Wesenszustand unseres geistigen Lebens, gibt es daher überhaupt keine Alternative. Jesus Christus bedeutet die uns von der Göttlichen Liebe verliehene Gnade, der Weg und die einzige Möglichkeit dazu.

Vergegenwärtigen wir uns nocheinmal diesen Zustand: Alles Lebendige verinnerlichend, alles zu ihm hin Vor-Geschöpfte, das er ebendarum „vor sich", als bewußtwerdbar „gegeben" anfindet, so den gesamten auf ihn zugeschichteten und zustrebenden Garten der schöpfenden Liebe in sich fassend, würde Adam gerade sein eigenes Geschaffen-Sein und -Werden aus dieser Liebe ersichtlich und bliebe ihm gegenwärtig wie seine eigenste Seele; sein beständiges *Hervorgehen* aus Gott. Das Werk des Weiblichen in ihm ist die beständige Be-Wesung durch die Ursprungseigenschaften, *sich* im Gegebenen zu empfinden, sich im Geschaffenen zu enthalten, sich im gesprochenen Wesen aller Dinge zu entsprechen, und in deren inneren Sehung auch den Baum des Lebens wiederzuzeugen, dieser Baum *zu sein*, der das seinsverbindliche „kompartimentäre" Wesen ist, das vom Geist der göttlichen Liebe auf alle Dinge gemeinsam ausstrahlt. Durch das Weibliche in sich selbst bleibt er ein Geschaffen-*Werdender*, und das Männliche ist der geschöpfliche Ertrag, die „Eingeselbstetheit" an sich, die wiederum seins-erhaltend nach außen strahlt. Die willentliche Ausfüllung dieser ineinsversammelnden Identität, in der sich die Liebe des göttlichen Wesens als unverbrüchliche geistige Blutsverwandtschaft allen Lebens ausdrückt. Er ist die geistige „terra firma", die erst zur Einlösung bringt, was das Weibliche in ihm vergegenständlicht und begründet, seine ihm inwendig beisituierte „himmlische Natur". Sie hat und vereint beide Eigenschaften: die des geistigen Binnenlebens in seiner unsichtbaren Bindekraft und die des zum Wesen des Vaters selbst hin erweckenden Geistes - in dem „eigenlosen" ihren als in der Seele des Mannes, welcher das „Geschöpf" an sich ist. Das Geschöpf, das *in die Welt* wirkt, wie jener Geist in den seinen hinein.

So Gott ihm sich durch Eva erschließt, gelangt Gott doch durch das Geschöpf erst in *dessen* eigene Welt.

Und - das widerspricht dann nur scheinbar jenem ursprünglichen „Selbstverbot" des in seinem, Gottes, eigenem Wesen begründeten geistigen Menschen: Gott *will* erkannt werden, seine Liebe in seinen Werken, seine Werke in seiner Liebe, wie es in dem berühmten *hadith gudsi* vom „verborgenen Schatz" heißt: ja, das ist überhaupt der Zweck aller Erschaffung - aber der menschlichen insbesondere, zuvörderst und zuletzt. Auch darum die doppelte Kennzeichnung des *einen* Baumes: der der des „Lebens" und der „Erkenntnis" ist.

Aber tatsächlich dient sie *der* Gegenwart, dem seinsqualitativen Zustand, da sowohl der schaffende, zeigende, anweisliche, sozusagen trans-apparente Geist, als auch das aktive Subjekt des Verstehens - der Herr selber sind bzw. ist.

Was bedeutet: Es gibt nur den „inneren Geist" und den „anderen", der nicht bewegt wird und der nicht versteht, *wer* oder *was* durch die Erscheinungen des Lebens zu ihm spricht. Noch weniger wozu. Der darin, daß er eben in diesem beständigen Zeugungsversuch, dieser Selbstentnahme oder -Entfassung der schöpfenden Liebe, eine unsehnliche Selbstwahrnehmung des behaupteten „Bezugnehmers" wählt - vom himmlischen Ursprung wegen aber seinerseits mit der Gabe ausgestattet, „sich selbst zu schaffen" – vielmehr also als stünde und bestünde er in eigenem Licht, als gäbe *er* sich sein Leben, und als enstspränge dieses seinem eignen Wollen und Ermessen, fern aller gerichteten Bestimmung oder Widmung ins vermeintlich Um-weltliche, bloß Umfangende - die Kardinalssünde begeht, die eigentliche Sünde.

Pecado de luz. Eine Sünde des Bewußtseins, des anderen eignen „Fleisches", wie sie in ähnlichem Sinne unter anderem Jakob Böhme, Swedenborg und die schiitischen Meister im Hinblick auf die Gestalt *Evas* gezeigt haben.

Die Rede von der Männin aus der Scheibe seines Leibes ist aber in die umgekehrte Richtung zu deuten: Wird das Denken in der unmittelbaren Erzeugung, in seinem weiblichen „fiat mihi" vom inneren Geist der Wirklichkeit „erhalten", dann ist dieser Andere eben kein „anderer", er ist der Eine und der Gleiche. Und er ist das in einer all-augenblicklichen, immer einmaligen *Geburt* aus dem verschwimmenden, aber unauslöschlichen Blick jener Eva, die des Menschen, Adams, himmlisches und wahres Selbst ist.

Erfolgt sein Denken nicht aus diesen ihren Werken, dann ist dessen wesenskraftliche innere Aktnatur, obschon sie und geradeweil sie ursprünglich der eigentliche Niederschlag der lebensvermögenden Liebe des Herren ist, ein durch und durch zerstörerischer Hauch des Todes in der Welt. Die bloße Äffung *dieser* Macht, das blutleere Gespenst des Baumes, der vom Blut des Seins gemacht war, letzendlich eine uns selbst verborgene Art des tatsächlichen Tötens oder Ver-todens im Geist . . . Die „ungeheure Kraft des Negativen", mit Hegel gesprochen, die die wirklichsetzende Potenz des Geistes als des inneren Lichtes des Lebens auf *sich* zieht, *ins* eigenliebige Geist-Selbst ver-zieht und vergeudet, und dadurch ihre natürliche Macht der Nachaußenwendung, in der sie *sich* schafft und sich dem angedachten Anderen ver-schafft, in eine Macht der wachsenden Isolierung, der Benachtung dieses Lichtes, des Auseinenderlebens, Sich-Ausweichens und Abseitsstehens umkehrt. Das – und nichts anderes – ist und wirkt der Teufel; und zwar in einem und mit einem jeden von uns.

Auf seinen Fuß folgend, hat sich der Tod des menschlichen Geistes bemächtigt. Und jedesmal, wenn ihm dieser Gewinn wieder gelingt, packt er einen Armvoll von Brüdern und Schwestern dieses einen blindgeschlagenen Bruders, schließt neue Maschen über den bitteren Knoten, den er in sein Leben gebracht hat. Langsam aber sicher, schleichend, ist der inwendige Mensch sein bestes Instrument geworden.

Die sekundären Umstände sind vielfältig, unerschöpflich, so viele offenkundige wie unsichtbare Mechanismen, kleine und große vermeintliche „Unbedachtheiten", des ein- und gegenseitigen Ausnutzens, Mißachtens umgreifend, das auf dem geistigen Ent-Achten, Negieren, Für-tot-erklären des jeweils Anderen als solchen beruht. Das zur völligen Weltberaubung und Isolation der Seelen derer in diesem Netz führt: Irgendwo an den abgehackten Ästen eines uns wohlvertrauten Baumes hängend.

Gerade von diesem im Geist des Einzelnen geltenden und heraufgeführten Tod kann man sagen, daß er ein „mechanischer", „kaltlächelnder" und ein „virulenter" Tod ist, dessen Tun allen Sinnes und Zieles entbehrt, und der, dennoch, unbeirrt seinen Weg in der Welt geht, ihn „durchmarschiert".

Selbst wenn man das rücksichtslos Erkaltet-Einsame, das Böse dieser „ungeheuren Macht des Negativen", die *in uns* wirkt, fröhlich in seinen verschiedenen *causae occasionales*, den gröberen und weniger groben, seinen feststellbaren Symptomen bekämpft, hat man seine Quelle, seine geistigen Wurzeln dadurch noch lange nicht freigelegt, geschweige denn verstanden.

Der Tod hat sich des menschlichen Geistes bemächtigt. Der Mensch weiß das. Mit eben der Leidenschaftslosigkeit, der bitteren Indifferenz, mit der er sich ihm fügt. Aber: der Tod will *ihn* nicht. Er verschmäht ihn sogar.

Es klingt widersinnig; aber das eben zeigt sich ja in seinem Tun. Er braucht seinen Arm oder seinen Verstand, das und vieles andere nimmt er von ihm. Aber dieses wellig wachsende Dämmerlicht in seinem Angesicht und das halbverlöschte Brennen im Herzen des Menschen, wannimmer der Tod ihn mit seinem Blick durchdringt,

dieses sich scheinbar wegschmiegende, in ihn hineinschmiegende weiße Leuchten, das eine zweite – unbestimmte Gegenwart zu vergegenständlichen scheint, flackernd-verflackernd in *seinem*, des Todes ihn innerlich benachtenden Blick, so ganz anders als er selbst, dieser Tod, undefinierbar in seiner Art, Gestalt und Größe,

und auf das *er* eher indifferent, weniger zielstrebig, als etwa der Teufel zuvor, zielt: dieses unbestimmte Etwas ist ihm, dem Tod, fremd und zuwider.

Das ist es, weil dieses offenbar Innerste des Menschen (und ihm wird hierbei nicht klar, ob es auch das Innerste *vom Menschen* darstellt), so verkümmert oder eingeengt es sich in ihm auch finde, für ihn letzlich nicht zu greifen ist – außerdem nicht begreifbar wird.

Es ist das letzte Überlebsel einer Welt, in der er sich niemals befunden hat, noch jemals befinden wird. Er hat Gottes Befugnis nicht, den Menschen dort innen anzugreifen, um ihn vollends, *in nuce*, auszulöschen. Und das ist das, was der Tod weiß. Zumindest weiß.

– Er kann es nicht, erreicht es nicht – und tut es doch? –

Mit einem ihm nicht weniger unausstehlichen Gefühl der eignen Machtlosigkeit gegenüber dieser seelischen Tatsache, wird es jeder zweite Mensch unserer Tage so empfinden, „im Grunde", beziehungsweise, ränge man ihm dieses so, für sich besehen, noch bekämpfte Eingeständnis ab: daß er es dennoch tut.

Jedes zweite zuckelnde Rädchen dieser hochgezüchteten merkantilen Gesellschaften, die nur den verloschenen Instinkt der Menschlichkeit verehren, kultivieren. Jede Ichwerdung oder – wahrung, die die Sklavenschaft in der Freiheit und die Gefangenschaft im Wunsch bedeutet, die sich auf ein „gemachtes Leben" gegenüber einem schlicht und ergreifend *empfangenen* beziehen: das man ebendarum ehrt, liebt und in den Dienst seiner selbst, das heißt seiner anderen Nehmer und Geber zurückzuführen bestrebt ist. (Wir aber fordern den – auch in diesem Sinne - umgekehrten Menschen).[43] Das Leben ehren tut nur, wer es liebt. Und nur der es liebt, hat es auch.

Jedes zweite zuckelnde Rädchen: Das Eingeständnis liegt schon in diesem leisen eigenen Rasseln, das langsam aber unermüdlich die wissentlichen Grade der Verweigerung entkenntlicht hat: Daß er, an dem ihm doch scheinbar so wenig liegt, diesem „menschlich indifferenten Tod", mitziehen muß und mitgezogen wird von ihm.

Und daß niemand, nicht einmal etwas in ihm selber, diesem Menschen, zwischen der Glut und der Asche seines Herzens unterscheidet.

Scheinbar – niemand.

Wenn nun *Gott* aber gerade das tun sollte, wenn seine Gnade gerade diese Unterscheidung treffen sollte - wie wir letzlich aufzuzeigen versucht haben...

Was will der Herr dann mit dieser *Heimsuchung* erreichen, dieser großen letzten Entmündigung, mit dieser paralysierenden Bedrängnis beim Menschen eintreiben? Eine noch dunklere Starre

---

43. S. EZAL 1-3 im Anschluß hieran. (Anm. d. Schreibers).

des Herzens, der Verzweiflung des Bewußtseins? Des Wahnsinns fette Beute?
Und wird *er*, Adam, sich jemals dieses fürchterlichen Fluches entledigen können. – Kann er?

Nun: es liegt nicht in seiner Macht, selber ins Sein zu treten oder sich ins Sein zu bringen, wie wir schon gesagt haben. Ja, das ist eigentlich alles, was wir hier zu sagen haben.

Das tat es damals nicht, als er *entstand*: und das tut es auch diesmal nicht.

Und jetzt, jetzt, da er sich der inneren Eva entledigt hat, ohne sie gerade in diesem seinem Innersten ganz entbehren zu können, steht es nicht mehr in *seiner* Macht, sie wach zu machen: in dem bloßen Gegebensein seines eigenen Wachseins.

Von uns kann man in dieser Frage keinen moderaten Ton erwarten: Was er nicht weiß, ist, daß *er* tot ist. Nicht Eva. *Tot* aber in ihren Verhältnissen, in den Verhältnissen der Vollständigkeit und Wahrheit des Lebens im Geist, das einzig und allein aus Gott empfangen wird. - Das darüber hinaus einzig jegliches Wiedererwachen oder Gesunden seines irdisch-vegetativen, psychischen und sozialen Lebens bewirken kann.[44]

Bis hin zu der Stunde, da wir, da der einzelne Mensch Jesus Christus in seinem Herzen aufnimmt, endgültig, so daß sich diese restitutive Segnungskraft in ihm entfalten kann, bis dahin besitzt der hier gekennzeichnete, der eigentliche Tod uns mehr oder weniger vollständig.

Wir alle schulden Gott den Preis unseres Lebens, und wir bezahlen es mit dem *natürlichen* Tod. Aber dies ist ein anderer, ein fluch-artiger Tod, den eine geistige Verelendung bewirkt hat, die wir uns selber zuzuschreiben haben.

---

44. Die substanzielle Abhängigkeit dieses Lebens-Bodens von seinem „animischen" oder spirituellen Unterboden wurde an früheren Stellen hinreichend erläutert. (Anm. d. Schreibers)

Gott in seiner unbegreiflichen „Finsteren-Liebe" hat zwar die eine, hinlänglich bekannte Konsequenz daraus gezogen. Aber nur, wenn wir Ihm erlauben, sich ein zweites Mal in uns auszuzeugen, geistig in uns auszuzeugen, im Namen und in der Kraft seines geliebten Sohnes Jesus Christus, werden wir lebendig werden.

Einzig und allein Christi gegentodliches Liebeswerk – mit dessen Bild, wie wir sagten, diese Todesleere beprägt ist und be-hungert, ein Vakuum, das schlicht sein *Muster* hat – kann uns wieder ins Leben bringen: Gottes Selbstopfer und Selbstverlassung um der Erneuerung der zwei-einigen Wirklichkeit unseres Geistes willen.

Und so, wie Eva ursprünglich den Geist Gottes vertritt, vertritt Jesus später auch Eva. Die entsühnte, aber in der Nacht des ihr aberkannten Lebensraumes eingeschlossene Seele, die des Mannes „andere Hälfte" ist und unabänderlich weiblich gegeben.

In jedem einzelnen Menschen aber, Mann oder Frau, erhält sie den familialen Geist der inneren, um den einen Gottessohn verdichteten Wirklichkeit, der alles Geschaffene inwendig beprägt hat und nach sich be-hungert. Unvertröstbar auf irgendetwas anderes.

Ihre Zeit wird mit der salomonischen „Zeit des Singens" kommen, mit der Zeit des um-wendigen hauchbildlichen Lebens. Der Zeit, da das „Licht des Lebens", des Allumherigen, des Seins an sich, und das Innerste im Menschen eines sein werden, Zeit, in der zwischen diesen beiden Dingen nicht der geringste Unterschied bestehen wird.

Und sie wird, ihre Zeit, mit dem kommen, was wir als die „Wiederkunft Christi" bezeichnen. Das ist das Ende des Alten Liedes.

Es folgen gesprächliche „Ergänzungen Zum Alten Lied":
EZAL 1 - 9.

Anmerkungen

[1] Dies bezieht sich wohl in erster Linie auf den „gesichtlosen Gott", der für die jüdische Devotion verbindlich ist. Albe hatte uns hierzu bei anderer Gelegenheit etwa das Folgende verstehen lassen: Die wirklichen Dichter seien zu diesem „Wortwerdenlassen des Seins" imstande, auch eigentlich deswegen in dieser Welt, aber, ausgestattet mit der besondersten aller Erfahrungen, nicht in der Welt zuhause, da sie gerade, was sie vermögen, anderenfalls nicht vermöchten. Für sich und jene, die an ihrer Arbeit teilnähmen, suchten sie den „direkten Weg ans Licht", in dem alles Wirkliche ins Überwirkliche der Unmittelbarkeit des Einen Unaussagbaren erhoben wird, einerlei, ob sie ihn offen bekennen würden oder nicht. Einen Weg oder Zustand, in dem sich beständig zu halten, einen für den Menschen vielleicht unmöglichen, vielleicht ungerechtfertigten Anspruch darstellt - was sich ganz mit dem hier angerissenen Thema entspricht. Dafür nähmen sie den zunehmenden Verlust jeglicher Kenntlichkeit ihrer subjektiven weltlichen Identität, ja auch der kognitiven Merkmale und Inhalte ihres bewußten Lebens voll in Kauf. - Ein jeder von ihnen, beziehungsweise seine Sprache, komme aus der Erfahrung der abismalen Tiefe, der Unausschöpflichkeit und unendlichen Anmut des formenden göttlichen Geistes selbst, des absorbierenden Abgrundes jenen Wesens, aus dem das Sein andererseits geschenkt wird. Des gänzlich Unaussprechlichen, der auch nicht besingbare oder anschaubare Form wird. Ihre Sprache ist erst dann vollkommen und am Ziel, wenn die gesamte Wahrheit des gesamten Seins sich in ihr selbst herausbildet; selbst dann aber weicht der Schatten des ewigen Unvermögens nicht von ihnen und ihrem Werk, das wesentlich Geistige auszusagen, wegen dem es um sie geschehen ist, das ihnen unverrückt und doch unbennenbar vor Augen steht. Mit ihrem Verstand und Leben seien sie darum die eigentlich Wegbewegbaren, wegbewegbar ins Unverweltlichte, die exemplarisch Gottbesessenen, warum sie nicht selten, andererseits, auf den Spuren des Satans wandeln würden, der den göttlichen Funken im geschaffenen Menschen und im Wesen dieses Lebens nicht erkennen oder nicht anerkennen könne. Oder sie kompensierten diese innerste Unzugänglichkeit erst recht mit gar nicht „jüdischen" Pantheismen, um dem gerade hier notwendigen Zunichtewerden, der Entäußerung ihrer erarbeiteten, künstlerischen Sprache auszuweichen. Sie suchten das Licht in den Buchstaben oder umgäben es mit bis zur Fatalität ungebührlichen Bildern und trübenden Schleiern. Die meisten blieben zunächst lange tief eingezogen in ein „gegenweltliches" Reich, für das sie ihre Seele geben müßten, wie lange vorher schon ihren Verstand. Letzteres galt Alberto sogar als oberstes Kriterium für die Zuordnung zu diesen „vollständigen, wahren Dichtern" (es versteht sich, daß er weder Goethe, noch Shakespeare, noch etwa Rilke, Valéry, Borges oder Ted Hughes zu diesen zählte und seine Optionen eher al-Hallaj, Artaud, Hölderlin und Dylan Thomas, Coleridge, Papini oder Sylvia Plath hießen): Damit die menschliche Bewußtseins-Erde ex-tendiert werde und in jene große Tiefe ein

DAS ALTE LIED

Stück hineinreisse, in die Tiefe des Unaussprechlichen, Dunkel-Lichten, Absorbierenden und Ewigen Schenkenden, Ungreifbar-Bleibenden, diese gestaltbare Erde unsres Verstandes - so gelte ihre Leidenschaft hierbei schlicht der Kenntnis Gottes selbst, nicht dem Gehorsam ihm gegenüber, nicht der anderen, inneren Schöpfung, der Neuschöpfung des Menschen - müsse ihr eigener Verstand geradedort verlorengehen, umgewechselt werden, ja auch unverständlich werden. Dies sei seit den frühesten Tagen der Menschheit der Fall und sozusagen leider erforderlich. - Aber: im Leben eines jeden dieser wirklichen Dichter vollziehe sich dann ein nachhaltiger Umbruch – oder die Möglichkeit zu ihm: indem Eva, in der sich der unerreichte Eine als „Liebhaber des Lebens" (Weisheit Salomons 11.26), mit einer ersten, sozusagen unmöglich-möglichen Gesichtigkeit seines Geistes, zwingend offenbare, auftrete, um genau die in diesen Ausführungen dargestellte Rolle zu spielen. Sie sei es, die dafür sorge, daß aus den geborenen Dichtern – mit nunmehr durchgreifender Entäußerung und Umwandlung ihrer selbst-erdachten, formalisierten und nicht empfangenen Sprache - jesuanisch empfindende und sprechende „Sänger des Lebens" werde. Dann, nicht vorher, werde ein jeder von ihnen selber ein Zeichen, ein Zeuge, ein Beschlagnahmter und Verhafteter der Schönheit Gottes und sein Eigentum: indem er ihr, Evas, uranfänglich und ewig mit allem Seienden gleichklingendes Wissen und Empfinden ganz verinnerliche. Sie repräsentiert und eröffnet ihnen die inner-natürliche und metaphysische Konvergenz allen Lebens, die Jesus ethisch und individualisiert verkörpert; erstere in diese Einselbstung, in die Bestimmung einer geistigen Verpflichtung und Aktivität überführend, die jenseits allen ästhetischen Maßstabs liegt - tatsächlich aber und vielmehr, durch sich selber, das vermittelte und einzig vermittelbare „Gesicht Gottes" ausdrückt. - Danach teilten sie sich auf in jene, die schlicht von ihrem göttlichen Licht und ihrer ungeteilten, alles verwandelnden Liebe schwanger gehen, und jene, deren Ähren sie ausdrischt und deren Ernte sie an den Wind verschenkt, weil diese dann immernoch bloß formellen, ethisch irrelevanten Bestrebungen frönen, oder immernoch das Gesicht des Menschen und der Welt schwärzen, denen sich dieses Licht erbarmend und verlebendigend zuwendet - die es zugleich übersteigt und durchdringt. Auch mit Hinblick auf das poetische Ringen um dieses vollkommen-neue Herz-Bewußtsein zitierte Albe oft einen dramatischen Blues-Song mit den Zeilen: „. . . since I've been loving you, i'm about to lose my worried mind". Nur diese wenigen „Sänger des Lebens" vermöchten es, „den Leuten das richtige Essen aufzutragen und ihren inneren Geist zu begießen, damit er zügig wachse", weil Gott das zuvor mit ihnen selber unternommen habe. (Anm. d. Schreibers).

Ergänzungen Zum Alten Lied: EZAL 1 - 9.

EZAL 1: Der archaische Standpunkt.

1.1. Wie der natürliche, leibliche Mensch innerhalb der ursprünglichen natürlichen Verhältnisse seines Daseins in dieser Welt mit allem Lebensnotwendigem ausgestattet ist, vorausgesetzt, daß er diesen natürlichen Rahmen bewahrt, ist das im Geistigen nicht anders. Im Natürlichen ist das geradedeshalb so, weil dadurch die geistige Anlage nach außen bekräftigt und versinnbildlicht wird.

Das, was wir mit Eva und mit dem koranischen *fetra* in Verbindung gebracht haben, besteht in einem ursprünglichen, unverfälschbaren Versorgtsein des menschlichen Wesens durch „Anschläge", Ideen und Empfindungen, die „sein Herz spricht", Impulse der inneren Lenkung und Bewahrung, die, obschon sie seine sind, ihn erkennen lassen, wessen Geistes Kind sie sind, und dadurch, wessen Geistes Kind *er* ist. Solange er dieses Geschenk erkennt und pflegt des Sichvergegenwärtigens seiner „Nichtandersheit" in dem Einen Seienden schlechthin, und umgekehrt, ist dieses Geschenk die Tatsache, daß Gottes eigenes Leben sich in seinen inneren Regungen vergegenständlicht. Er trägt dann fort und trägt mit an einem Leben, das Ganzheitsempfinden ist und Liebe, Kenntnis und Erhaltung des Lebendig-Wesenhaften seiner selbst sowie jeglicher Existenz. Es ist ein Bekanntsein und Begreifen mit der obersten Vernunft, die die der Gnade ist, der Gnade, die gerade allen Mangel zudeckt, jedem einen festen Halt im Licht seines vorbehaltlosen Angenommenseins beschert, die einem Ganz- und Neuwerden des Lebens dient: seinem ständigen Erneuertwerden im Menschen und durch den Menschen.

Das Selbstverständliche, der geistige Naturstand liegt gerade darin, daß Gott es ist, der uns erhält, im Fleische wie im Geist, und Gott, der uns ernährt, erfüllt und reich macht, so im Geiste, wie im Fleisch. Die Natur gibt uns viel, aber sie nimmt auch viel, sie nimmt zuletzt alles zurück, rein jedes Stäubchen unsrer Kreatürlichkeit in sich zurückvertilgend, das sie uns zugeeignet hat von sich.

Gott dagegen handelt und gibt in „mystischem Übermaß" (A. v. Speyr); nur er wird so viel geben, daß von ihm etwas bleibt, daß von ihm mehr bleibt, als er selbst an sich hat von sich selber und mehr, als er davon wieder von uns zu sich nimmt. Und darauf soll man nicht nur gefasst sein, mit dem bloßen Gefasstsein darauf wird man seiner Natur wenig gerecht; man soll dieses Andere, das mehr ist, auch erwarten und von ihm verlangen. Bei Gott ist – in dieses Lebens erfüllter Fülle – mehr als man erwartet. Und darum darf und muß man viel erwarten. Man wird sonst nicht einmal ansatzweise erfahren, was und wieviel er, Gott selbst ist, noch, was er uns geben kann und bereithält für uns. Er, der sagt: „Des Menschen Seligkeit ist mein".

1.2. Zur Bestimmung der inneren Standortes des Menschen im Verhältnis zu sich selbst genügen immer die beiden Merkzeichen: Das Gute steht in der Wirklichkeit, darum ist es das Angebot zur Annahme der lebensrechten und sich selbst bewirkenden natürlichen Begebenheiten, die auf dem erneuernden Geist der Gnade beruhen. Das Böse steht in der Möglichkeit; es ist „Versuchung", und zwar genauer besehen dahin, diese natürliche Ordnung zu negieren, zu durchkreuzen, sie zu pervertieren. Das Böse erweckt eine grundlegend biestige Selbstunterscheidung, eine fordernde

Herausstellung des eigenen Ichs, das der Wirklichkeit „seine Bedingungen" stellt zu deren Annahme, wodurch es sich von dem, was ist, entzweit und aufgeht in der Eigenschaft des Nehmers und Zehrers aus dem fragilen Lebensgesamten. Unweigerlich der Ausnutzung anderer, Schwächerer stattgebend und dem Verlust der Intimität, des gegenseitigen Sichanvertrautseins, das die ursprüngliche Geistigkeit des Seins bezeichnete.

Die Wirklichkeit, die den zunehmenden Erfolg dieser Versuchung des Ichs ausdrückt, hat von dann an dieses Verhältnis umgekehrt: Das Böse steht dann unverhohlen in der Wirklichkeit, das Gute im Vermögen desjenigen, der es sich (dieses Gute) zum Ziel setzt, es ergreift. Und Gott allein im Beherzigen dieser Möglichkeit: das heißt, im Glauben. „Wirklich" ist der Stifter dieser Möglichkeit und dieses Glaubens einzig und allein im aktivierten und gelebten Glauben selber. Davon kündet ganz speziell und nachdrücklich Christi Erscheinen und Passion. Wie und wodurch der Glaube aktiviert, eingesetzt wird und gelebt, ist uns an ihm und durch ihn unmißverständlich gezeigt worden.

Somit bildet der Glaube eine neue, vor allem kämpferische Qualität der ursprünglichen, in anderer Form unwiederbringlichen Intimität mit Gott. Und da er „zum Guten vermag", ist der Glaube Gott sogar ähnlicher, seinem Licht gemäßer, als es der ursprünglich-empfangende Zustand des Bezeugens „reiner Wirklichkeit" ist, resp. der Zustand des sich ganz auf das Empfangen von Gott verlegenden Menschen.

1.3. Weniger leicht zu vermitteln bleibt: daß der einzige und eigentliche Zugang des Menschen zu seiner wahrhaftigen inneren Natur, zu seinem anderen, himmlischen Selbst, eine *diesem* wesenhaft entsprechende Empfänglichkeit und Demut „seines Geistes" ist, mit der er - aus der noch aktuellen Geschiedenheit heraus besehen und insoweit diese *in ihm* statthat - so sehr aufhört, „er selber" zu sein, wie er geradedarin zu seiner tatsächlichen inneren Natur hindurchdringt. Auf diese Schwierigkeit des „aufhörenden Selbst" bezogen wir uns hier schon mehrfach.

Wie aber soll der „Spagat" des zwei-einigen Lebens im wirklichen Geist zu schaffen sein? Auf dem Weg in die Welt, der kein anderer Weg, als ihrer beider Weg, Adams und Evas, *nach innen* ist – und, jeweils, zu sich selbst?

Das Auftreten Christi und sein Eintreten für uns enthebt uns nicht dieses Weges „durch uns hindurch" zu ihm in uns; es macht ihn erst möglich, es öffnet ihn für jeden von uns und für alle Zeit.

Nachdem Evas Stimme nicht mehr die eines störrischen weiblichen Herzens, nicht mehr die eines „menschlichen Vogels" ist, sondern sich in die Stimme der Liebe selbst verwandelt hat, einer nicht zu besänftigenden, leidenschaftlichen Demut, und da, zum zweiten, nichts und niemand das schmerzliche Hervorbrechen ihrer Co-naturalität mit der Seele Christi verhindern kann,

gerade da wir uns, zur anderen Seite hin, über die Geschicke eines Toten unterhalten, wie wir verdeutlichen konnten (dessen zu erwartendes Wehklagen aus keinem anderen Grunde ausbleibt), besteht auf Seiten Adams zunehmend die Notwendigkeit eines spirituellen Kopfabschlagens. Es muß und wird an die Stelle seines Kopfes etwas anderes oder, sozusagen, ein anderer Kopf treten.

Nicht etwa, daß *sie*, Eva, oder etwa Gott diese dramatische Polarisierung hervorgerufen hätte, das gewollt.

Aber der Unsterbliche hängt ihm, dem Sterblichen, ja schon Gestorbenen, unsterblich an. Dadurch *ist* Eva – überhaupt. Dadurch ist Adams Weg im Grunde *ihre* Lebensfahrt: „anzukommen in dieser Welt".

Dadurch ist Gott weiterhin das Agens ihrer Geschichte, das Agens ihrer noch möglichen Verschmelzung.

1.4. Weil die Vertanheit des seinzuhabenden Menschen ebendie dieses zwei-einigen geistigen Lebens ist, besteht sie rechtbesehen in seinen Gedanken, die aus dem alltäglichen Unglauben, Alltagsunglauben erwachsen, der sein natürlicher innerer Feind ist; aus jenen seinen Gedanken, die ihn selber als ein gottgegebenes und gottgedachtes Leben ablehnen und aufgeben (s. *1.1.*). Und in der Summe sind das fast alle. Indem entweder der allgemeine ignorante Undank sie von außen her in ihn hineinträgt, der egoizierende, weltgewordene, industrialisierte Undank des mangelnden Respektes vor der anderen Hälfte des Seins, die wir beschwört haben und die sich in seinem unerweckten Innersten wiederspiegelt. Und der Undank, der den ursprünglichsten Betrug an ihr bemäntelt und unablässig wiederholt, der die satanische Selbsthuldigung ist... Oder indem dieser Dünkel sich in ihm selbst auflehnt wieder die göttliche Stimme der Leitung und Bewahrung. Wider *seine* evaisch-jesuanische Stimme, die die Stimme der Gedanken seines freigelegten Herzens ist.

Der in seinen animischen Anlagen[45] faktisch verwirklichte geistige Mensch ist jener, in dem die inwendige Geschiedenheit sozusagen durch ein Überquergehen und -werden beider Wesensanteile aufgehoben ist. Das heißt, nicht nur die Eingleichung der einen in den anderen und umgekehrt, nicht nur die innere Verschmelzung; sondern ihre vollzogene Verwandlung ineinander.

Schlicht alle Hoffnung für den Einzelnen, die Welt, das menschliche Geschlecht schlechthin liegt in dieser Möglichkeit: denn erst diese Verwandlung gebiert den Menschen selber neu. Vorher gibt es keine neuen allgemeinen Horizonte.

Aber diese Verwandlung muss sozusagen augenblicklich, erst dann die ursprüngliche Wesenshinterbringung der schöpfenden Liebe zur Einlösung bringend (et erunt duo *in carne una*), auch eine neue Welt erzeugen, die deren lebendiger Ausdruck ist: eine Welt, die *ihren* eigenen Ursprung in diesem einen „Geschöpf der Liebe" ehrt und ausdrückt, da sie selbst aus dieser gegenseitigen Empfängnis und gegenseitigen Umsetzung hervorgeht, fortwährend hervorgeht, die sich im Menschen ereignet.

Was der Schöpfer „Adam" und „Eva" schon im paradiesischen Ursprung beteuert haben könnte, aber nur nach dieser gegenseitigen Einverwandlung ihrer beider sprechen kann, *ohnedaß* sie es

---

45. „Seelisch" i. S. von wesens-kraftlich dieser geistigen Natur nach, gemäß der ewig-unzeitlichen oder –überzeitlichen Ursprungsanlagen seiner gottgebenen Natur. (Anm. d. Schreibers).

mißbegriffen - ohnedaß „Adam", insbesondere, sich auch dem wahrhaftigen Eingedenken, dem gemeinsamen voneinander, verschlösse, das wird dann wirkkräftig und real: „Erkennt, woraus die Welt gemacht ist: aus euren erübrigten Gedanken. Denn ihr habt ein Wiederkommen in euren Gedanken, und ihr habt diese eure Gedanken dadurch, daß ich sie in euch wirke und durch euch. Sie wäre ansonsten ja meine geblieben. Aber so wollte ich es, damit sie euer sei: damit sie eure Welt sei und durch euch".

1.5. Wenn man verstehen will, wie die Dinge wirklich liegen, muß man nur streng bei der Vorstellung bleiben, dass uns alles geschenkt worden ist, schlicht alles, um unserer selbst willen und damit wir einander so viel wie möglich davon spenden können. Nur wer Gott und das, was *Er* zu geben hat, nicht kennt und nicht versteht, daß das, was wir als geistige Wesen, nämlich als be-weste und „wesende" Menschen- wesen zu geben haben, uns von seinem Besitzer anvertraut worden ist um der nämlichen Verfügbarmachung, Gabe, Aufbietung willen, kann in dieser vermeintlichen „Konditionierung" des Menschen etwas Gefährliches, weil etwa „Entpersönlichendes" wittern. Wir brauchen uns mit diesem ewigen stupiden Einwand, der von der völligen Unkenntnis der innernatürlichen Zusammenhänge zeugt, daher nicht aufzuhalten.

Aber von diesem, seinem ursprünglichen, vielleicht sogar einzigen Vorhaben weicht der Herr nicht ab. Er wird dazu wennötig tausende Jahre einer unerträglich verkehrten Welt des „negativen Hinweises" auf den entscheidenden geistgeschöpflichen Hintergrund unseres Lebens aufwenden bzw. zulassen: bis der menschliche Geist sich dem Begreifen dieser innersten Interdependenz öffnet und damit der „Räson", die einzig und allein Gottes Liebe in ihm und nur in ihm erwirken kann, und somit als tragenden Grund seiner, dieser Welt, die wir gestalten und bewohnen.

EZAL 2: Der Versteckte.

Das ursprüngliche Prä-okkupiertsein des menschlichen Wesens durch Gott in dem besagtem geist-geschöpflichen Grund dieses Wesens bedeutet, daß Gott sich sein Verfügungsrecht über den Geist des Menschen vorbehält, uneingeschränkt und bis zuletzt.

Bis zuletzt: daß Er, wenn es daran geht, das mit Ihm, seiner Liebe und seinerhaltenden Kraft, Nicht-Mitwesentliche oder Unbotmäßige dieses Geschöpfes aufzubrechen, ebendiesen Geist mit seiner Stimme und Gegenwart durchdringen – man kann und muß sogar sagen: invadieren wird.

Auch und gerade das Gericht, daß Gott mit jedem einzelnen seiner Geschöpfe halten wird, hat nichts mit einer subjektiven oder von außen auferlegten Religion zu tun, für die man sich nach eigenem Gutdünken entschieden haben oder nicht entschieden haben wird, ebensowenig mit einem nachweltlichen Überantwortetwerden an eine uns unbegreifliche Macht, die dann mit uns anstellt, was sie, nur sie, für angemessen und gerecht hält.

Was sollte es uns denn nützen, wenn ein anderer, *wieder* ein anderer, Mensch oder Gott, nachsichtig oder hart und gewissenhaft über uns urteilt, über uns richtet; wenn *wir*, wenn unser eigener Verstand und unsere eigene Seele sich vor diesem Urteil verschließt - verschließen *kann*, wenn wir uns dann immernoch in einem für diesen anderen nicht einsehbaren und nicht verfügbaren Gemisch aus Trotz, Verletztsein und etwas zerknirschtem Einsehen einrichten können – mit all seinen Tücken und billigen Labsalen?

Und hat nicht Er in der großen Gnade seines unbegreiflichen Willens uns ohnehin gerechtfertigt, in unseren offenkundigen, naturbedingten Schwächen uns reingewaschen von unseren Sünden, die allzu schwer auf uns lasteten?

Der entscheidende Prozess hat dadurch überhaupt erst angefangen.

Und, nein: es ist der „Geist des Menschen" im eigentlichen Sinne, der dann aufgebrochen wird. Der implosiv geöffnet wird durch die negative Kraft seiner, der eigenen *Entsagung*, gespalten durch ein sich übermächtig verselbständigendes Gewissen, das begreift: Unsere Schlechtigkeit in diesem Leben war oder ist eine reine Entsagungsschlechtigkeit hinsichtlich dessen, was uns Gott ermöglicht hat und in die Hände gibt.

Dieses Gewissen wirkt sich hinsichtlich der mangelnden Liebe und zwischenmenschlichen Verantwortung aus, der Zeugnisse geistig-emotionaler Insuffizienz, die man sich bis dahin selbst zugestanden hat, die man sich selbst verzeihen konnte: so daß gerade letzteres dann ausgeschlossen ist.

So daß diese Selbstverzeihung, das bisherige wehrhaft-unbescheidliche Denken gegenüber der Sensitivität, der höheren zwischenmenschlichen Sensitivität, die uns in dem empfangenen und dem begegneten Leben von Ihm geboten wurde, die wir in den meisten unserer menschlichen Werke vermissen ließen, uns schlicht verzweifeln läßt, zunächst. Es ist das rohe, nackte Licht der Gegenwart dieser erwachten und insofern neuen Stimme, als sie bislang in uns schlief, und der mit ihr ausgelöste Schmerz des Bewußtseins - wider die Haltbarkeit unseres mühselig errungenen Selbtwertgefühls *ohne sie*.

Dieser „Bewußtseinsschmerz" ist zunächst wie der körperliche Schmerz mancher Entzündungen, der sich von alarmierenden Lagen auf andere, periphere zurückzieht, als wollte er seiner offensiven Bekämpfung entgehen. Diese scheinbare Intelligenz des körperlichen Schmerzes hat auch der erwachende Bewußtseinsschmerz, der uns von hier an ergreift: aber er wird mit vollkommener Sicherheit unsere innerste Mitte erreichen; um ebendiese *Mitte*, nicht einzelne bestimmte Ansichten und Verhaltensweisen, von Grund auf umzuwandeln.

Von dieser „wider uns selbst aufbrandenden geistigen Leidenschaft" wird er die Asche von der Glut trennen: *Y la llamada*...

Und aus der freigehauchten, reinen Glut nichts und niemand anderes, als unsere „Eva", d. h., die lebendige und aufrechtstehende Flamme unserer angelisch-jesuanischen *Identität*, wieder erstehen lassen, neu erstehen lassen.

Dann, wenn dieses gewisse geistige Lebenslicht, das nicht zu löschen ist, also einen eigenen Willen in uns auszudrücken anfängt, der nicht unser Wille ist, aber besonders stark, die Stärke ebendieser Unauslöschlichkeit besitzt und über uns wie eine gegen uns selbst aufbrandende Leidenschaft derselben ausübt, in der ebendiese Unauslöschlichkeit sich eigentlich oder auch erstmalig bemerkbar macht: Dann beginnt das metanoetische Leiden. Und die richtende Wiederkunft Christi kann unmöglich etwas anderes sein oder werden, als ein Kommen aus dem Bewußtsein des Menschen, dem aufgebrochenen Bewußtsein des Menschen oder dem Bewußtsein des aufgebrochenen Menschen selber.[46]

Diejenigen Seelen, bei denen die Entwicklung dahin in diesem Leben überhaupt weitergeht, die sich im Sinne ihrer Verwesentlichung schrittweise verändert sehen, sind die wenigen, die gerade diesen finalen Konflikt mit sich selber erreichen - an denen dieser Kampf und dieser Schmerz bemerkbar werden. Aus dem sie einzig und allein durch Gottes Gnade und wiederbelebende Liebe hinausgeführt werden.

Es sind nicht die „wunschlos" oder wunschvoll Glücklichen (denn ein *Gesunder* hat tausend Wünsche, ein Kranker – oder Toter - aber nur den *einen*...), die sich innerhalb ihrer eigenen geistigen Wände gesichert und, etwa durch Gottes Selbstopfer in Christus, „gerechtfertigt" fühlen.

Wer, überhaupt, sich immer brüstet, seine „innere Mitte gefunden" zu haben, ohne dieses Aufgebrochen-Werden durchstanden zu haben, das ihm die zunächst übermenschlich-fremde Liebe des Herrn, wie in einer langwierigen inneren Operation, wahrhaft *einselbstet*, ins Herzfleisch einwebt – versteht und weiß nicht das Geringste von alledem.

---

46. Albe erspart sich hierzu die Erinnerung an all das Vorerklärte: Wenn dies nicht zuträfe, gäbe es keine Stringenz vom beschriebenen geistigen Ursprung des Menschen zu seinem heutigen Wesenszustand, für den durch die Vermenschlichung und das körperliche Selbstopfer seines verfügenden Erbarmers in Christus die eigentlich singulare Unmittelbarkeit dieses Verhältnisses sichergestellt worden ist. D. h., das Verhältnis „eins zu eins" der Zuwendung, Durchdringung und der Rettung. (Anm. d. Schreibers).

109 || Ergänzungen Zum Alten Lied: EZAL 1 - 9.

Die gesamte heutige Spiritualität, auch und gerade die gängige christliche, ist jedoch von diesem trivialen Euphemismus durchzogen, der uns unter anderem den wachen Blick für diejenigen nimmt, mit denen und an denen der Herr tatsächlich arbeitet, die er sich „greift" um des Heils aller anderen willen und die er auf diese Weise umwandelt.

Nur eben trifft letzteres nur sehr bedingt zu: Die angekündigte „Wiederkunft" besteht ebendarin, daß jeder Einzelne[47] sich in seiner eigensten geistigen Existenz seinem Schöpfer und Richter „gegenübersehen" wird; aber indem das gerade nicht so ist, indem er unfliehbar der Zusammenziehung und Verwesentlichung seiner menschlichen Seele in dem, was diese von Ihm, seinem Schöpfer, her zu sein hat, überantwortet wird. Ja, auch dieser *patiens* ist in dem verwesentlichenden Vollzug nicht mehr festzustellen oder zu unterscheiden:
Er ist die konsequente und resoluteste – nun eben nicht mehr fliehbare - Bewahrheitung und der finale Beweis der bedeutendsten, der einen Tatsache, deren wir uns nicht bewußt annehmen oder versichern wollten, auf der aber gerade Gottes geistige Verfügungsmacht über einen jeden von uns steht: daß wir alle von Ursprung an und in letzter Hinsicht etwas von ihm sind.

Und daß unsere Schlechtigkeit, s. o., eine reine Entsagungsschlechtigkeit war oder ist, und zwar hinsichtlich dessen, was uns Gott ebendarin ermöglicht hat und in die Hände gegeben. Nur darüber hinaus sind wir entpflichtet und erlöst.

Erlöst aber in dem Glauben an diese Einheit, die Christus uns versichert hat und gesichert, die Einheit im Lebendigwerden und der Teilhabe an seiner unüberwindlichen, da eigentlich und einzig seinsgebenden Liebe.

---

47. S. die vorangegangene Anmerkung. (Der Schreiber).

Darum sind wir, soweit erlöst, auch aufgebrochen: in der Dunkelheit dieser Welt, in die Helligkeit, die wir, vermittels dieses beherzigenden Glaubens, selber in ihr anmachen.

Wenn du glaubst und verstehst, daß dieser Glaube alles hat und alles weiß, bist du erlöst in dieser Welt. Und wenn du glaubst und verstehst, daß du erlöst bist in der Welt, ist es dieser Glaube, der dich erlöst hat.

EZAL 3: Der Vor-läufige.

3.1. Weil es um das Umlegen des innersten Schalters in uns geht, den Gott betätigt (und nur er), wenn wir davon sprechen, was uns letztendlich bevorsteht, gilt es vor allem, sich Klarheit darüber zu verschaffen, worin dieses „menschliche Licht" nun besteht.

Das folgende ist eine theoretische Betrachtung, ein klarstellendes Nachzeichnen, das sich vermutlich nur denen erschließen wird, die sich selber auf dem Weg befinden oder befunden haben, den wir als Aufgebrochen- und Verwandeltwerden durch die gegenwärtige Kraft Gottes darstellen. Für alle anderen besitzen diese Dinge vorläufig keine Wichtigkeit und sind kaum zu verstehen. Aber es wird die Zeit kommen, wo sie in diesen Aufzeichnungen den Grundriß zu einer Entstehungsgeschichte des wahren Lebens für sich und andere erkennen werden.

Das biblische Adam-Eva-Motiv, das wir dabei verwenden, verinnerlichen wir im Bewußtsein, daß es schlicht die innere Konstitution des Menschen ausdrückt, wie sie in Gott begründet ist und uns von Ihm offenbart wurde. Aus unserer Sicht stellen die Anfangskapitel der Genesis keine verwünschte Allegorie und keinen hintersinnigen Code zur inwendigen Realität des Menschen dar, sondern geben der letzteren alles Notwendige an die Hand, um sich ihres tatsächlichen Ursprungs, ihrer wirklichen, unauflöslichen Verhältnisse, ihrer Bestimmung und ihrer Möglichkeiten in der Welt zu vergewissern, die zwischen diesem ihrem göttlichen Ursprung und der Wiederkunft des Herren liegt, auf die die Seele des Menschen unweigerlich zulebt.

Deshalb bemühten und bemühen wir uns, diese nicht rein symbolische Tragweite (der Rede von Adam, Eva, Gott, dem Teufel und der Schöpfung) zu beachten und sie, im Gegenteil, schlicht als das Wirklich-Menschliche einsehbar zu machen. Wir versuchen ganz bewußt, nicht in Parabeln oder Gleichnissen des äußeren Daseins und seiner Bewältigung zu sprechen, keine moralische, konkretisierende Übertragung auf bestimmte Sachverhalte und Verhaltensweisen, sondern eine umfassendere ontische Bestimmung dessen vorzunehmen, woraufhin der Herr von uns verlangt, daß wir uns grundlegend verändern. Nur dieses „menschliche Licht", das im zwei-einigen geistigen Leben „Adams" und „Evas" besteht, hat nach unserem Ermessen keinen illusionistischen oder bloß vergegenständlichenden, flüchtigen Charakter, der erst auf etwas grundlegend Seinshaftiges in uns selber und unserem Leben hin befragt werden müßte: da es ebendieses Seinshaftige und Seinzuhabende vom Menschen ist.

Der Seinzuhabende: der das Sein um des Seins willen haben und halten sollte, auf daß *er* zu ihm werde; der das Sein zu haben würde, wie dieses hierbei *zu ihm* würde, der selbst also mit und aus ihm sein *müsste*. Das ist die einzige, die wirkliche und die ganze Geschichte: um den Menschen und seinen Gott. Und es ist die *Geschichte der Wirklichkeit*: welche *darin*, während dieses religiösen Prozesses, sich bis zum heutigen Tage entsponn.

3.2. Christus, sagten wir, wies auf Eva in der Seele des Menschen. Er ermöglichte dadurch dem Menschen einen neuen geistesgeschöpflichen Anfang im Leben mit Gott, und Gott einen neuen Anfang mit ihm. Eva ist Trennung und Verbindung zu Christus, so wie Christus Trennung (nicht Mensch allein) und Verbindung (nicht Gott allein) für uns zu Gott ist. Und Christus blickt, im Angesicht des Menschen, weit nach vorne, sehr weit nach vorne; aber das tut er, indem er bis hin zu seinem tiefsten Ursprung, dem himmlischen Ursprung des Menschen, hinblickt. Dort ist Eva.

Der Mensch, der aufgeht und der truglos aufrechtgeht in seiner tatsächlichen Kraft und Pflicht *als solcher*, derjenigen des einzigen „geschöpflichen Ortes" und wirkmächtigen „Bildes" und „selbstherigen" Eingangs seines Gottes in die Welt, das ist, beide Bedeutungen des Ausdrucks ausfüllend, der „umgekehrte Mensch".

Es ist der Mensch, bei dem die Intimationen oder „Werke des Weiblichen" in ihm selber positiv „aufgelöst" wurden: in ihrer restlosen Inne-Werdung, in ihrer vollständigen Einselbstung, die diese geistigen „Werke des Weiblichen", wie sie *ihm* innerlich erwiesen und bekannt gegeben wurden, selber einlöst, wirkt nach aussen: als geistiges Geschöpf für sich und die lebendigen Geschöpfe dieser, seiner Welt.

Der in ihm bzw. zu ihm selber seinzuhabende Inhalt, das „Intimierte" dieser Werke, das ist die wesentliche All-verbindung und erdumspannende Liebe der Gegenwart Gottes, die sich ausdrückt in einem innernatürlich-geistigen Leben, einer fortgesetzten Benetzung mit dem Wasser des Lebens, mit dem schlechthin beseelenden Geist seiner immerwährenden Liebe, deren gründliche Kenntnis, zauberbindende Spürigkeit und Wahrnehmung nur sie, Eva, besitzt. All das hat mit dem bzw. das, was Adam ist oder weiß, nichts zu tun. Anfänglich nicht; denn diese Tatsache, dieser Zustand ist es gerade, was sich zu ändern hat. Und das, weil sie, Eva, letzlich das ist, was „zu sein hat". Aus Himmels Sicht.

Eva ist co-natural mit dem gottessohnlichen und lebendigen *Wort*, sie ist die nicht-erwerbbare Vertraulichkeit mit demselben *im Menschen*, seine inwendige „Nichtandersheit" mit ihm. Sie ist es, bzw. *ihr* Herz, welches Gott in seine Hände nahm, um alles zu segnen, was sich in ihm fand und befinden würde, und zwar mit diesem seinem lebendigen Wort und dessen lebensspendenden geistigen Segnungskraft (warum ihr hebräischer Name aus *hawwah* entwickelt ist: „Leben, Lebensspendende").

Dabei betonen wir, daß dieses „ihr Herz" nicht das Herz des Wortes selbst ist, das sich in Jesus Christus offenbart hat, sondern das diesem unmittelbar entspringende Leben, in dem der wesentliche Geist der Liebe lebt. Der Geist, der die primären, unauflöslichen Bindungen zwischen den Dingen und den Geschöpfen sowie die von jedem Geschöpf zu Gott geschaffen hat. Beziehungen, die in dem Maße über deren im engeren Sinne geschöpflich-zeitliche Daseinsform (der Geschöpfe) hinausreichen, wie sie gerade diese (die Geschöpfe) erhaltend umfangen.

Von diesem Leben zeugen jene An-schläge, Ideen und Empfindungen, die wir in *1.1.* ansprachen (anders gesagt, das koranische *fetra*). Zugleich ist dieses ihm, Adam, von ihr Intimierte das Nackt-Elementare, das Unkondensierte, die radikal reduzierte Form eines *jeden einzelnen* Wesens, welches ebendieser initiale Geist der Schöpfung und der Liebe einem jeden Erschaffenen eingeprägt hat („hauchbildlich"), es dadurch in dem ersteren erhaltend: in *seinem*, dem einen *Zusammen*-hang hinter allen Zusammen-*hängen* erhaltend, bestätigend, befestigend. Folglich sind wir dazu bestimmt, ihren (Evas) hierauf beruhenden Zauber zu finden, zu kennen, zu erlernen. Ihre „Hauchbilder" oder „wahren Namen" der Dinge sind die Früchte am Baume des Lebens, von denen er, der Mensch leben muß, damit alles Leben lebe. Lebt er von ihnen, so lebt alles von ihm, und zwar in hohem Maße einträchtig und einklänglich.

Aber das ist eben der „umgekehrte Mensch". Und damit der, in dem sich zum Menschlichen selbst (d.h. zu ihm) ver-wesentlicht findet das Licht, das ihn erleuchtet hat (Joh. 1,9) bei seinem Eintritt in die Welt. Das Licht des Gottes-Sohnes bzw. des schöpferischen „Wortes Gottes", ihm, Adam, co-natural eingepflanzt mit Evas wissender und erhaltender Liebe, mit ihrer Spürigkeit, Demut und Magizität: schließlich aber als untilgbare Schrift des Herzens, nämlich seines, Adams, Herzens, ausdrückend, was Gott mit und in der Schöpfung selbst vor ihm ausgesprochen hat. (Denn „dasselbe war im Anfang bei Gott. Alle Dinge sind durch dasselbe gemacht, und ohne dasselbe ist nichts gemacht, was gemacht ist. In

ihm war das Leben, und das Leben war das Licht der Menschen.",
Joh. 1.2-4)

Der eschatologische Überschlag von hier aus besagt: In dieser eingegangenen, angenommenen Einselbstung (bzw. Verwesentlichung) wird aus dem ursprünglichen schöpferischen Licht, das die gottes-sohnliche Urzeugung (Primogenitur) war und in dem Gott-Christus eingemenschtes *telos* ist, auch Ziel und Ende des gesamten Weltgeschehens, Zielgerichtetheit aller menschlichen Entwicklung in ihrer Hinordnung auf die „Heraufkunft" des Endreiches,

das heißt, des einen kompartimentären Lebenshimmels auf Erden, der allumfassenden hauchbildlichen Essenzialisierung oder „Vergeistigung" alles Bestehenden, Erscheinenden, -

wird aus diesem initialen Licht der Schöpfung ihr analeptisches Licht[48]: und dieses ist das menschliche (das „menschliche Licht" oder das menschliche Wesen an sich), in dem das gewaltige Geschenk Gottes an sein menschliches Geschöpf sich schließlich in aller seiner Kraft und Schönheit offenbart.

3.3. Das Geschenk ist also stärker und eigentlich diese „eigenlose", unsichtbar wirkende *Bindekraft*, die das lebendig Innewohnende alles Erschaffenen nährt und bestärkt. Die als „Seele der Seelen" der Seelen gerade *in der Erschaffenheit* gedenkt, sie durch die wirklichkeitstiftende Zuwendung ihrer erhaltend-attentionalen Kraft in ihrer individuellen Lebensform verfestigt, dieses Kostbar-Innere fortwährend „existenzialisiert". Während sie selbst (die Kraft) eben hierdurch, in diesem Tun, zu sich entspringt, sich selbst erlangt oder erfährt. Vom Tun im Geist zum Tuenden wird; – zum Einzelnen, zu vielen.

An diesem allerwesentlichsten „geistigen Tun" – oder an seiner exakten, „vertodenden" Umkehrung – nimmt jeder Mensch teil (auch der Teilnahmsloseste, Unbekümmerteste, Unwissendste).

---

48. analeptikos: „wiederherstellend", „anregend", „(sich) selbstzeugend". (Anm. d. Schreibers)

Allein der bestimmte Grad der Erweckung oder Aktivierung der nämlichen Gabe entscheidet über ihre himmlische oder benachtend-widersacherische Ausstrahlung.

Die Gabe *selbst* ist Sein und Kreuz,
sie *ist* der un-verunwirklichbare, der geistige, der unausleibliche innere Mensch, und zwar der *eines jeden* Menschen.

In ihrer Lebendigwerdung, der vollständigen, besteht Gottes ganzes Bestreben, vermutlich sein ganzer Wunsch. Dieses Lebendigwerden ist es, was aus dem vollzogenen Sichineinanderverwandeln oder „Überquergehen" der beiden Innenpersonen des Menschen resultiert, das wir besprechen.

In dieser Gabe, in ihrer Erweckung liegt und „zu sein hat", was unsre Teilhabe und Teilnahme am Licht Gottes ist: Denn das Unselbstverständliche, und in diesem das Durchaus und Daß des Dar-Seins eines belebenden Geistes, der nur geben oder vergeben tut: das ist Gottes. Und diese seine Gabe „vermag uns" dazu, unser irdisches Leben, mitsamt allem und allen Bezogenen, schlicht zum Himmel zu machen.

Man „darf" nicht nur, man muss diese Seligkeit wollen, denn wir haben sie somit selbst in den Händen.[49]

Soweit reichen die „Werke des Weiblichen" in unserem Inneren; wenn wir dieses ihm gegenüber voll und ganz öffnen, sehr viel unverteidigter, einergeben in den einen großen Zusammenhang und den geschlossenen Fluss seiner Kraft.[50]

3.4. Unser Thema, das einlösende „Tun ihrer im Geist", in dem Adams, das ist seine die jeweilige innere Lebensgestalt des Begegnenden er-haltende Lebensgestalt, erhaltend im Sinne von: bekommend und bewahrend. Wir haben das schon in unzähligen

---

49. In Anknüpfung an EZAL 1.1. (Anm. d. Scheibers).
50. Der thematisiert wurde unter dem Lemma des „Goldnetzes", der „kompartimentären Wesensordnung" , der „Einig- und Gastesbewestheit" allen Lebens. (Anm. d. Schreibers).

Variationen dargelegt[51], aber unser Blick richtet sich diesmal auf einen anderen Grad der Unmittelbarkeit und Vertrautheit.

Es ist die volle Annahme, die Nicht-Entsagung „meiner selbst" (Adams) im „meinem" Glauben und in „meiner" Vergegenwärtigung der inneren Lebensgestalt des jeweils Anderen. – Innere Lebensgestalt, zu der zunächst nur Eva einen unmittelbaren Zugang besitzt, den ihrer gottgegebenen Co-naturalität mit ihr, mit allem Hauchbildlich-Wesenhaften (bzw. Seinshaftigen, Geist-Seelischen). Dann aber – diese Willigkeit, dieses Gegenwärtigwerden-im-Was vorausgesetzt – bekundet, fortgetragen in unserer eigenen (Adams) Herzens-Erkenntnis. Wider den gegenteiligen An-Schein des vereinzelten, unzugänglichen, selbstbeschwerten Lebens, aber gerade um dessentwillen: um der Befestigung willen dieses Erschaffenen in nichts anderem, als dem Gegen-teiligem und Gegenhaltigem, dem innewohnenden, aber nicht innestehenden, dem relational-atmenden Geist, und dem „junktiven Licht" seines wunderbaren Stammes.

Befestigt im uralten Baum des Lebens. Mitten in einem Garten, der vom Himmel in die Erde gesetzt wurde. Dessen erster *Gast* Adam gewesen ist. Auch nach dem letzten Gast wird der Himmel in diesem Garten aufweckbar und gegenwärtig sein. Jeder Gast wird seine Chance bekommen haben, diese Entdeckung zu machen, mit ihr zu verwachsen, ihm, dem Garten, zugehörig zu werden; und *in ihm zu bleiben.*

Die Kenntnis dieser jeweiligen inneren Lebensgestalt, diese hauchbildliche „Losung", die das Wissen und die Bestärkung der Stille und Wandellosigkeit des (jeweiligen) gottgewirkten Wesens bedeutet, dessen nicht-erweckten Züge in dem Sich-Entzogen Anderen (im Existenten) nicht nicht-existente Züge sind, aber nur ver-*mittels* der Losung dieser Herzens-Erkenntnis los-gelegt, in Erscheinung gebracht, und entscheidend belebt werden können; diese „Losung" hat „Adam" also, indem *er „Eva" hat.*

---

51. S. insbesondere „Die Bitte". (Anm. d. Schreibers).

Die er aber, wie wir gesagt haben, nur haben kann, indem sie ihn gänzlich besitzt.

Und daher wird vom „geistigen Werk Evas in ihm" immer gelten: Ehe der Mensch dieses Werk zu errichten vermochte, hatte Gott das seine (ein durch und durch *anderes*) in ihm errichtet. - Jetzt erst kommen wir auf die entscheidende Hürde zu sprechen, indem wir auf das bedeutende „Selbstverbot" Adams in diesem Zugang zum „Baume des Lebens" erinnern:

Das nicht eben empfangene, erharrte Eigendenken (von) der jeweils „anderen inneren Natur", *the second second, ist* auch dementsprechend immer schon etwas Anderes, das gerade sie (diese innere Natur, oder inner-natürlich geistige Natur) vergeudet und verscherzt. Es besteht in der Zeit, ist etwas aus Zeit Gemachtem, und meint etwas aus Zeit Gemachtes, das „im Augenblick vergeht". Das heißt, sooft es auch erscheinen mag und wiederkehren: es *ist* Zeit.

Das menschliche Erfassen und sein Inhalt sind durch keinerlei Beziehung – conaturaler, primärer Art – mit der lebendigen Natur und Wesenheit des jeweiligen Anderen *verbunden*. Und eben: dessen eingedenk stellte ihm der Herr die geistige Freundin des Ursprunges zur Seite, nahm ihr Herz in Seine Hände und segnete alles, was in diesem, in *ihrem* Herzen war; für ihn, für das seine, für die Intimation in ihm bestimmt.

Bis zum heutigen Tag gilt und wird immer gelten: nur auf dem rein eingedenkenden oder rein „umsprünglichen" Aufbieten (der Werke des Weiblichen in ihm) durch ihn beruht *seine* „richtige Intimation" gegenüber der Welt schlechthin, gegenüber jedem Menschen, gegenüber jeder einzelnen Erschaffenheit.

Das ist *sein* Licht, das („analeptische") menschliche Licht, das diesen Geist der Wesensliebe oder -Hegung seinen Mitgeschöpfen nicht als seinem Leben „untergehörigen" Rand-Erscheinungen, sondern als ihm wesenhaft zugehörigen Mitgeschaffenheiten darbringt. „Kompartimenten" seiner selbst[52].

3.5. Auf dem Weg in diese Welt (der kein anderer Weg, als ihrer beider Weg *nach innen* - und zu sich selbst in dem jeweils Anderen ist), auf dem Weg der Erreichung oder Wiedererlangung des eigentlichen Lebens unseres Geistes, wird dessen (d.h. unser) Eigendenken sehr wohl gefragt sein und immer eigentlich auf dem Prüfstein stehen. Als jene Kraft der Internalisierung, des Sich-Selbst-Glaubhaft-Machens von Wirklichkeit und des Einsetzens bestimmter Vorstellungen ins real Bestehende. Bis dann, gereift und zugleich selbst unbeendet, enttäuscht oder unterfordert, selbst unerreicht, durch die Beschäftigung am Offenkundig-Äußeren, dieses erworbene Instrument (welches, s.o., seinerseits *nicht* bzw. *noch nicht* seinshaftig ist) der seinzuhabenden inneren Wirklichkeit dienstbar werden kann; als *deren* Gegenhalt, als dasjenige, wodurch ihre Gegenwart auf den Plan tritt, was diese Gegenwart sozusagen vorfertigt und sie in der Welt verfestigt. - Das an der faktisch erscheinenden Gestalt erworbene Erkennen und Vermeinen, das logische Entwickeln und verstandesmäßige Beweisen bzw. das analytisch-begriffliche Urteilsvermögen, leichter um diesen keimenden und zureifenden *Wuchs* gelagert und im Strom der Zeit „verankert", soweit das überhaupt einrichtbar erscheint... Wird daher sogar am ehesten und allerhäufigsten sich selbst zum Gegenstand haben. Und das, unerkannterweise, auch im Negativen:

Der Geist der aufdringlichen „Schlüsse" und aburteilenden Fragen, welche der eigenen „Klarheit" oder „Gerechtigkeit" schmeicheln, der auch das Menschliche nach dem Offenkundig-Äußeren, nach dem diagnostizierbaren Ausgang beurteilt, nach der grauen Maserung des Menschen, die sich *über* seiner Seele abzeichnet; und, entsprechend diesem Hingang des Geistes, sich einer einzigen Mißgestalt im Hergang der Wirklichkeit gegenübersieht. Aber das durchaus gerne.

---

52. „Kompartiment": Das „Mitbestandhafte" und: „Mit-Losgelegte, Mit-Bloßgelegte, Mit-Angefangene" – Mit-Existenzialisierte. – Der Baum, dem er sich gegenübersieht, das ist wesensbildlich er, Adam, selbst: und dies ist die „erschlagende" Entdeckung, die der Himmel für ihn hinterlegt hat, im irdischen Garten, zwecks Entdeckung, bzw. zwecks Förderung der Entdeckung der wahrhaftigen Natur des Himmels selbst. (Anm. d. Scheibers).

All das hört auf, *muß* aufhören, wenn Gott auch nur ansatzweise Seine Möglichkeiten des direkten Verfügens über den menschlichen Geist ausschöpft.

Und wenn der rein präsentische Zustand dieses Geistes erreicht ist, da er nur noch, im Immergang, dem *spirit of continuity*, dem unausgesetzten Lebensgedanken, der die natürliche Nachaußenwendung und Aktivität des *Ewigen* kennzeichnet, das segnende Licht ausbringt, spendet, nur noch als radialer, fokaler Spender, welches vom Göttlichen Leben selbst in ihm gewirkt wird; dann wird nicht das Geringste von diesem, unserem Denken, übriggeblieben sein.

Hingegen wird der umgekehrte Mensch, den wir gezeichnet haben, mit Gottes Hilfe die beängstigenden Phasen dieses Erwachens überstehend, nunmehr erst und wahrhaft *Mensch* sein. Und er ist, wie wir zeigen konnten, der, in dem die hauchbildlichen Mundgedanken der ihm verinwendigten Eva, ihrer wissenden und erhaltenden Liebe, der göttlichen Intuition, nicht „verblühen" *können*: weil das eigentlich vermittelnde Wesen in dem empfangenden zur Gabe „aufgeht": Unmittelbar in den Leib des Eingedenkens und durch diesen, der er selbst ist, und außerhalb dessen er nicht versteht, folglich seiner Natur nach (der *des* Verstehenden) gar nicht *besteht...*

Anders gesagt: Der wahre Geist, beziehungsweise der natürliche Wesenszustand des geistigen Menschen in seiner unfliehbar daran geknüpften Aufgabe, ist dieser *Umsprung*. Und er wird niemals in irgendetwas anderem bestehen. Noch den Bruchteil einer Sekunde *nach ihm.*

Mit diesem „Aufgelöstwerden der Werke des Weiblichen" ist in einem apokryphen Jesu-Wort der Weg beschrieben, der zur „Beendung des Todes" und zur Herrichtung des „Reiches Christi" führt.

Aus unserer Erklärung erhellt: Daß es das Ende des hauchbildlich unbescheidlichen Denkens des Menschen (bzw. des heutigen Adam) ist – mit dem *das Ende der Zeit* eintritt: bzw. der Gestaltwerdung der Zeit in der *Gestalt des Lebens* selber, und einer jeden lebendigen Gestalt.

Der Zeit: deren gefügiges Opfer und verwirklichendes Instrument unser *nicht*-umgekehrtes Denken ist.

Dessen „beängstigenden Phasen des Erwachens" gekennzeichnet sein werden von dem Wissen und Empfinden:

„Von deinem Licht ward der Verstand verstört,
Und ward von Scham unwissend und betört. (. . .)

Ich klage laut im Schmerze deiner Liebe,
Da stets in diesem Strudel Blut ich bleibe. -
Du mögest mich von diesem Schmerze heilen –
Laß mich aus Güte nicht alleine weilen!
Du weißt: ich habe nichts als dich erlesen –
Besitze nichts, o Seele, als dein Wesen.
Von dieser Welt und jener hab ich dich,
Du, Ziel von allem hier und dort für mich!

O Gott, wer bin ich hier? Ein Bettler arm,
Der dir bekannt in deiner Freunde Schwarm.
O Gott, der Bettler tritt sehr hilflos vor:
Ist Handvoll Knochen nur an deinem Tor.
O Gott, verwirrt, verstört ist mein Gemüt –
Da es im Feuer deiner Liebe glüht!
Vor Sehnen ward mein Herz zu Blut – du weißt es!
Laß mich vergehn! Was bleibt, o Gut – du weißt es!
Dein Bleiben ist am Ende mein Vergehen,

Und du wirst stets auf Teil und Ganzes sehen.
Du bist ja ewig – ich kann es nicht sein;
Ich werd vergehn – und du bleibst ganz allein!"[53]

---

53. Fariduddin Attar, aus dem Proömium zum Ilahiname, Deutsch von Annemarie Schimmel. (Anm. d. Schreibers).

Wenn aber Gott diesen gewissen Schalter in uns umgelegt hat, werden wir entweder zunichte werden, endgültig, oder wir werden strahlen. Und ist zweiteres der Fall, wird gewissermaßen beides eingetreten sein, damit wir unaufhörlich strahlen. Höher und heller als je zuvor.

(Betroffen und erregt, und doch ohne jede Spannung einer eigenen Leidenschaft, die gegen die seinige aufbrandete, gab ich zurück - in einem völlig apathischen Zustand, der mich mir selbst fast unerträglich machte, da ich eigentlich seine Reden geradeso empfand:)
- Ich wiederhole mich: Das ist sicher keine Botschaft des Friedens. Mehr kann ich dazu nicht sagen. Und ich bitte dich, mein Schweigen auch deswegen hinzunehmen.-

EZAL 4: Die Sonne unter dem Mantel.

(Aber er wurde und wurde nicht fertig. Auch wenn ihn nichts an mir ermunterte weiterzusprechen, wandte er sich umso eindringlicher, auch immer wieder mit liebevollem Blick an mich:)

Das Ganze ist trotzalledem versöhnlicher, viel versöhnlicher, als es den Anschein nimmt; den äußeren Anschein einer Reise, die jeden klaren Zieles und irgendeinen bestimmten Zweckes entbehrt.

Der Weg des Menschen in die Welt: das ist auch Evas zwischen Hoffen und Bangen gehende Lebensfahrt. Auf der es regnet ohne Ende, Tag und Nacht, in regelmäßigen schrägen Strömen, die sich wie ein rauschender Mantel um die Schultern des Menschen legten. Aber: In jedem Menschen, zu ihm hin, um seinetwillen - ist es auch *ihre* Lebensfahrt.

In jener Entwicklung, die an zwei Polen ansetzt („Überquergehen beider Wesensanteile, gegenseitige Einverwandlung"), muß sie nicht weniger bei ihm „ankommen", seine ganze Gegenwart zuletzt durchdringen, wie er ihr Wesen absorbieren muß; allein das Ergebnis oder der erstrebte Ausgang ist ebenso *einer*, wie *solve et coagula*, die geistseelische Missehe ja der einzelne Mensch ist, in dem der diese beiden Entwicklungen kombinierende Prozess ansetzt; wie die anfängliche Unwerdung, Vermissung, das Versagen oder Sich-Versagen einer „Hälfte" in der anderen sich innerhalb eines sozusagen unentschiedenen Wesens darstellt.

Würde man schon an diesem Punkt vom Standpunkt jener seelischen Hellsicht ausgehend sprechen, die Eva ist und manifestiert, müßte man sogar sagen, daß es gerade oder nur ihre Lebensfahrt sei, unser Weg in die Welt, da sie, hinsichtlich des Seinzuhabenden, des erstrebten Ausgangs, vorerst mit einem Toten in einem Leibe lebt; tot in ihren, den himmelsgeistigen Verhältnissen des „umsprünglichen" Hervorgehens aus gottgeschenkter Erweckung.

Dies ist, wie wir gesagt haben, ein vorübergehender Tod unseres Geistes, der für sie bedeutet hat: seiend hineintauchen ins Nichts. Beziehungsweise, das zunächst bedeutet.

Aber es ist eben auch Adams Weg, des in dieser Hinsicht Unrealisierten oder Unerreichten. Auf dem es regnet ohne Ende, Tag und Nacht, in regelmäßigen schrägen Strömen, die sich wie ein rauschender Mantel um die Schultern des Menschen Adam legten.

Gemeint ist wiederum zweierlei.

Zudringlich, in immer neuen Stößen über ihn herfallernd, ist die von hier an erfahrene Wirklichkeit die unaufhörliche Vergegenwärtigung sämtlicher Zustände und Daseinsformen einer Welt, die durch ihn ihrer geistigen Sonne beraubt wurde. Diese Welt ist Regen aus Erdreich. Ihre Struktur ist eingeschlossenes, lotrecht fallendes Licht. Zeugnis des Falles, das befruchtbar und befruchtend zugleich ist, das auch das Licht zur Reife bringen kann, das ihm vorausgegangen ist.

Sie bedeckt und durchdringt den inneren Menschen mit dem „negativ mittlerschaftlichen" Hinweis aller ihrer schreienden Leiden und eklatanten Verkehrheiten, ihrer Hoffnungslosigkeiten und Deformationen auf das in ihm selbst Ungewordene, Eingeschlossene und Vermisste, das ihr Brot und ihr Blut ist, um dessentwillen sie, diese Welt, geistig darbt.

Denn: Weil er mit dem einen Fehl-Griff des Ursprunges an dem weiblichen „fiat mihi" Dessen, der „gesagt hat, was sein wird", das potentielle und zur Realisierung kommende Leben schlicht allen und aller, die bzw. was nicht er, Adam, selbst ist, repräsentierte – weil er mit diesem einen Fehl-Griff an ihr also viele andere, unzählige andere Fehler mitbegangen oder vor-begangen hat, begegnet er nun allen diesen Auswirkungen in gesonderter Gestalt, allen zusammen in der Faktizität dieser Welt. Sie ist der Abspann der ungeheuerlichen Folgen dieses einen Fehlers, die er hinter sich herzieht.

Alle ihre Leiden, Verkehrheiten, Hoffnungslosigkeiten und Deformationen: Loch um Loch und Naht um Naht Folgen des einen *zwischen ihnen beiden* aufgerissenen Ab-Grundes... - Woraus auch erhellt, wodurch alle diese Wunden einst geheilt und geschlossen sein werden. Beziehungsweise: wodurch *allein* das möglich werden kann.

Gemeint ist gleichzeitig der Regen des Göttlichen Lebens selbst. Der, für sich besehen, nicht versiegenden Erweckung und Inspiration, der allein Evas Weiterleben und Wirken in ihm (in Adam) sich verdankt. Der aber, was ihn betrifft, ihn vorerst äußerlich umschrafft, wie um zu sagen: du sollst es sein, um dich geht es. Aufgeschoben (!) gegen seinen geschöpflichen Rand, da es noch uneingeselbstet in ihm bleibt, da dieser Geist über ihm, dieser „geistigen Erde", noch nicht hervorbringen kann, was sie vom Herrn empfängt: den schöpferischen und heilenden Geist der Liebe, seine Leben ermöglichenden Intimation.

Der regnerische, windverhangene Tag der Welt (insofern unverändert, als er das seinem Wesen nach ist): er bedeutet nichts anderes und symbolisiert nichts anderes, als den Zustand *ihrer* innerpersönlichen Vermissung: *dieser* Sonne. Tag für Tag, bis ans Ende der Zeiten.

Aber eben: *Deshalb* verschloss ihm, verregnet ihm der Himmel jetzt seine zugigen flammenden Pforten, weil sein Licht jetzt in ihm und an ihm liegt; weil dieser Mensch begreifen muß, daß er den wärmenden, starken, erhebenden Schein seiner eigenen und jeder anderen *Wesens*-Gegenwart, des Sichgleichen, Entblößt-

Vertrauenden, dessen Ferne und Ausbleiben er jetzt beklagt, daß er dieses Licht von keiner anderen Sonne des Lebens mehr erheischen kann als von jener, die hinter einem ähnlichen, dröhnenden Schleier seiner eigenen Seele ihn anschaut; die ihn be-antlitzt, sich an und in ihm zu „vergesichtigen". Und solange wir ein Bewußtsein von uns haben, solange wir unser inneres Selbst imaginieren können, werden wir spüren, wie sie uns innerlich, durch diesen Schleier, anschaut. - Obschon er ihn heben, beseitigen muß, um sie zu „erkennen" - mit ihr zu verschmelzen - ist der Schleier der ihm verdunkelten Wirklichkeit jener der hochzeitlichen Überschattung des Heiligen Geistes, der *ihn* will, dessen Licht nun endlich in dieser „geistigen Erde", in terra sua, restlos angenommen und empfunden werden will. - Und mehr . . .

Somit sind weder „Adam", noch „Eva" eigentlich aus dem begeisterten Garten geschasst worden. Nur aber, indem jeder den anderen ab dann unmittelbar als das heiße Hauchbild seiner Seele in sich trüge - unmittelbar-ausschließlich, getrennt und unentreißbar - das gerade mit dem *eigenen* Leben und Wesen jetzt zu füllen wäre: es in sich trüge - und *hervortrüge* aus sich . . . (Man sieht, daß gerade Evas frühe Versuchbarkeit hierin mit-geahndet wurde -) Nur kraft dieses neuen gegenseitigen Gewiesen-Seins bestünde der Garten, Begeisterung und Garten, eines Tages fort und wieder. Ja, auch unverlaßbar fort.

Es hat eine Verlagerung des geschöpflichen Ortes stattgefunden, den *der Mensch selber* ist, den er insbesondere für die analeptische Selbstvergenwärtigung Gottes (s. EZAL 6) darstellt. Diese Verlagerung hat stattgefunden, indem die dazu notwendigen beiden Komponenten dieses einen „Ortes" verlegt wurden in ihrer geistes-geschöpflichen Beziehung zueinander; eine neue Polarität, ein wiederum werkliches Zueinander einläutend, in das auch wiederum der Herr selber maßgeblich zu der dazu vorgesehenen Zeit eingriffe.

Es bringt *deshalb* nichts mehr, am Tor zu rütteln und mit den Schultern dagegen anzurennen, weil ihr Weg, der der Weg in die

Welt ist, ihr gemeinsamer Weg nach innen ist, ihrer beider Überquer-Weg zu sich selbst. An dessen Ende wir den begeisterten Garten werden wiederfinden können.

Von dieser unwahr-scheinlichen, dunklen Hoffnung gekennzeichnet ist die traurige Stille, die sich immer wieder auf des Menschen Herz legt, sind die schwer einzuordnenden tieferen Schmerzen des Gemüts, mit denen sich unser Herz ein Lebtag des ersten Tages des neuen Lebens erinnert. Diese Hoffnung ist das Überlebsel der Wahrheit selbst in uns.

„Gelebte Liebe ist die Lösung". Aber ich spreche von den beiden Innenpersonen im Menschen selber. Und ich sage, sozusagen stattdessen:

Beider ist der *selbe* Weg, ist der Weg „ab extra ab intra", den sie nahmen in ein vereinendes Selbst, während das letztere in zweifacher Hinsicht die Bewegung verkörpert, die dieser Satz ausdrückt: Mit der Zeit - *der* Zeit schlechthin - wird die Kopie selbst zum lebendigen Original. Kein Tausch, kein gegenseitiges Ersetzen: sondern *eines*, ein noch anstehendes Ineinandergeborenwerden.

Das, nur das, bedeutet: Liebe. Liebe zwischen ihnen beiden und Liebe von beiden.[54]

EZAL 5: Die Treue Gottes, 1.

5.1. Aber da eben der Mensch selbst als vergegenständlichender *Grund* eint, der vereinende Grund dieser menschliche Erde, ist der Weg auch das Ziel - ist *jeder Augenblick* dem Ineinandergeborenwerden in Einem Wesen geweiht.

Oder es nicht so weit her mit der Liebe von Blut und Blut und Hauch und Hauch. Und dann sicher auch nicht mit *jener* Liebe, die dieser Zwei-Einige anderen „unteilbaren" seelischen Geschöpfen zollt.

---

54. Lese in direktem Anschluß hieran den gesonderten Begleittext zum „Überquergehen": „Beg 6, Ein Ineinandergeboren-Werden". (Anm. d. Schreibers).

Die aber eigentlich - ebenso ungeteilt und ausnahmslos - ihm der „Ruf" der in ihm „Gerufenen" mit *ihrem* Sein, ihrem Gegebensein, dessen Sinn dieses Geben selbst ist - zubestimmt, also gerade zum Seinzuhabenden *seiner selbst*, des Menschen, setzt.

Eva ist mit dem wirkmächtigen Bilde Christi als dem seinzuhabenden Menschen beprägt; unvertröstbar, unverlöschlich. Wir behandelten dieses Gerufen- und Beflammtsein *(„la llamada")* der „weiblichen Innenperson" bzw. der evaischen Seinsgrundlage der angestrebten neuen Identität „aus Gott" unter dem Lemma der „Co-naturalität" Evas mit Christus.

Dieses Bild ist in ihr verfestigt als das Bild des schalenlos nackten Seelengesichtes und Kernes des Menschen, der in diesem Offenstand, Im-Wesen-Stehen und Sich-Hingebenkönnen seine eigentliche und unvergleichliche Natur und mit dieser seine neue geistige Lebenskraft entfalten kann. Dieses Bild soll die mit ihm „Beflammte" herrichten in dem inneren Menschen, bzw. aus ihm. (S. dazu Beg 6).

Somit ist das weibliche geistige Agens dieser „Verwesentlichung zum Seinzuhabenden" des Menschen, die Realität und Kraft dieser „innersten gott-gerufenen Stimme", der (nicht edukative) Vor-Mund eines geistig-emotionalen „Mündels Mensch", in dem diese neue Identität und seine geistige Lebenskraft erweckt zu werden hat: indem *er* durch sie aus sich selbst heraus gemacht, sozusagen nach außen substanzialisiert wird.

Denn jetzt soll er aus diesem in ihr bereit-gehaltenen, göttlich prä-okkupierten Kern von Neuem entstehen. Nicht also „rückverwesentlicht" oder durch und durch als der nämliche, Gewordene geleugnet, gar ausgelöscht werden. Aber hinsichtlich dieses von Gott „prä-okkupierten" oder eingenommenen „Kernes" seiner selbst soll er begreifen und beherzigen: Für den, der *ist*, bin ich, der *war*.

5.2. Wir werden dann aktiv in den Prozess gerufen und einbezogen, der dazu führt, unsere alte Identität aus der Welt zu schaffen, die für die letztere, wie für uns selbst, in dem „benachtenden Übel" unserer inneren Verselbstigung in der „männlichen Innenperson" besteht (wovon wir an früheren und späteren Stellen eingehender sprechen - die die paulinische „Traurigkeit der Welt" verifiziert, die zu dem eigentlichen Tod führt: eben dem der Entnaturierung und Sinnentfremdung ihres Lichtes in uns). Dieser Prozess geht allerdings initiativ von Gott aus;[55] er selbst ist sein Aus-Löser und befähigt uns aktiv zur Teilnahme an dieser unserer eigenen inwendigen Verwandlung, die zu erreichen, zu überstehen wir ansonsten nicht imstande wären.

Sie ist eben nur dadurch möglich, daß das, was entscheidend zur Herrichtung der beabsichtigten neuen Identität gehört und was in sie hinein-ersteht, wenn er es anruft und anrührt, bereits „unverunwirklichbar" in uns, in eben diesem „göttlich prä-okupierten Kern" enthalten ist; wofür wiederum *er* gesorgt hat.

Dies ist die durch Jesus Christus unumkehrbar belebte evaische Seinsgrundlage für seine beabsichtigte und entscheidende Arbeit an uns; kraft derer und mit welcher eine Umschichtung, zwar erheblichen Ausmaßes, vorzunehmen ist – aber nicht mehr eine komplette Neuschöpfung des Ichs. Andernfalls müßte Gott uns hierzu vorher regelrecht umbringen, uns regelrecht „aus der Welt schaffen": wodurch er uns ihr nicht eben als ein Anderer - *zurückgeben* könnte.

Aber das gerade ist ja bereits in dem „gegentodlichen" Heilsmysterium Christi geschehen; daß Gott selber diesem prinzipiell unumgänglichen Zunichtewerden schon zuvorgekommen ist. Daß er in diese unsere „menschliche Erde" hineingestorben ist - und dadurch sein Leben in diese eingebracht hat: Dadurch hat Er, der Wirkliche schlechthin, der Einzig-Wirkliche, un-verunwirklichbar, in der Kraft seines Namens und in dem Namen seiner Kraft die ursprüngliche, evaische Seingrundlage unserer geistigen Natur als die dieser neuen Identität belebt und eingesetzt; auf die er sich beziehen wird, mit der er arbeiten wird, wenn der Prozess der

---

55. Der Anstoß und die Befähigung zu diesem Prozess, wenn auch seinerseits schmerzlich, sind ein nicht unwesentliches Merkzeichen, ein weiterer Beweis der göttlichen Gnade, von der Albe in den nächsten Seiten im wesentlichen spricht. (Anm. d. Schreibers).

Umwandlung eines jeden seiner Kinder beginnt. Bei einem jedem zu der dazu vorgesehenen Zeit.[56]

5.3. Wir haben dieses aufweckbare Bild und seine alles umwandelnde Kraft als „hauchbildliches Brot des Seins" gekennzeichnet, um dessentwillen alles und jeder um uns her geistig darbt, nach dem ein jegliches menschliches Gegenüber hungert.

Dabei ist dieses in ihr, der weiblichen Innenperson, „Beprägte und Beflammte", die Nahrung, die sie trägt und auszutragen hat, nicht die Selbstgleichheit Gottes, *huwiyya*, aber Mitwesentlichkeit oder wesenskräftliche Einheit mit Gott, *homousia*. Es ist die erweckbare Grundlage einer gnadenzuständlichen, eingegossenen Ausstattung neuer Identität, innerster Selbstgleichheit des Menschen und einer wirklich substanz-ontologischen Verbindung mit Gott, weder erworben, noch rein reflektorisch, voller fleischlich-unfleischlichem Leben, völlig andersartig als „bloßer" menschlicher Glaube oder als die übliche *fides mortua* des Verstandes, die nicht zu dieser Liebe geformt ist, noch zu ihr geformt werden kann (s.u.).[57]

Das heißt, zu der vollständigen Neuwerdung des inneren Menschen gibt es keine Ausflucht und keine Alternative, solange man nicht Gottes Arbeit an und mit uns flieht; und Gottes Arbeit an bestimmten Menschen ist immer die Arbeit Gottes mit bestimmten Menschen.

Während also sie, unsere Eva, unaufgebbar „geflammt" ist und „gerufen" vom Bilde des gotthörigen Menschen, Christus, selber, der „sichtbar gewordenen Liebe" des Schöpfers, bedeutet sie zugleich in der Sphäre des Geschaffenen und Irdischen gerade das *Beisammensein* der ganzen Schöpfung dieses, des „göttlichen Wor-

---

56. Dazu Näheres lese wiederum in: Beg 6. (Anm. d. Schreibers)
57. Bei den diesbezüglichen Vorstellungen und Grundsatzerklärungen der Propheten und Mystiker wird immer gern darauf verwiesen, daß sie allem Anschein nach den Weg weniger Auserwählter oder spirituell Höherveranlagter meinen; hierbei übersieht man geflissentlich, daß diese Menschen das selbst selten in dieser Form pauschalisierend abgrenzen; da sie sich vielmehr auf die ausstehende, nicht zu verweigernde Befolgung des von Gott grundsätzlich gewollten und ermöglichten „seinzuhabenden Menschen" beziehen. (Anm. d. Schreibers).

tes". Ebenso wie „auf der anderen Seite" alles Lebendige nur in diesem selben „Sinn" dem „Adam" überhaupt begreifbar wird. - Andere Menschen ... Sind auch ihrer beider „Kinder". Deren tatsächliches *Leben*, das symbolisiert eben die Partnerschaft von Frau und Mann, nur aus ihrer beider Liebe zueinander hervorgehen und nur kraft derselben *erhalten* werden kann. Überhaupt alle lebendigen Schöpfungsformen können aufgrund *ihrer*, Evas, besagten wesentlichen und tiefen Verbundenheit mit ihm, Adam, in der sie nicht allein *sein* flammendes „Original" bereit-hält, sondern das jedes anderen Menschen und die wirkliche Essenz aller Erscheinungen des Lebens, gerade als symbolische und stellvertrende Erscheinung *ihrer*, Evas, Gegenwart verstanden und geachtet werden. Worin übrigens auch eine tiefere Rechtfertigung liegt, verschiedene Bilder aus „der Welt der Menschen und Dinge" in der Rede von *ihrem*, Evas Wesen wenigstens veranschaulichend zu bemühen.

5.4. Aber wir hatten eine thematische Verschiebung vorgenommen, an die wir uns halten wollen: wir wollten vom wahren geistigen Gewicht der *Gegenwart*, von Seinszeitlichkeit sprechen.

Wegen dieser unauflösbaren Verbundenheit alles Lebendigen mit ist *ihre* Rufweite auch die der ganzen Gegenwart; ist ihre Vernehmlichkeit in *ihm* gegeben in der unerinnerlichen, immer einladenden Neuigkeit des Seins.

Während das menschliche Denken diese Stimme vernimmt, auch *diese* Stimme, sucht es ihre Sprecherin ganz zurecht in der erlebbaren Tiefe der Gegenwart, des jeweiligen gelebten *Augenblicks*. Dies ist, worüber noch zu sprechen lohnt.

So ja war es in der ursprünglichen Konstellation, als der himmlische Vater empfand, „daß es nicht gut wäre, wenn der Mensch allein bliebe", so daß er ihm, Adam, eine „Gehilfin" gab, „damit sie um ihn sei" - bezeichnenderweise aus *seinem* Innersten, seiner „Rippe" hervorgebildet; als das Ich sich unzersprengt zum Wir und Uns erweiterte, als sich noch nicht Zwei *in* einem gefunden haben.

Daß sich aber beide in einem *finden*: ebendarum geht es seitdem. Und wie findest *du* sie? „Trachte nach Vertrautheit mit ihr in dir und dieser Welt; so wirst du ihre Schönheit unverschleiert schauen".

Adams spätere Erfahrung und Erinnerung der Scheidung, der Unwerdung, Vermissung, des Versagens einer „Hälfte" in der anderen ist geradedeshalb mächtig, bedrückend und nicht abzuwenden, weil sie sich innerhalb *eines* sozusagen unentschiedenen Wesens dargestellt hat: und noch darstellt.

Unentschieden: trotz der unumkehrbaren Wiederbelebung seiner evaischen Seinsgrundlage, die Gott in Jesus bewirkte. Gerade dieses Trotzdem erhöht den Selbstwiderspruch eines veränderten und zugleich vergeudeten geschöpflichen Status, in dem wir uns seitdem befinden.

Es ist die Aushebung eines Exils in einem anderen: dieses „Trotzdem". Es exiliert uns mitten im Exil der Gottesferne *aus derselben* – und erhöht dadurch die wesentliche inwendige Spannung des Menschen-Ichs als eines geistes-geschöpflich „hängigen Problems"... Das wiederum nur Gott zu lösen imstande ist.

(Einen Augenblick lang wirkte er jetzt sichtlich verwirrt und unschlüssig. Wieder lag diese Art scheue Gedrücktheit auf seinem Gesicht, verbunden mit einer periodisch wiederkehrenden Erschlaffung aller seiner Kräfte, die ihn einstarrte, geradezu mumifizierte.

Er bot dann selber den Mann dar, den er meinte. Den Mann mit der stockenden Stimme und den einsamen Augen, den jede Gewißheit, jede Hoffnung verlassen hat.

Um aber dann, mit urplötzlicher neuer Festigkeit, wie wenn ein blendendes Licht in ihm angeknipst würde, mich diesen Eindruck wieder vergessen zu lassen.)

EZAL 6: Die Treue Gottes, 2.

6.1. So, als ob alles Dazwischengewesene wäre, und zugleich *nicht* wäre, ist unser Denken nicht nur eine Nachwirkung erlebter und gesehener Dinge, die sich wie in einer Art verzögerter Reprise zu neuen Verknüpfungen oder Entsprechungen zurückgewinnen lassen aus dem „eignen" Fundus der jeweils berührten Spuren. Zu dem sich das bewußte Mentalisieren von Dingen, die uns anregen, uns gut getan gaben und, vielleicht, das bewußte Verdrängen peinlicher oder peinigender Ereignisse paart.

Wäre dem so, *nur* so, bestünde unser Denken immer nur in einer Art methodischer Aufrechnung, Aufsaugung oder Inflation des eignen Ichs; ohnedaß *der jeweils gegebene Augenblick* in sich selbst gesehen einen „Sinn" für uns besäße, seine eigenste und bestimmende Einwirkungskraft auf dieses Ich entfaltend. Er würde nur um seiner „Kennbarkeit" willen begegnet und gelebt...

Damit aber hat die Dimension des reinen und realen Augenblicks nichts zu tun; die, indem sie unanschaulich ist, unbetrachtbar, an sich *gedacht* wird, aber auf gänzlich andre Weise. Weder die Dimension seines uns unmittelbar eingehenden und eigentlichen „Belebtseins", des mit nichts denn seiner nackten innerlichen Wiederspürung angefüllten Augenblicks, des sich in dieser Wiederspürung selbst sozusagen - *entschweigenden* Daseinsmomentes ... Sich zu einem näheren und *eheren* Bild des je begegneten Lebens entschweigend; dem der Intimation, der hauchbildlichen Mundgedanken Evas[58] in deren „lautenden" Einselbstung in uns, d. h. ihrer gefühlten oder gedanklichen - Ent-Sprechung, die ihr Mund wird... Weder diese Dimension des „Augenblicks selbst", noch die seiner innerlichen, vergegenständlichenden Wiederspürung, seines "Gedachtwerdens", in diesem Sinne, haben etwas mit dem ergründenden und tätigen Denken des Ichs zu tun, in dem dieses sich als das Seiende, „Erscheinende" schlechthin befindet.

---

58. Siehe „Boca": Adams „Seinzuhabendes" ist es, mit der denkbar kürzesten Umschreibung, „Evas Mund" zu sein. (Anm. d. Schreibers).

Denn sie geben mir nicht mich zu sehen. Weder das eine, noch das andere.

Aber sie sehen *mich* in ihnen: in sich selbst.

Und umgekehrt: Erkennte ich *ihre* Natur, dann sähe ich auch mein essenziell geistiges Selbst, meine mir selbst verborgene Wesensnatur.

Und ich sähe, je mehr ich *in sie* hineindränge, wie diese in den haltend-erhaltenden und bereitenden Händen eines anderen Erzeugers liegt, als jenes, der *meine* Gedanken denkt, der meine Vorstellunken lenkt.

Ich komme dann wohl oder übel selbst von diesen „Dingen" meines Denkens ab, weil ich erkenne, wie beliebig und veränderlich sie sind; und daß sie gerade nicht *dem* Wesen in mir zugehören und entspringen, durch das ich an der geistigen Wirklichkeit beteiligt bin, werde, die diese wahre, „innere Dimension" jeden gelebten Augenblicks ausmacht. - Was aber *diesen* Geist betrifft, obschon ich doch selber etwas von ihm habe, an ihm teilhabe, kann ich sicher keine andere Eigenschaft für *mich* beanspruchen, als die der „Armut", des restlosen Angewiesenseins auf seine mir, dem In- und Mit-mir-Sein übergeordnete, eigene Wirklichkeit; was, daher, ganz zu begreifen - *sich* zu wissen zu geben - gerade *nicht* leicht ist...

- Das verstehe ich. -

Dann auf dein Wohl, du bist ein klardenkender Mensch.

(Der seiner Aufforderung, bei einem weiteren kräftigen Schluck innezuhalten, gerne nachkam, indem mir die Kälte des Abends erheblich zusetzte, während ihn das scharfe Gefühl von Kälte, das meinen Leib jetzt durchrann, nicht so hart anzukommen schien.)

Gehen wir grundsätzlich von einer Kraft der „Vorsehung" aus, die geistig „unserem Leben vorsteht" oder „unsere Geschicke lenkt in der Verbannung"... Dann läßt sich all das, auch und gerade die uns umfangende Gegenwart des Auferstandenen, ohne weiteres auf die äußere Umfangung, auf die reale Begebenheit des

Augenblicks verwenden. Und doch nähert man sich dadurch wieder dessen „innerer Natur", auf die das Wort „Augenblick" dann in ähnlich umformender Weise hindeutet.

- Das wiederum ist mir schwer verständlich. -

Ich meine die „sehende Kenntnis", die jeder gelebte Augenblick für sich besehen in sich trägt. Daß er selber, der Augenblick „blikkende Augen" hat.[59]

Jeder Augenblick unseres Lebens . . . Nicht nur die großen Unausweichbarkeiten und großen Beglückungen, ist gestalthaft, nicht bloß zeitlich, ein bezeugender, ein überaus sprechender Ausschnitt des Gesamten eines Lebens.

Diese *Gestalt* wird von dessen zwei bestimmenden Enden und einer verborgenen Bildungskraft geprägt, die von dem einen Pol aus hinwirkt auf den andren, der sie „zieht". Dadurch hat auch diese, jede „Augenblicksgestalt", einen sehenden Einfädler des gravitierenden oder hinteren Endes, der sich nicht nur *im* Ursprung und *in* diesem Ende finden läßt; dessen Wirken sich vielmehr in der gesamten Gestalt des Gelebten selber ausprägt.

Wie das Verursachende sich in der Wirkung des Gesamten niederschlägt oder artikuliert, gibt es auch in dem Ausschnitt (jeder „Augenblicksgestalt") das bestimmende Moment der Selbstähnlichkeit des Gesamten; die alles umfassende Struktur findet sich immer wieder in ihren eigenen "Elementen". Diese aber besteht darin, daß der ursprüngliche, wesenhafte Niederschlag des dieses ganze Leben selbst „Ersinnenden" sich als die das Leben des Lebenden *gestaltende* Liebe zu diesem ausdrückt.

Die gestaltende, immer gegenwärtige Kraft „zwischen den Polen ist ihrerseits vergegenwärtigend, „mittlerschaftlich" oder schon revelativ[60] hinsichtlich des Wesens des Einen Bereitenden unseres Lebens, und sie offenbart sich uns auch in der Regel in der Mitte desselben überhaupt oder am deutlichsten - einhergehend mit unserem Erreichen einer gewissen charakterlichen und psy-

---

59. Die bündigste und eine resümierende Auflösung dieses Leitsatzes bilden die ersten Sätze von EZAL 7: Die Treue Gottes, 3. (Anm. d. Schreibers)
60. Offenbarend. (Anm. d. Schreibers)

chologischen Reife - weil sie zugleich der innere oder mittige Impuls jenes Kraftverhältnisses ist, das die beiden Pole Anfang-Ende per se herstellen. Das heißt, diese Kraft wird ihrerseits in der Mitte unseres Lebens „gemittet".

Warum aber sollte gerade *Liebe* diese gestaltende Kraft unseres Lebens sein? Sprechen nicht viele unserer zentralen, für uns richtungsweisenden Erfahrungen, Dinge, die uns innerlich zusetzen, die uns an der Wurzel treffen, ein anderes Zeugnis, ja, vom ganzen Gegenteil? –

Nicht um uns zu widersprechen, sondern um es deutlicher zu machen, sei daran erinnert, daß wir von zwei möglichen Manifestationen der göttlichen Gegenwart in diesem Leben gesprochen haben; herausstellend, daß auch ihre offenkundige „Unsichtbarkeit" in dieser Welt gerade *sie* bezeugt. Entweder ist sie die nicht weltgemäß, nicht weltkonform *Gegenwärtige* (co-natural entsprochen im Verborgenbleiben und analog im Verleugnetwerden der „weiblichen Innenperson"), oder die unsichtbar ihren wesenhaften Erzeugungs- und Befreiungsdrang Bezeugende; den, *sich* zu erzeugen und dadurch, *durch sich* aus den Fängen dieser Welt zu befreien (sich-zeugende oder „analeptische" Wesenskraft Gottes, s.u.).

Und wir stellten heraus, daß sie, trotz einer grundsätzlichen Nähe ihrerseits zu uns, die die ihrer „brautschaftlichen Überschattung" ist (s. *EZAL 4*), bedingt vom Grad unserer Vertrautheit bzw. unseres mitwesentlichen Lebens *mit ihr*, sich zum Teil oder sogar weitgehend „negativ mittlerschaftlich" ausdrücken kann: in Zuständen des unerkannten oder erkannten Hungers *nach ihr*, ihrer Vermissung, die ihrer vergeudeten Nähe und Treue gerade hinsichtlich dieses mit-wesentlichen Erlebens und Befolgens Ausdruck verleihen.

Auch wenn sie nie wirklich von uns abläßt, selbst in ihrer wiedervertodend-hinhaltenden Verdunkelung nicht (in der verminderten Vernehmlichkeit dessen, was *sie*, Eva, in uns vernimmt), ist sie dann scheinbar in uns und um uns versiegt; sei es, weil wir selber uns anderen „ausfluchtlosen Mächten" unterwerfen (aber nur die Macht *ihrer*, der erst-umständlichen Wirklichkeit ist und bleibt unwider-stehlich), uns un-mitwesentlich zu ihr verhaltend, oder weil wir, trotzdem wir letzteres nicht tun, innerlich von Zwängen aufgezehrt werden, die bestimmte Menschen oder Menschengruppen auf uns ausüben, mit oder ohne möglichen Einspruch ausgeliefert an menschliche Machtstrukturen, die uns Verhärtung und Vereinsamung aufzwingen.

Der „negativ mittlerschaftliche" Ausdruck der weltlichen Gegenwart Gottes kann sich so auch scheinbar willkürlich und ohne vorerst ersichtlichen Trost des Lebens einzelner Menschen, Menschengruppen oder Völker symbolisch bemächtigen; angesichts deren geistigen, körperlichem, existenziellen Elend wir Gottes Liebe - oder ihn selbst in Frage stellen.

Die Frage muß aber geradedann richtiger lauten: Wo ist sie *geblieben?*

Wir haben prinzipiell darauf geantwortet, daß ihr Licht „unten ist".

Und daß es nur unter dem „Mantel" jener „Männlichkeit" geborgen und ergriffen werden kann, die gerade all dieses offenkundige Elend durch eine „frühere" Schuld, eine prä-signifikante Widerstrebung in der „Sache des Menschen" selbst, eine Schuld am Vertodetsein dieses „menschlichen Lichtes" in sich selber, d. h. in unserem eigenen Inneren bejaht. Wenn man erst anfängt zu verstehen, welcher andere Zusammenhang besteht; besser, daß ein Zusammenhang geistes-*geschöpflicher* oder inner-natürlich geistiger Art zwischen der (*analeptischen*) Wirklichkeit Gottes und unserem eigenen Leben besteht, dem inneren und dem äußeren, und, vor allem, daß diese „Folgewirklichkeit" fortwährend erfolgbar und erfragbar ist, wird man sich dessen schämen, Gott jemals für die Übel und Schrecknisse dieser Welt verantwortlich gemacht zu haben bzw. in ihm die Erklärung für sie gesucht zu haben.

6.2. *Liebe* ja als die primäre Wesenseigenart und der Wunsch Gottes, andere außer sich zu lieben, eins mit ihnen zu sein und sie *aus sich* zu beleben, in diesem anderen, diesem Gegenstand seiner Zu-wendung sich selber als der nämliche, der Sich-Aufwendende, sehen und erfahren zu können, schließlich, in diesen Spiegel seiner

Liebe blickend sagen zu können, „es kann sich nur um mich handeln"; dies gab den Ausschlag zu seiner *analeptischen* Schöpfungstat: d. h. einer solchen, in der das, *was* da zeugt oder den Ausschlag gibt zu dieser Erzeugung, *sich* wieder-zeugt.

Mit Ramon Llull gesprochen, ist Gott kraft dieser seiner eigensten Eigenschaft nicht weniger „ein gotterzeugendes Wesen", als der Mensch in der seinen, in „seinem Wesen stehend", ein „menscherzeugendes Wesen" ist; vielmehr ist zweiteres Effekt und Ziel der ersten Tatsache, der analeptischen Wesenseigenart Gottes.

Er liebt den Menschen nicht deshalb, weil er sich selbst diese Entscheidung abgerungen hat, sondern primär deswegen, weil er „Liebe *ist*" und weil „sein ganzes Leben" in dieser analeptischen Selbst-Aufwendung Bestand hat, unaufhörlich und über alle Maßen des Begreiflichen. Mit allen Vor- und Nachteilen, die sich für seine Schöpfung daraus ergeben können, „kann er", sozusagen, „nicht anders", als *sich* hervorbringen, während bei weitem die Vorteile eines immerwährenden *Angebotes* überwiegen, in der Mitwesentlichkeit (mit dieser seiner Selbst-Aufwendung) wahrhaft Mensch sein und Menschhaftes hervorbringen zu können; in *diesem* frei frequentierenden Element des Grundes unserer Erhaltung *leben* zu können wie die Fische im Wasser. Einerlei wie sie gemustert sind, wo sie schwimmen, wovon sie sich außerdem noch erhalten, ernähren, usw.

Wir sagten, daß der ursprüngliche, wesenhafte Niederschlag, d. h. die analeptische Natur des dieses ganze Leben selbst „Ersinnenden" sich als die das Leben des Lebenden gestaltende Liebe zu diesem ausdrückt.

Aber, streng geliebt: weil diese, der durchscheinende Geist seiner Ersinnung, nicht „der Lebende des Lebens" selbst ist, gibt ein jeder dieser Ausschnitte diesem, dem Lebenden selber, auch nicht sich selber zu sehen. Und wenn doch, so doch nicht wie *der sich* in diesem Augenblick, oder überhaupt, selbst vorstellt und erscheint ...

Er gibt, gemäß den augenblicklichen Begebenheiten, ihm *dessen* Vorstellung von ihm zu sehen; er gibt ihm das von diesem initialen

Geist und „Ersinnenden seines Lebens" her Seinzuhabende seiner selbst, des jeweiligen Menschen, in den jeweiligen Umständen zu sehen. Und dieses *Seinzuhabende* kann uns wie erläutert, inmitten oder besser *durch* diese Umstände, gerade auch in seiner Vermissung, auf „negativ mittlerschaftliche" Weise an-gezeigt werden.

„Da ich ein Kind war, da redete ich wie ein Kind und war klug wie ein Kind und hatte kindliche Anschläge; da ich aber ein Mann ward, tat ich ab, was kindlich war. Wir sehen jetzt durch einen Spiegel in einem dunkeln Wort; *dann aber von Angesicht zu Angesicht.* Jetzt erkenne ich stückweise, dann aber werde ich erkennen - *gleichwie ich erkannt bin.* Nun aber *bleibt* Glaube, Hoffnung, Liebe, diese drei; aber die Liebe ist die größte unter ihnen".[61]

Unser Erleben ist zwar nicht gleich unsrem Leben, weil es eigentlich unserem Werden dient, unserem Werden zu *dem* Leben, welches von seinem verursachenden und beseelenden Geist schließlich jenes Zeugnis ablegt, das der wirkliche Mensch selbst ist. Der gewordene wirkliche Mensch; oder der *darin* wirklich gewordene Mensch, daß er auf die Langmut und Liebe und Leidenskraft hingeführt wird, erobernder Weise, welche sich als im „Lichte des Lebens" selber liegend ihm vermitteln sollten.

Hierzu bildet sich ein *jeder* Augenblick, wie ich davor gesagt habe, sowohl vom ursprünglichen als auch vom „gravitierenden" Pol unseres Lebens aus, an dem der göttliche Geist unsrer Erschaffung, Lenkung und Bewahrung die Arme des Herrn unserer Seele um uns schließt; die er „auch sonst" nicht von uns reißt: Den wahren Wert und das wahre Leben dieses jeweils gegebenen Augenblicks erhält die Gabe erst durch den gegenwärtigen *Geber.* Der sich als der nämliche, der Gebende selbst in dieser Gabe bekundet des *aus ihm* gegebenen Augenblicks.

Einfacher noch: Wenn der Satz, daß „Gott ist", nicht besagt, daß er *da* ist, Er, der von sich selber sagt: „Ich bin der Ich-bin-Da" (oder: „Ich bin der Existierende", 3. Kap. des Buches Exodus), besagt er im Grunde noch gar nichts; und gerade nicht die unverwechslich-höhere Art *seines* Tätig- und Zugegenseins.

---

61. Paulus, 1. Kor. 13. 11-13.

Diese aber ist ewige Erschaffung und ewige Neuheit, gerade immerwährende Verursachung und immerwährende Väterlichkeit. Geistige Zeugerschaft, die sich innerhalb und kraft jenes sprechenden Mediums *seiner* Einwirkung erneuert, das unser gelebtes Leben ist. - Das umsomehr, als es in dieser mittlerschaftlichen Eigenschaft, in seinem Ziel und Ausgang, überantwortet wurde dem auferstandenen Sohn; welcher auch, ausschließlich, „zu ihm führt": zur *Liebe selbst*.

Daher vergegenständlicht dieses „sprechende Medium" die Liebe des Vaters primär in der mittlerschaftlichen Eigenschaft der Leidenskraft, Langmut und geistigen Gebefreudigkeit Christi des Sohnes; nicht das Ausstreuende, sondern das Ausgestreute des erneuernd-schöpferischen Lichtes, welches alles vorher Gewesene (s.o.!) überwindend verdrängt: in seinem gebenden Gegebensein, seinem bereitwilligen Dar-Sein – repräsentiert in unserer antwortfähigen „weiblichen Innenperson", die bereit-hält, was wir sein können und sein werden. - Das gerade, indem es ganz in das Dasein des Beschenkten einzieht, involviert wird, mit-überwindend und mit-leidend, so dessen Umstände leidet und erträgt, Leben gibt, *sein* Leben, und Tod nimmt: aber *dafür*.

Somit ist dieses unser *Leben* nicht weniger Gegenstand seiner Bestrebungen und sein Erzeugnis. Vielleicht sogar erweist es sich zuletzt selber, in anderer Weise, als göttliches Geschöpf? - Nicht nur als werkliches oder edukatives Gottes-Mittel?

Wollen wir diese Art *seines* Tätig- und Zugegenseins als solche, gleichauf, finden und erfahren, wollen wir innerlich oder überhaupt mit ihr korrespondieren, dann müßen, ja dürfen wir nicht auf etwas Bestimmtes „hinleben", das nicht gerade im Licht der reinen Gegenwart, ja jeglicher Gegenwart gegeben wäre: in ihrem unverschobenen und nicht verschleißenden „inneren Geist".

Gott, der auch deshalb von uns „das Wort" bzw. „das lebendige Wort" genannt wird, weil er ein Gott ist, der seine Versprechen hält, der seine Ankündigungen lückenlos realisiert (zum zweiten hinsichtlich seiner Vermenschlichung, weil dieses Sprechen und

Versprechen sich nicht im mindesten von der Art eines Handelns, Lebens und Erscheinens unterscheidet) – Er hat uns versprochen, daß er, je mehr sein Wiederkommen nahe rückt, immer mehr Erweckung schenken wird und seine Himmel vor uns öffnen wird. Das zum einen.

Der wahre Gegenwert der Gegenwart bildet dazu einen Kontrast echter, begonnener Verwirklichung. Denn tatsächlich gibt es in diesem „inneren Geist" oder unwandelbaren Licht des Lebens kein Mehr- oder Wenigerwerden. Da und zumal es in und durch Jesus Christus in unsere unmittelbare Daseinssphäre eingedrungen ist als etwas unabänderlich Bleibendes, Umfassendes und Richtendes, verborgen aber gegenwärtig - wird dieses Licht des Lebens, für sich besehen, nicht eigentlich verringert oder erhöht, denn Gott hat durch dieses sein Handeln in Christus von sich aus die Kluft überbrückt, die uns von ihm getrennt hat. Diese Möglichkeiten treffen auch nicht eigentlich auf seine wesentliche Unwandelbarkeit zu: sie treffen aber auf das mit ihm korrespondierende Licht unseres inneren Er-fassens, Einlassens oder Mitwesentlichseins zu. Mit dem er also, rechtbesehen, etwas unternehmen wird, oder: immer mehr etwas unternehmen wird.

Das heißt, mit dem aufweckbaren „menschlichen Licht" in den Menschen, mit dem das seines Geistes in einem sowenig sensuell wie gedanklich begründbaren Verhältnis steht, wie man das von der wahren, „inneren" Dimension eines jeden erlebbaren Augenblicks behaupten kann.

Sondern – *ihm*, dem göttlichen Licht gemäß, dem, *was* da mit ihm in diese Welt eingezogen ist – steht dieses mit dem aufweckbaren „menschlichen Licht" in einem ebenso animischen oder „wesenskraftlichen" Licht des Geist-*Seins* selbst - einem bloß dardeutend-erfragenden, sich erweisend-hinweislichen, *bindenden* Verhältnis des gegenseitigen „Sehens", gegenseitigen Aufnehmens und gegenseitigen Tuns. Auch das sind nur unzulängliche Behelfsworte, um das Seinszuständliche, den Grad der Mitwesentlichkeit zu umreissen, auf den sich die erreichbare heilsame und beständige Wirklichkeit des menschlichen Geistes begründet; das, was schlicht „menschliches Licht" ist und in unserem eigenen gelebten Leben zur Gültigkeit gebracht werden muss.

6.3. Das wahrhaft Seiende erkennen, bedeutet: mit dem Sein erkennen, durch das Sein bezeugen, welches da „erkennt". Soverstanden haben wir die Einschränkung: Wer erkennt, *was* er erkannt hat, hat erkannt; wer nur „erkennt", hat nichts erkannt. Außerhalb eines Erkennens, das alle Fasern *unseres* Seins durchtränkt, diese regelrecht umfärbt, kann es kein Verhältnis zu oder mit einem Gott geben, der „das Wort *ist*": dessen bekundeter Wille und dessen bekundete Wahrheit ununterscheidbar sind von dem Sich-Beweisen und -Erweisen als Gott *und* Mensch: von *seinem* Sein.

Mit einem Gott, der, bis zum äußersten Sich-Erniedrigen und –Misshandelnlassen, bis zum Sichtötenlassen, nicht das Geringste von seiner Empfindungsfähigkeit, seinem Hoffen und seiner leidenden Liebe zurückgehalten hat, um eben anders und nachhaltiger denn durch die bloße Kraft des Unbehagens und des stimmlosen Gewissens in den Menschen zu wirken.

Und der gekommen ist, um zu *tauschen*: sein Leben für unseren - im eigentlichsten, im inwendigen geist-seelischen Sinne - menschlichen Tod.

Diesem Gott kann man nicht mit einem Bündel intellektueller oder moralischer Prämissen gerechtwerden, indem wir mit Worten, oder mit unseren Augen, den Fußboden fegen, auf dem wir seitdem gehen: das bloße „Verstehen" seines göttlichen Wunsches oder Ansinnens kann nicht der Weg sein, den er für uns vorgesehen hat. Oder allenfalls der kleinste, erste Schritt auf diesem Weg.

In diesem wirklichen Erkennen stehen oder gehen, bedeutet vielmehr: Das Erfahren der Aufrichtung und Herrichtung einer komplett neuen eigenen menschlichen Identität, die er bereits, unverlöschlich, in uns gelegt hat: welche nunmehr gegeben ist, indem er ist. Und das ist sie – wie er – immerfort und all-augenblicklich.

Demzufolge muß jeder von uns diese spezifische innere Ebenbildlichkeit und Vorstellung ergründen und erfahren, die Gott von ihm hat, verbunden mit einer bestimmten persönlichen Aufgabenstellung und Weisung in seinem persönlichen Leben, ja, in jedem Augenblick desselben, welche sich ihm mit der ersteren unmißverständlich und immer deutlicher offenbaren wird.

Und wenn du nun entgegnest, daß dir diese seine „Vorstellung von dir" niemals vermittelt, niemals eröffnet worden sei, trotzdem ich weiß, daß es erst eine Zeit der Umstellung, der Annäherung im Begreifen braucht, kann ich dich hier angesichts der durch und durch greifbaren geistigen Gegenwart des Auferstandenen nur fragen:
Hast du denn mit Jesus gesprochen? - Hast du wirklich angefangen, mit ihm zu sprechen? - Vermutlich nein.

Er aber steht an deiner Seite; wartend, bereit, dich mit all der inneren Sicherheit, dem Trost und der Kraft einer Lenkung und Bewahrung zu beschenken, die du, lange Zeit hindurch, vermisst haben magst: sobald du dich ernsthaft seiner Gegenwart und Unterstützung geöffnet haben wirst. Nicht wie einer, der dir den Kopf waschen will, sondern als der eine, der gekommen ist, um dir zu dienen.
Und zwar wirklich dir: deinem wirklichen Ich. Dir als dem nämlichen, der du jetzt bist, aber ausgestattet, schon ausgestattet, mit der erweckbaren und antwortfähigen Seinsgrundlage einer neuen persönlichen Identität, welche in seiner Vorstellung und in seinem liebenden Wissen von dir beruht. Dieser Person, ihrer Entwicklung dient dein Gott, indem er dir selber um ihretwillen dient.
Antwortfähig: auf diese geistige Gegenwart des Auferstandenen, von der wir deshalb sagten, sie sei durch und durch „greifbar", weil diese Auferstehungskraft des Herrn, den wir annehmen, förmlich danach verlangt, gebraucht zu werden.
Danach, in den Widerständen unseres Lebens regelrecht von uns benutzt und eingesetzt zu werden; damit wir, jeder von uns, die wir Ihn angenommen haben, sie als die Alles-Überwährende, Siegende ausweisen können, wenn sie uns zum Sieg über diese verschiedenen Widerstände führt. - Und im wesentlichen sind das die Widerstände, die uns ebendaran hindern, in diese Neuheit des

Lebens einzutreten; die aber, da sie doch von Ihm selber kommt, sicherlich sieghaft bleiben, sieghaft werden wird.

Angesichts der greifbaren und aktiven Gegenwart des Auferstandenen, durch den die Wirklichkeit selber prinzipiell Offenbarungswirklichkeit, „mittlerschaftliches" Medium ebendieser Gegenwart geworden ist (und nichts anderes *ist*), können und dürfen wir uns weder auf eine ursprüngliche, gewesene und vergeudete Schöpfungsbeziehung mit oder aus Gott zurückziehen, noch auf eine einstmalige „Öffnung seiner Himmel" selber vertrösten oder vertrösten lassen: denn ebendiese himmlische Gegenwart ist seither ausgespannt zwischem dem Damals, Einst und Heute in jedem Augenblick unsres Lebens.

6.4. Darum zurück zu meinem Hinweis, daß wir nicht auf etwas Bestimmtes „hinleben" dürfen, das nicht gerade im Licht der reinen Gegenwart, ja jeglicher Gegenwart gegeben wäre: in ihrem unverschobenen und nicht verschleißenden „inneren Geist".

Aber wo stehen wir? - Es verhält sich zunächst nicht eben so mit unserem „Bewußt-sein" von der Gegenwart seines Lichtes im Licht der Gegenwart.

Solange es sich nicht mit dem durchdrungenen, geradewegs tingierten „Sein", das im „Bewußt-sein" ausdrückt wird, wie wir betont haben, seiner eigenen, mitwesentlichen Lichthaftigkeit an ihm bewußt geworden ist, hat das Bewußtsein kein Bewußt-Sein von diesem "geistigen Licht schlechthin".

Vielmehr *steht* dieses attentionale Selbst dann regelrecht; ansich-haftend, in sich oder neben sich. Und wirkt dieses, das an sich Achtende, eher be-*nachtend*, schlicht verneinend gegenüber dem sprechenden Licht oder dem einverwandelbaren „Was" des einen geistigen Dar-Seins; noch bevor es überhaupt dessen unmittelbarausschließliche Selbstheit und persönliche Gegenwart, die des Auferstandenen in diesem „Was", kennenlernen oder entdecken konnte: die Individuation Gottes (*huwiyya*) in der Persönlichkeit Christi, und mit dieser die Nähe und Vertrautheit einer überwirklich-wirklichen *Person* erfahren kann, die ganz wesenhaft im Phänomen von Vertrautheit und Nähe besteht.

Unser an-sich-haftendes Bewußtsein wirkt aber schon verneinend gegenüber einem sich-gebenden und nur als solchem in-sich-stimmigen, einem durch sich ins-Sein-setzenden Licht, welches auch und gerade dieses Achtende in uns, den Geist selber umschließt. Und es wirkt be-nachtend-verneinend auf tatsächlich *alles Bestehende*, wenn es seine all-augenblickliche Trauhandlung mit ihm, dem „Was", das nur tragender Weise (oder wie wir vorhin sagten, nur „umsprünglich") sich selbst gleich bleibt - *nicht* eingeht; sei es in seiner persönlichen (Christus) oder in seiner „überpersönlich" geistigen Manifestation[62].

Unser Bewußtsein verneint und vergeudet dann dessen selbstgegebene „Wesensnatur", indem es gerade die eigene einzieht zu sich selbst, ungegeben sein läßt, also nicht wieder-gibt, die ihm aber um eben dieser Aufweckbarkeit willen gegeben ist. Die nach und nach gerade dahin gelangen soll, die unverwechsliche und tätige *Persönlichkeit* des offenbaren Gottes kennenzulernen und mit-wesentlich *mit ihr* zu werden: sie einzulassen und aufzuwenden. Während diese dann ihrerseits dahin gelangen kann und wird, für uns eine spürbare Gegenwart zu werden, „persönlicher, gewisser, wirklicher als die eines menschlichen Wesens" (Simone Weil).

Es verhält sich letztlich wirklich so, daß uns die Gabe und Natur des Bewußt-seins *schlechthin* um des Erfahrens, aktiven Verwendens und Bekommens der letzteren (der persönlichen Gegenwart Gottes) willen gegeben ist: zunehmend und immer klarer, indem und da dieses bewußte Selbst dem jeweils Anderen seines-gleichen sich gegenübersieht. Jedem beliebigen anderen *Menschen* gegenüberstehend - gerade um *nicht* zu stehen.

Sondern in dieser „Mitwesentlichkeit", s. o., bei der sich auch der Bogen unserer Betrachtungen „vom Anfang aller Wirklichkeit" an schließt:

---

62. Die richtiger gesagt vor-persönlich, heranführend ist, noch nicht revelativ. Und die bis dahin auch anderen religiösen Zugängen und Anschauungen in uns Raum gibt, als der erweckt und wahrhaft Christlichen. (Anm. d. Schreibers).

Um an deren Kraft der „richtigen Intimation" *eines* geistigen Dar-Seins beteiligt zu werden, vor dem und durch das alle Seelen, alle lebendigen Dinge unlösbar ineinander gebettet liegen und füreinander bestehen. Durch welches und in welchem allein sich alle lebendigen Wesen in *ihrer* tatsächlichen, inneren Lebensgestalt gesehen und bekräftigt, „benannt und eingesetzt" finden.

Und daher, ich muß es mindestens schon zwanzigmal gesagt haben - *hat* dieses Bewußt-Sein dann erst auch *sich*, erfährt sich selbst und sieht sich selbst: *was* es ist und wie es wirklich ist. Wie es wahrhaft und *in der Vorstellung Gottes*, in der Vorstellung seines väterlichen Erzeugers und himmlischen Freundes von sich, von uns, bleibenderweise und zwingend besteht.

Uns gibt es, überspitzt gesagt, außerhalb dieser Vorstellung, bzw. außerhalb dieser Aufweckbarkeit, eigentlich nicht, nicht einmal regelrecht fleischlich: weil auch die Kraft, uns zu erhalten und die Kraft uns zu ernähren, so im Geiste, wie im Fleisch, in dieser, *seiner* bejahenden aktiven Vorstellung von uns liegen.[63]

6.5. Selber als Getragner und in Schwachheit kommt der Mensch zur Welt, bis das Licht Gottes ihn erleuchtet. Und in Schwachheit kommt die Welt zum Menschen, daß dieses Licht ihn erleuchte.

Es erleuchtet ihn aber ebendarin, daß er sie in diesem Sehnen und Angewiesensein auf *sein* inneres Licht erkennt; und sie nur durch dieses Licht begreift bzw. sieht. Dabei dringen „in" diesem „äußeren Einwirkungsmedium", ob sie gleich uns erst „umfingen", weil sie „stets den Anfang machen",[64] wie Clairvaux sagt, die Leidenskraft und Langmut seiner Liebe uns zu Herzen; stets in dem Glauben an uns gegründet, daß sie in diesem Herzen Grund fassen können: sich vergegenständlichend in seiner eigenen, sich selbst zu diesem An-Fang, diesem Wiederanfang „verfrühenden" Gestalt . . . Wiederanfang unseres „Eva" genannten inneren Lebensleibes, des sich einzig und allein aus seiner Liebe hernehmenden und erhaltenden Lebensleibs unserer Seele.

---

63. S. „Die Bitte". (Anm. d. Schreibers).
64. Gott läßt sich nicht vermissen, er macht sich „weder innerlich noch äußerlich rar vor der menschlichen Seele", wie er etwas später näher ausführt. (Anm. d. Schreibers).

In seinem weit-offenen Licht, welches das der geistigen Wirklichkeitskraft, der „extremen Frühe" des schöpfenden Ursprungs ist, des alles zusammenschöpfenden Ursprungs. Und zugleich das „menschliche Licht" des einselbstenden oder „verwesentlichenden" *Endes*, an dem diese gesamte „mittelweltliche", mittlerschaftliche Sakramentalität des Lebens nackt „wiedergebracht" wird: vor uns selber und in uns. Was dann eines ist und dasselbe.

Dann wissen wir von dieser Welt: sie hat uns nacheinander vergegenständlicht den sichtbar werdenden und den verleugneten, den gemarterten und den erniedrigten, den getöteten, dann den auferstandenen und schließlich den in Herrlichkeit wiederkommenden Christus, welcher allem und jedem, was bzw. wer an dieser „mittlerschaftlichen" Vergegenständlichung teilgehabt hat, Trost, Freude, Gerechtigkeit und Gnade widerfahren läßt. Immerwährende Gnade von niegekannter Tiefe, Schönheit und Qualität.

Am Anfang stand die Zukunft: alles Geschaffene und alles Bevorstehende würde der Offenbarung, ja der Verordnung des seinzuhabenden, gotthörigen Menschen dienen. Und am Ende wird die gesamte unwiderstehliche Absicht Gottes offenbar, wie sie in eben diesem Ursprung schon bestand. Ja, die überhaupt Anlaß zu ihm – zu allem Gewordenen, Erlebten und Geschehenen gegeben hat.

EZAL 7: Die Treue Gottes, 3.

7.1. Aber, nocheinmal, es ist der jeweilige, jeder Augenblick, der uns zu „irgendeinem Punkt in der maßlosen Ebene, in der die sich abzeichnenden Dinge deutlicher wirken, reingewaschener, geordneter, klarer Gerechtigkeit gemäß" (Cabral), machen kann und soll. Es ist der Augenblick der Gegenwart, der Augenblick des Seins, der wegen der in seinem Lichte ankommenden Inhärenz von beidem, Ursprung und verwesentlichendes Ende, die ich vorher meinte, deshalb so heißt, weil er, der „Augenblick" selber, diese „sehende Kenntnis" besitzt.

Das ist nicht nur seine eigene „Tiefe", seine Nichtwesenlosigkeit, sondern auch seine Heiligkeit und seine untilgbare Güte. Er webt um alle Dinge, auch und gerade um das Leidende, für Anblick und Gefühl Bedrückende, einen Lichthof der das Gesamte des Lebens gestaltenden und versöhnenden Liebe, ohne die es die Gestalt, das Herz und die Vernunft, diese allesentscheidende „gläubige Unvernunft", die wir das menschliche Licht nennen, nicht geben kann.

Menschliches Licht, das es vom ersten und von jedem - und von jedem wie vom ersten inneren Sehen dieser nämlichen *Pforte* an, in uns gibt. „Wenn auch Schatten um uns fließen", diese aber, recht besehen, mit dem vorbeschriebenen nicht-konversativen Benachten der Wirklichkeit, uns selbst, allen von uns, entsteigen und ent-strömen. Es sind Legionen dieser Schatten der Welt; sie verdanken sich dem tagtäglichen, notorischen Wiederaufrichten des Kreuzes, an das wir, in falschem Ansehen, Memorieren, Angehen und Handhaben ihrer, jede begegnete Seele *mit der sie vertodenden Gestalt unserer unerweckten Auffassung und Ansehung von ihr* schlagen; indem wir das, was in einem jeden Menschen von unserem erniedrigten Herren widerstrahlt in dieser Welt, schlichtweg übergehen, verleugnen und mißachten.

Und das tun wir ebensolange wir nicht *mit ihm* sprechen von ihr, zu ihr und über sie. Solange wir nicht *ihn* befragen über sie und bei ihm fürbitten für sie. Denn nur daraus kann echte Bestätigung und Bestärkung für sie erwachsen; aus der wahrhaftigen Intimation, der verlebendigenden *ihrer* währenden Wahrheit und Schönheit, die nur Gott hat. Nur mit seinen Augen zu sehen, nur aus seinem Munde zu hören. Die er aber unverlierbar *für sie* besitzt, ihr einmal gab und immer geben kann.[65]

Sind es doch *sie beide*, die hier sich gegenseitig kennen und einander haben. Die Braut den Bräutigam, der Bräutigam die Braut: und wir kennen ihn nur durch sie, sie nur durch ihn.

---

65. Näheres dazu ist in „Die Bitte" ausgeführt. (Anm. d. Schreibers)

So sind wir gerade unserer unaufgebbaren wirklichen Innennatur nach „gleiche" Menschen des gleichen geistigen Ursprungs und der gleichen geistigen Bestimmung, um der gegenseitigen Bekräftigung und Einlösung dieser Gleichheit willen, der dreifachen – wirklich und vollständig *füreinander* bestimmt. So sind wir einander Brot des Seins. Werden es werden, wenn wir es heut noch nicht sind.

So haben wir füreinander als gewundene, geknetete „Objekte der Erfahrung", die in sich selbst hineinweisen, wiederum in jene bestimmenden Erfahrungen hineinweisend, die *sie* (d.h. uns) herangebildet haben - und die doch als diese „Objekte" nicht eigentlich abgedrängt werden können gegen den Rand der je eigenen Geschöpflichkeit oder je eigenen inneren Wirklichkeit, wo wir als diese gewachsenen, isolierten Selbste einander *erscheinen*, – so haben wir gerade füreinander einen so wenig fragmentarischen und so wenig wesenlosen Charakter, wie der Augenblick des Seins in der Gesamtheit eines Lebens. Wie dieser Augenblick sich von der geistigen Wirklichkeit eines höheren Lichtes hernimmt, in dem sich die verschiedenen Lebensschleifen und Ich-Gegebenheiten wieder berühren, sich ganz berühren und umeinander wickeln. Im Licht Gottes geschieht das mit der seelenräumlichen Mitte, dem Bewußtseinskern, dem Innersten des Selbst; da es, das Wesentlich-Innere seiner menschlichen Mitwesen in sich fassend, dieses ihm Gleichartig-Gegengleiche „essend", kaum noch in der ersten Person zu denken und zu fühlen vermag. Indem es (*in sie* eingehend) vielmehr „auf-gehoben" wird zu der Liebe des einen umfangenden Geistes, der uns alle gemacht hat und uns alle einander gab: aber das vermöge unseres jetzt und hier gelebten Lebens.

Mag auch das endgültige unwider-stehliche Durch-fangen des Wesens des Erzeugers unseres Lebens in uns selber erst *das* Ende sein, das *uns* endigt; das uns in dem Sein qualifiziert, welches „das Leben eines Anderen, der unseresgleichen ist", in sich selbst enthält und durch sich trägt: worin sich jenes *uns* erwies. Worin es sich als das Sein des All-Einen Guten uns auch jetzt erweist, jetzt und morgen, unaufhörlich.

7.2. Das Auge des Strudels, der immer wachsende Ansog dieses rufenden Wissens, weitet sich in konzentrischen Kreisen aus, die sich mehr und mehr öffnen und schließlich alle Lebenseindrücke umfassen. Die verschiedenen Entwicklungsstufen und qualitativen Erfahrungsinhalte des menschlichen Lebens mit allen ihren widersprüchlichen, zerbrechlichen Erscheinungsformen, daseinsbestimmende und vermeintlich „einfache" Erfahrungsmomente; alles erscheint schließlich als wahrnehmbares Zeichen der aufgedeckten Heilswirklichkeit Christi des Auferstandenen, als mittlerschaftliches Zeichen des göttlichen Mittlers selbst. Als Zeichen der Anrufung und erdumspannenden Gegenwart des einen Göttlichen Nahen, der durch alle diese Dinge hindurch Besitz nehmen wollte von unserem angerufenen, angesprochen Herzen; einerlei, ob wir *ihn* hierbei schon erkannten oder anriefen.

Ausgang und Schluß dieser – der, wie wir es verstehen, eigentlich gläubigen Erfahrung und Auffassung des Daseins - ist also die Tatsache, daß der tatsächlichste Gegenstand aller menschlichen Erfahrung die von einem initialen und umfangenden Geist unseres Lebens selber durch-fangende (s.o.) Wesensgebung ist, deren Liebe, Langmut und Leidenskraft sich mit aller Konsequenz in Christus, dem unmittelbar aus diesem Geist „gezeugten" Menschen ausdrückten. Der aber im Sinne eines tiefzündenden neuen An-Fanges des Menschseins überhaupt bzw. des Menschseins jedes Menschen zu dieser Eingleichung des zeugenden in das gezeugte geistige Leben berufen wurde, was er, das Erreichen dieses neuen Anfanges, unumkehrbar vollbracht hat.

Von dem aus also genaudiese Be-rufung auf einen jeden von uns ergangen ist, ergeht. Deswegen ist die Erfahrung einer uns verinwendigten „letzten Unwiderstehlichkeit" von Gottes Werk, dem analeptischen, dem der Vermenschlichung, das, was einer jeden Seele schließlich bevorsteht.

Man muß sogar weitergehen und sagen: Natürlich müssen und können wir versuchen, seinen Forderungen an das Seinzuhabende (von uns) gerecht zu werden, wie sie in und durch Jesus Christus letztgültig sich ausdrückten. Aber: Er ist es, der die Macht hat, der

Macht über uns hat. Nicht umgekehrt. - Er ist es, der handelt, der ein- und durch-greift, der das wesentliche Verfügungsrecht des Schöpfers über einem jeden seiner Geschöpfe auch geltend macht: wenn Er es für den jeweiligen Einzelnen für angemessen hält und so beschließt.

7.3. Auch wenn das oft den Anschein genommen haben mag: Wir sind weit davon entfernt, die zwingende, nackte Daseins-Prägung, die innere Maserung des unverlaßbar gezeichneten Ichs zu leugnen. Gezeichnet durch nachhaltige persönlichste Erfahrungen von Schmerz und Glück, von Wahrheit und Verschmutzung, Mühen und Flüchen in durch und durch menschlichen Angelegenheiten oder in spezifischen Verhältnissen gesellschaftlicher und geschichtlicher Natur. Aber man muß begreifen, daß gerade das Wesen oder Medium des einen („alle Lebensschleifen ineinander verschlingenden") Lebens selber einen tiefgreifenden Wandel durch Christus erfahren hat, vor dem kein Mensch sich wirklich oder endgültig verschließen kann, bzw. verschließen können wird.

Und nur um einen Gott der Liebe, Lenkung und Bewahrung nicht mißverständlich oder sogar makaber erscheinen zu lassen, einen Gott, der seinen eigenen Weg in die Welt und zu den Menschen – anläßlich zwar ihrer eigenen Verfehlungen - auf-prägt dieser Welt selbst und, in verschiedenen Ausmaßen, unserer menschlichen Existenz, haben wir es mit der Lehre dieser „mittlerschaftlichen Dimension" unseres Lebens kurzgehalten, ohne gesondert auf das Reglement des Leides einzugehen, welches uns, dazu, innerlich aufbricht. Schon das, was uns in dieses Aufgebrochenwerden hinein aufbrechen läßt, in ein vollkommen neues und erneuerndes Leben, in dem wir errettet, verändert und unendlich gestärkt sind durch die Annahme des geheiligten Namens und der heilenden Güte des Herrn.

Aber einige von uns, die durch traumatische Erlebnisse wie den Verlust ihrer Heimat oder ihrer Existenzgrundlage, das gewaltsame Entreißen ihrer liebsten Angehörigen, oder ihrer Sexualität, ihres körperlichen Wohlergehens, ja, gerade ihrer Fähigkeit zu lieben und zu vertrauen, zu beklagen haben, daß sie, so oder durch ähnlich gravierende Umstände, beraubt und verstört worden sind in ihrem eigenen innersten Selbstbezug, deren seelischer Lebensstrang durchtrennt worden zu sein scheint, die dadurch sich in einem unüberwindlich großen Unglück wähnen: diese Menschen werden früher und näher an der Quelle des Heils sein und mit dem erneuernden Licht des Herrn Bekanntschaft machen, früher, als jene, deren äußeres Leben als solches keine Usurpationen, keine Vergewaltigungen, keine negativen Quantensprünge aufweist. Mit dem Herren: der nicht diese Dinge will oder daß sie uns, bzw. gerade uns widerfahren. Aber der durchaus will, daß wir uns von uns selbst verabschieden, wir alle. Diese Menschen sind auf andere Weise in den unwiderstehlichen Ansog der alles umwandelnden Kraft Gottes hinausgeworfen aus sich selber; mit nicht mehr oder weniger Aussicht auf ein falsches Glück und eine falsche Wiederherstellung, aber empfänglicher für den, der gekommen ist, um sein Leben für unseren Tod zu tauschen. Von den zwei unvermeidlichen Exilen unserer Seele in dieser Welt haben sie deshalb lediglich das zweite zu gewärtigen und anzunehmen. - Ich muß diesen Hinweis hier abbrechen.

(Entweder überkam ihn jetzt erdrückende Traurigkeit oder er fühlte wohl, daß er zuletzt zum Teil verworren geklungen hatte und langatmig. Er schaute mich fest und entschlossen an, so bitter mir sein Blick auch schien, als verlange er von mir jetzt etwas zwingend Notwendiges, schneller atmend. Wonach er, beinahe hechelnd, förmlich ausrief:)

O daß dir bei alledem unser Zusammenwirken und Zusammenstehen mit den freudigen Engeln des Himmels aus meinen Worten ersichtlich würde, - und mit dieser *Freude*, die nur „ins Leben" bewahrheitet, aber „nach innen" sehr wohl verscherzt werden kann.

- Nein, Albe, wir sind kein Engel und werden das auch niemals, zumindest nicht in diesem Leben, werden: Das und nichts anderes *bezeugt* diese menschengemachte, verrohte Welt in überaus sprechender Weise, mit den ersichtlich dunklen Auswirkungen auf jeden Einzelnen. -

Und insofern gebe ich dir recht: Wer diese Kennzeichnung des Daseins anzweifelt, der hat zum wirklichen Glauben nicht gefunden. Und der Glaube, den er hegt, ist eine Schranke ohne Pforte. Obschon er sie nur nicht sieht. Und darum auch nicht den eigentlichen und unbedingten Sinn des Daseins, welcher umgekehrt jene Erfordernis bedingt, die uns vorhin beschäftigt hat: die seiner Annahme und des Vertrauens, des unabgewandten Einergebenseins in dieses Leben selbst – in seinen helläugigen Strudel, der *uns* schaut . . . Der in Wahrheit uns schaut, uns schaut, wie wir in Wahrheit sind; sehr viel klarer als wir selbst es außerhalb seiner vermöchten. Der sehr genau . . .

Sehr genau durch uns hindurchsieht bis auf den Grund jener Höhe, die die geistige Geschöpflichkeit oder geschöpfliche Geistigkeit jedes Menschen ist, und die sich in der Tiefe seines Daseins bricht, indem diese *Entstehung* und ihre Verhinderungen *immer*, all-augenblicklich, in allen Lebensumständen, erfragbar sind. Weil sie kein einmaliges Ursprungsereignis war und ist, weil vielmehr das Leben selber in seiner Eigenschaft des göttlichen Einwirkungsmediums in dieser tieferen Beanspruchung steht, immer steht, sowie in einem fortwährenden „Ringen um unser inneres Licht" begriffen ist, worüber wir ausführlich sprachen.

Das Auge unseres Lebens: es durchschaut uns dadurch bis auf den Grund jener Höhe, die auch *ihn*, den Strudel, auslöste, während er nirgendwohin sonst – *hinausführt*.

Er hat kein anderes Motiv, keinen anderen Gegenstand und kein anderes „Thema", als diesen besagten Hinter-Grund; welcher *ihn* zugleich, die gesamthafte Gestalt des Strudels zum mittlerschaftlichen Gottes-Mittel macht. Und jede kleinste „Wendung" zur sprechenden großen Einzelheit.

Wenn man das erst begriffen hat, wird man auch die nämlichen vielen Aussagen dieses „sprechenden Mediums" verstehen und zu „sehen" anfangen: sich selber dadurch auf einem völlig anderen

Weg, einem Trajekt des Lebens sehend, in dem man sich Tag für Tag *bewegt* findet ...

Dann beginnt dieser Hinter-grund einen klar vernehmbaren - im besten Fall nicht mehr abbrechenden - Dialog mit dem lebendigen Herren, den er zwar tatsächlich nicht erst jetzt aufnimmt, der aber von hier an in uns vernehmbar wird und gegenständlich.

Tatsächlich drückt unser Leben immer den einvernehmlichen oder beklagenswerten Zustand des inneren Menschen als Bezeugendem oder Erlangtem der gegenwärtigen Liebe seines Himmlischen Erzeugers aus, die sich menschlich, menschenbildlich und menschbildend, in seinem „unmittelbar aus ihm gezeugten Sohne" ausgedrückt und dargegeben hat. Das heißt, nicht nur geoffenbart; oder nun gerade darin offenbar werdend, daß diese Liebe uns zur Ermöglichung ihres Aufnehmens und Erlangens in der lebendigmachenden geistigen Person des Auferstandenen gegeben ist und dient, uns begleitet und folgt, uns immerwährend und zuletzt unwiderstehlich zu Gebote steht: ebendazu.

7.4. Und ebendas, worauf sich das Leben, Künden und Sterben Christi dar-deutend, bekräftigend und erneuernd bezieht, ist das Leben dieses geistgeschöpflichen Hinter-Grundes; welches Augen *hat*, damit es sehe und Ohren, damit es höre. Eigene Augen und eigene Ohren. – Ich prüfe dich und prüfe mich selbst: Haben wir *sie* etwa wieder vergessen?

Über dem die unauslöschliche Engelsseele dieses Namens „Eva" wie unsere „andere", wie *unsere* angelische Identität liegt - die *den ganzen Garten ausfüllt*. Die sich ihrer unverkehrbaren und „unverunwirklichbaren" *eigenen* Natur nach ganz darauf beschränkt, vom göttlichen Leben zu empfangen. Nicht von uns. Aber für uns.

Wir sind wieder bei unserem richtungsgebenden Thema angelangt.

Je mehr wir fühlen und wissen, daß Er uns an der Wurzel trifft, desto mehr ist es sie, die Er in uns trifft und belebt mit seinem Wort.

Und „semen est verbum dei", Lukas 8.11: Das „Wort" und „Licht des Lebens" trifft auf nichts anderes denn diese seine ursprüngliche Hinterbringung im einzelnen Menschen. Oder besser: Es *trifft diese*, indem es gerade die schwerwiegenden eigenen Versäumnisse des Menschen und seiner menschlichen Brüder in dieser einen gegen-todlichen Hinterbringung „auf sich nimmt": um den Weg freizumachen für sie (Eva), weil er, der gewordene Mensch, ansonsten nicht mehr zu *erneuern* wäre bzw. gewesen wäre. Also verbindet Gott sich mit der Menschenseele. Aber mit der „Seele unseres Geistes" und nicht schlicht: „mit der Seele des Menschen". Denn: „*Der* ist der Bräutigam, der die Braut hat" (Joh. 3.29).

Das will sagen: Er hat nicht eigentlich zu uns gesprochen; sowenig, wie er heute, aufs Gesicht zu, in der „Gleichzeitigkeit" (Kiekegaard), uns, den geschöpflichen Menschen, sprechend gegenübersteht. Genausowenig besteht eine reelle, eine co-natural-unmittelbare Beziehung von diesem – uns unendlich unähnlichen – Gott zu unserem personalen Ich-Bewußtsein: nicht vor oder außerhalb des Hervortretens des seinzuhabenden Menschen, den Er *uns* eben in Christus menschlich *vor-lebte*.

Diese Beziehung *besteht*, unauslöschlich, unaufhörlich, aber sie besteht nicht zur toten Faktizität unseres gewordenen und selbstinventionären Ichs, für das es solange in gewisser Weise natürlich ist, daß es von seiner Welt- und Selbstliebe gesteuert wird; bis Er, Gott selbst, uns durch unser Leben und von innen her erreicht hat.

So, wie diese Dinge für die meisten Menschen vorläufig keine Wichtigkeit besitzen, so besteht auch vorläufig eine Beziehung nicht, von der man erklären könnte: „die Person des redenden Gottes und sein Wort qualifizieren uns als solche Kreaturen, mit denen Gott bis in Ewigkeit und unsterblicherweise reden will" (Luther).

Sondern: bevor wir uns ernsthaft die von ihm beabsichtigte Verwandlung unserer selbst (dieses Ichs) davon erhoffen können, daß wir uns der Botschaft des Seinzuhabenden entschieden zuwenden und „stellen" (und nur der im Innersten Ergriffene, ohnehin, begreift sie - und begreift überhaupt), müßen wir „ausziehen" aus uns, aus unserem weltlichen Exil in ein anderes[66], und lange unsere eigene unkenntliche Mitte umkreisen, um allmählich in das Berühren und Berührtwerden durch das Wesenhafte einzutreten, das auf Ihn hört und von ihm lebt. „Wer die Braut hat, der ist der Bräutigam".

Wovon wir demzufolge - und das in der ganzen Bedeutungstiefe des Wortes –vielmehr *ausgehen* können und müssen, das ist die unaufhörliche, selbstgegebene, eigentriebliche Zwiesprache zwischem diesem „redenden Gott" Christus und unserer inneren (Adams) *sonor mystica*: in der uns selbst unverfügbaren geistgeschöpflichen Tiefe eines jeden von uns.

Gerade durch die Verkündung des Evangeliums verlebendigt das jesuanische Wort mit dieser „weiblichen Innenperson" *dasjenige* innernatürlich-geistige Wesen in uns selber, das an *der* Sprache gebunden ist, in der Gott Herr und Schöpfer eines *jeden* Menschen und aller belebten Wesen als *einer* interdependenten, gemeinsamen Entstehung ist (s. insbes. *EZAL 3*).

Dagegen aber, daß unser eigenstes Leben an *deren* Erlangung und Erhaltung gebunden ist, kann nichts und niemand etwas ausrichten. Daran kann auch die gleichgültigste oder die selbstfeindlichste Einstellung unseres Ichs, unser nicht-eingedenkendes Eigendenken, nur in Maßen einer verminderten Vernehmlichkeit dessen, was *sie* (Eva) vernimmt, und einer wiedervertodend-hinhaltenden Verdunkelung, einer gehaltlosen *privatio lucis*, des ganz und gar liebegeleiteten Sehens „ihrer Augen" etwas verändern.

Die aber wurden uns in eben dieser Unbenehmbarkeit gegeben: damit wir auch imstande wären, damit wir überhaupt imstande wären, das Leben Gottes wahrzunehmen (es „zu sehen"), wenn er sich uns offenbaren würde. Und damit wir imstande wären, dieses Leben in uns aufzunehmen, wenn er uns danach in die Mitwesentlichkeit mit sich riefe.

---

66. Das spirituelle weltliche Exil, welches sich „mittlerschaftlich" beispielsweise im Erleiden des politischen Exils ausdrücken kann, stellt das grundsätzliche geistes-geschöpfliche Fatum dar, das uns die Konsequenz eines zweiten, im eigentlichen Sinne in-wendigen Exils nahelegt, dessen gewillte Annahme („Du bist dir selbst verboten") nichts anderes als die mit-tätige Überwindung des ersteren (des „weltlichen Exils") bewirken kann und soll. (Anm. d. Schreibers).

7.5 Auch im Hinnehmenmüssen, Dulden und Erleiden bedrükkender Umstände und unabänderlicher Widerstände für dieses „menschliche Licht": wir müssen uns mit ihm, mit Evas Schwäche und Blindheit[67] verbünden; oder wir vergehen uns – einerlei, wem wir es entziehen - an Christus selbst. *(Mt. 25. 34-46)*.

Inwieweit das verwickelte Netz unserer „sonstigen" Beziehungen, Erfahrungen und Wahrnehmungen, mitten im An-Sog des Einen, in dieser „Schraube des Glaubens", sich selbst als trümmerhaftes, als gestückeltes, als eher irrelationales Dasein ausnimmt, oder mehr schon als ein homogenes und erfülltes Ganzes, das ergibt und entscheidet sich darüber, ob und inwieweit das innere Geschöpftwerden, von dem wir gesprochen haben, von aktueller geistiger Realität ist; während eben der erstvorfindliche, unmittelbar gegenwärtigen Geist des Einen sich uns in der evaischen Eigenschaft sogar „früher" und „davor" kundtut.

Und Gott macht sich nicht rar vor der menschlichen Seele. Weder innerlich noch äußerlich. Er läßt uns nicht suchen, er gibt uns zu finden. *Er läßt sich* nicht vermissen: *vermissen* läßt es sich ihn im Grunde nicht. Es läßt sich ihn leugnen. Oder er ist es, der

---

67. Siehe EZAL 8, fetra 2: „Eva selbst" hat und spricht eben wegen der unauslotbar tieferen Wesensverbundenheit ihrer mit allem Lebenden eine andere Sprache, als die dieser Erscheinungen selbst spricht oder uns nahe-legt. Gerade diesen gegenüber ist der An-Sog ihres wissenden Auges unbelehrbar, „uneinsichtig", ja letztendlich blind. Die Schrift des Herzens des Menschen ist auch nicht die Schrift der Welt, die Ästheten und Literaten fesselt.
Mit dem auf den benachtet-verhängten Grund des Wesens gerichteten Inblick zieht der Strudel dieses Auges emotionale Kreise; welches Ziehen in uns spürbar wird, wie ein ebensowenig greifbares, wie stillbares Verlangen, das jedoch der denkbar einfachste Hunger der Seele ist. Es sind ihre Umkreisungen des Wollens und des unmöglichen Aufgebens dieser „weißen" Gestalt in ihrem jeweiligen Gegen-Gleichen, das zugleich auch ihr „Brot" ist, ein Seiendes, das kompartimentär zu ihr gehört; und es sind Umkreisungen des Mitleidens um dieses Gegengleichen ihrer selbst willen in dessen Verhängtsein, Unausgestaltetsein und Ausgehungert-werden im jeweiligen anderen Menschen.
Ihr Sein und diese ihre Sprache sind die des (von Gott her) seinzuhabenden Menschen und als solche durch und durch unvernünftig; aus der Sicht der Vernunft, deren Weltbild im Auge entsteht, ist dieser, der „umgekehrte" Mensch sehend-blind und imperfekt. - Aber, es ist diese „ihre" Schwäche, dieses unvollkommene Mehr und Zuviel ihrer liebenden Kraft, was Gott in uns gesegnet hat mit seinem Licht und beprägt hat mit seinem Bild." (Hinweis. d. Schreibers).

sich leugnen *läßt*, damit der wirkliche und mündige Glaube ihn finde.

Wenn du ihn also leugnest: was wundert's, wenn du ihn nicht findest?[68]

Uns ist, im Gegenteil, nichts eigentlicher, näher oder *eher* eingesenkt als seine Nicht-Sprache, als seine „hauchbildliche" Seins-Sprache, die „zwischen Herz und Herzhaut" des Menschen „fließt", wie al-Hallaj geschrieben hat.

Die nicht unbedingt in dort gehörten *Worten* sich ausdrückt, oft aber in der so freud- wie leidvollen Empfindung jener Wirklichkeit, die des nicht- und anders sehenden „Geistes unseres Herzens" ist. Besser: des aufnehmenden Lichtes unseres unabgewandten, ins Vorhandene, Widerfahrende restlos ein-ergebenen inneren Seins, das darin selbst ein „Licht über dem Scheffel" ist, daß es ein einlassendes Licht ist, wie wir erklärt haben.

Licht, welches über diese und jede andere himmlische Weisung die vernimmt, die als der eigentliche Kern der ganzen biblischen Unterweisung gelten darf:

Weil du in dem Ebenbild deines Gottes geschaffen bist, weil er selbst, dein Herr und Schöpfer, *darin* bei dir wohnen möchte - bis ans Ende aller Tage, und, immer mehr zum Ende hin aller Tage, daß er selber aus dir gehe, von dir ausgehe in diese Welt: darum *bist du dir selbst verboten.*

Dieses „Da-Sein" ist aber auch insoweit sein unverrückbares Dar-Sein, sein immerwährendes *Selbstgegebensein,* als alles, was menschliche Entwicklung ist, von jenem „gravitierenden" Pol aus, auf den sie unabwendbar zuführt, göttliche Ersinnung ist (s. insbes. *EZAL 6).* Und unser Leben aus solchen, erziehlichen Gründen der zunehmenden Ein-selbstung, der eigenen inneren Annahme dessen, was in ihrem entwerflichen Licht selbst, auch das Entworfene, eine tragende Liebe ist, ein reines Selbstgegebensein, ein Wesen der zeugenden Liebe, aus Liebe gezeugt und Liebe zeugend - aus solchen Gründen ist unser Leben das, was es ist, und *wie* es ist, -

---

68. Das heißt, hinter der Aussage: „Ich vermisse Gott", oder: „Ich finde Gott nicht", versteckt sich so gut wie immer das Eingeständnis: „Ich leugne ihn". (Anm. d. Schreibers)

im Schatten dieses einen „Engels", dieser göttlichen Ersinnung ...
Diese aber zugleich nie etwas anderes, als der unendlich vertiefbare *Augenblick* seiner ergreifenden, sich selbst vorausereilenden Begegnung.

In seiner eigentlichen Dimension ist *jeder* Augenblick des Seins sozusagen der „früheste", in dem das göttliche Leben dasjenige seiner geistigen Ansehung *erschafft*, dar-gibt, miteinemmal – *erweckt* ...

- Mach Schluß! -

Ich weiß - ich wiederhole mich. Aber, es bleibt dabei: Wir haben einen Kompromiß, eine Verabredung mit Gott, die wir nicht einmal, noch dann und wann ausschlagen können oder erfüllen. Sondern: in jedem einzelnen gelebten Augenblick in dieser Welt, in jedem einzelnen gelebten Augenblick ... - Stehen wir nackt, in der entwerflichen Macht eines Lichtes, das sich nur als Körperlichkeit seiner Anwesenheit bezeichnen läßt ... Von ihm umfangen und gewollt, aber auch vor diesem Lichte ... *ent-schützt*, in diesen Körper eingezogen - ihm *geweiht* ...

Durch jenen Geist in dieser Welt zu stehen, in sie einzutreten, der uns, einsfühlig und frisch geboren, am umgreifenden Leben Gottes beteiligt.

Da er nicht eben nur „da" ist, nicht bloß die lange Haut dieses Engels ... Noch bloß das Licht eines himmlischen Dritten im Bunde zwischen dem jeweiligen wirklichen Anderen und dem eigenen Ich ...

Sondern das Leben und der Lebendige in dem Lebenden, wie zugleich das vereinende menschliche Licht der Liebe in jedem gelebten Augenblick in dieser Welt. - Kurzum: Da überhaupt nur sein Geist *ist*, und dieser, jeder Augenblick als seine Gabe durch die Gegenwart des Gebers in sich selber seinen wahren Grund zeigt, seinen wahren Wert erhält.

In dieser Dimension des Augenblicks – nur in ihr - kann sich der Bogen unserer überzeitlichen Vorsehung und wirklichen

Geschichte schließen. Wenn wir jegliches andere Verständnis von uns selbst, unserem Leben und Gott aufgeben. Es verabschieden, für immer.

Das Denken, welches diesen vollen, neuen Wert jeden gelebten Augenblicks erkennt, ist wie *der* Mensch, der wieder unter dem zugigen Bogen der paradiesischen Pforte steht, und seine zeitlichen feuchten Kleider abstreift, die ihm unbehaglich am Leibe geklebt haben.

Es ist zurückgelangt zu der innigen Zwiesprache zwischen dem alles durchscheinenden, nackten Geist der Wirklichkeit und dessen all-augenblicklichem Kind, dem alles, was vor ihm erscheint und was von ihm erlebt und bedacht werden kann, nur „gegeben wird", um diese geistige Unmittelbarkeit zu erhalten, das heißt, in beiden Bedeutungen des Zeitwortes: sie sich ergeben zu lassen und fortzubeleben.

So nehmen wir Abschied von uns selber: um ein *anderer* zu werden, der in Gottes Vorstellung von uns und durch diese als unaufhebbar bleibende, unverlierbare Neuschöpfung unserer menschlichen Identität besteht; ausgestattet mit seinen Gaben, seiner Kraft der Überwindung des Bestehenden, alles Bestehenden (einschließlich unserer selbst), mit seinem herzgeleiteten „Verstand".

- Albe, es sei dahingestellt, ob ich an die Möglichkeit dieser Wiedergewinnung glaube; auch dann könnte ich nicht dahin gelangen und wollte es nicht. –

Warum nicht?

- Weil ich immer nur höre: Wir sind Gottes Kinder als Knechte und Knechte als Kinder. Was du auf der Seite des geistigen Menschen als eine bestimmte Art seiner Versenkung beschreibst, einer radikalen Versenkung um den Preis seiner ausgeprägten, gemachten menschlichen Identität, das erscheint mir auf Seiten des „göttlichen Geistes" als seine bzw. deren Benutzung - ja auch als deren *Beraubung*: damit eben „nur Er sein" könne . . . -

(Wieder nahm er eine Hand vor seine Augen und blickte in sie hinein, wie um einen Blinden zu mimen oder einen Anflug von Scham zu verbergen. Wonach er mit leicht erregter Stimme versetzte:)

Das ist deine Art, meine Rede zu deuten, daß „überhaupt nur sein Geist sei". Aber gerade *deshalb* sage ich nicht, daß wir nicht nur nichts Besonderes, sondern sogar nichts seien. - Sagte ich nicht vielmehr, wir seien *alles*: Wenn er doch durch uns in unsere Welt tritt aus der seinen?

Aber: das ist werkliche Folge der Verschmelzung und des Überquer-Gehens unserer beiden Wesensanteile oder „Innenpersonen". „Ist das Innere im Himmel gebildet, dann fließt alles Himmlische in Äußere ein und formt es zu seiner Entsprechung" (Swedenborg).

Wenn das menschliche Licht aus dem Schatten des „Engels" tritt, verabschiedet es sich von seiner eignen *Gegenständlichkeit* . . . . Von seinem An-sich-Haften, seiner Selbstbeformung, einer Art Übermembranisierung des Ichs, durch die der entscheidende Stoffwechsel zuvor verhindert wurde; um nun in das Leben mit dem Unzuständlichen einzutreten, das dieses eigene innere Licht des Menschen nun überall antrifft, wo es sich selbst zuvor vermutete . . .

Überall dort, wo der innere Mensch davor „sich selbst vermutend, *sie* nicht fand".

Dann nämlich - dann kann es allerdings eintreten, daß wir mit einem Schlag unsere reklusive Ich-Welt, unsere zeitlebens verteidigte „innere Welt", und mit dieser den fraglichen Leib des Denkens *verlassen,* der sich von dem „Leib der Eva", unsrem ursprünglichen inneren Lebensleib, unsren mütterlichen und schwesterlichen Engel, getrennt hatte . . . Von dann an „Sohn seiner Werke" gewesen, seiner illegitimen eigenen Geistes-Werke, und nicht der „Werke des Weiblichen", von denen Jesus in jenem bedeutenden apokryphen Wort spricht, - da es sich von diesem *inneren Lebensleib* getrennt hatte, von dem es heißt, daß Adam in seiner Liebe „das Erkennen über allen Zweifel"[69] empfing. - Es könnte dann also durchaus sein, daß wir mit einem Schlag jenen inneren „Leib" verlassen, um uns *in dem ihren wiederzufinden*. – Um neu anzufangen. Um eben neu anzufangen.

(Sicher nicht nur, damit ich auf die besondere Aussicht dieser Worte aufmerkte, in der sich alles zuvor festgestellte „Leben im Tod" versöhnlich zu erledigen schien, sprach er diesen Satz mehrere Male langsam und bedächtig, jedoch mit deutlich bewegter Stimme aus, wobei er die Augen geschlossen hielt.

Ich sann in diesem Augenblick angeregt über den triftigen Ausdruck nach, den er, anknüpfend an sein früher erläutertes Verständnis vom tatsächlichen menschlichen „Sehen", Cormenius' physikalischer Deutung des gottentzweiten geistigen Dunkels entnommen haben mochte: „privatio lucis". - Aber mit diesem irgendwie feierlich ausgesprochenen Satz schien eine weitere Hülle, eine weitere „menschliche Schelfe", wie er sich anderweitig selbst ausgedrückt hatte, von seinem Angesicht zu fallen.

Ich meine, es war sein leibliches, sein äußeres Gesicht, das mir danach verändert, sozusagen wie zu sich selbst verwandelt erschien: klarer und eigentlicher dieses, sein Gesicht.

Denn jener geflügelte schwarze Schatten, mit dessen Eindringen in seine Seele all diese eruptiven Gedanken, Empfindungen und Worte ausgelöst, oder besser, aus seinem Innern gesogen worden waren - der, wie wir schien, jetzt von seinen schmächtigen Schultern fortschnellte, dankte ihm das, das alles, mit einem sichtbaren, einem geradezu blendenden Leuchten, das seine Augen entfalteten, während die Gegenwart ihnen verschwamm, völlig verschamm.

Hiernach war er lange nicht ansprechbar. Irgendwo an einen Baum angelehnt, so gut wie taub in ein Gefühl völliger Leichtigkeit und flügelschlagartig hechelnder, sichtbarer Entkräftung eingetaucht.

Danach verharrte er wieder wie üblich zwischen dumpfem Brüten und einer sich anbahnenden, jähen Explosion.

---

69. Bezeichnenderweise nachzulesen in den Offenbarungen der erleuchteten Schwester Mechthild. (Anm. d. Schreibers)

Schließlich, als fühle er sich zu Erklärungen genötigt, die er längst, ja auch mit der gebotenen Widmung gegeben hatte, ging er in einen sehr bestimmten und sogar ein wenig verdrießlichen Ton über, während er mir den morgendlichen Glanz, diesen Neuheitsglanz seines Gesichtes entzog. - Und übrigens auch sonst die Nacht allmählich herniedersank. Man konnte die bewaldete Landschaft teilweise nur noch im ungewissen Licht der Sterne ahnen.)

EZAL 8: fetra 1.

Ich erzähle dir hier nur die wirkliche Geschichte, die es mit „Adam" und „Eva" nahm. Von der du inzwischen sicher verstanden hast, daß es sich vielmehr um *die Geschichte der Wirklichkeit* handeln muß.

Früher waren die Zeichnungen des Lebens so gemacht: Mit schwarzem Stift auf weißem Grund. Heute ist die Gestaltung weiß: in einer dunklen Nacht ihrer Erkennbarkeit.

Das ursprüngliche „Element der Wirklichkeit", das diese Tragende, Umgreifende und im eigentlichen Sinne Dar-Stellende, besteht jetzt nicht *aus* den Lebewesen, aus den diese wiederum darbildenden oder realisierenden Erscheinungsformen, jetzt besteht es *in* den Lebewesen fort: insoweit ihre „weißen Linien" sich begegnen, begegnen können, verbunden sind, ineinander geführt werden können. Aber eben: man greift diese weißen Linien kaum noch mit den Augen. Unsichtbar, ohnehin, unseren Händen.

(Nun aber fuhren seine Hände wie ringend, hastig, wie greifend und werfend in der Luft herum, während er in ein unverständliches Murmeln verfiel, aus dem ich mitunter ein wiederholtes „Amen" - oder „Aman, Aman" - herauszuhören glaubte. Dabei war er, wiederum, zu abwesend, als daß ich ihn mit der Frage nach dem Sinn seiner merkwürdigen Handlung hätte aufhalten können. - Kaum wieder in einen Zustand völliger Wachheit oder Gesammeltheit hervorgetaucht - es schien bei ihm dazwischen nichts zu geben - bat er

mich, in den nächtlichen Himmel hineinzublicken, dessen Unendlichkeit sich still und sternenbesät auf uns herabsenkte. Er fuhr dann folgendermaßen fort:)

Nicht diesen Händen und nicht diesen Augen. Das sind die Hände und Augen, die erstmals aus dem weißen Geflecht traten und es dadurch ent-stellten, es einrissen.

Das sind die Hände und Augen unseres Geistes, durch die wir uns am ursprünglichen Leben, welches eine solche ungekappte, unzerbrückte Verflechtung - oder schlicht die Nackheit des Wesens ist, um den Verlust dieser *Nackheit* verschuldet haben.

In dem, worin ihre Erblickung und Hervor-Bringung, ihre Hervor- Forderung noch bestehen kann, in ebendiesem unserem *geistigen* Sein und Wirken, sind wir jetzt ihre Debenten, ist jetzt die Bringschuld bei uns.

Für Gott, der die geistige Nahrung des Lebens bereitet aus geistigem Leben, sind wir *ein Tropfen aus Brot in den Tüchern aus Wasser* („una gota de pan en los trapos de agua"), aus deren Gewebe von fließendem Licht wir - um den Preis der eigenen „Textilität", der eigenen Allverbindung, - unser eigenes „menschliches Licht" herausgerissen haben. Deswegen muß und wird Gott aus uns etwas Neues machen in den Tüchern. Uns dahin zu geben, daß er aus uns etwas Neues mache, das ist unsere Bringschuld. Das heißt also klarer: diese Bringschuld, das sind wir selbst.

Wir haben uns dadurch an dieser Nacktheit verschuldet, daß unser inneres Leben, unser geistiges Aktzentrum sich zunehmend von der tieferen und reinen Ereignisdimension des - ununterschiedenen und rein präsentischen - „äußeren Lebens" – auf sich selbst zurückgezogen hat. Eingezogen, eingefaltet in ein unsehnliches Eigendasein, das seine „Weißheit" für *sich* beansprucht: das nicht mehr in einem kooperativen Ausrichten, Mit-Ausrichten, Be-stehen, sondern in einem raffenden Selbst-Verhältnis zu diesen wirklichen „Lebensgut" steht, welches die eigentliche Gabe, die geistige Lebenshinterbringung des einen wirklichen Gottes ist.

Wir sind damit vom eigenen Glauben an dem unverhohlen-reinen „Wesen des Lebens" selber abgekommen; als an das Un-vorstellbare, dem nur begegnet werden kann. Abgekommen von dem uns ursprünglich zugekommenen Anteil dieser Gabe: Von einem mitschöpfenden Glauben, welcher ursprünglich einem „nur wachen", nur in einem Zustand durchsichtigen Leuchtens vorgestelltem, so erst eigentlich verbindlichen Vor-Stellen, einem in mitschöpfender Weise prae-positionalen Bewußtsein eigentümlich war. Einem in bloßer Erwartsamkeit, Art brennender Geduld[70] „lebendigem Raum" des Bewußtseins, in dem sich so die selbstgegebene Nacktheit dieses Wesens unmittelbar vergegenständlichen, sich selbst auszeugen konnte.

Raum, der so „voller Identität" war, voller kompartimentärer (geteilter) Wesens-Natur, daß diese immer jeweils dort *war*, wo sie *gewirkt* hat, beziehungsweise wieder-empfunden wurde; weniger dort, wo sie sich körperlich befand. So daß gerade diese Unterscheidung irrelevant war, nicht zum Tragen kam.

Sondern: Die Wirklichkeit der Geltendmachung dieser Unterscheidung, die Ab-erkennung der sich geistig ek-statierenden („weißen") Lebensgestalt als nicht identisch mit der sensuell Erfassbaren, noch „festmachbar" *an ihr*, auf welche hin wir unsere Aufmerksamkeit abzogen von der ersteren - das ist vielmehr *die* fragliche Wirklichkeit, die die (hierin vorausgehende) Selbstunterscheidung unseres eigenen Bewußtseins von dann an *aller Existenz vor-gegeben* hat: „Dunkle Nacht der Erkennbarkeit". Benachtendes Bewußtsein.

Den Vorgang der Berührung jener „weißen Linien", durch den sie sich selbst gerade als das Andere, Nichtabschließende, Nichtzuhängende, Einende erweisen, haben wir dadurch durch das vollkommene Gegenteil der Los- und Einbringung ersetzt: die - bisweilen träumerische, bisweilen prüfende - Betrachtung einer Zeichnung. Bis hin zum Leben mit und neben dieser Zeichnung.

---

70. Ausdruck Rimbauds, auf den Albe durch Pablo Nerudas letzte Dichtungen nach dem Militärputsch aufmerksam geworden ist. (Anm. d. Schreibers).

Den Vorgang *ihrer*[71] eigenwirklichen und natürlichen Ausbreitung, ihres fließenden Austausches und der Verinnerlichung dieses lebendigen Ereignisses an sich, Vorgang, der in verschiedene Vorgänge eben „innenbildlicher", unmittelbarster Kommunikation zerfällt, der uneingeschränkten Öffnung für den und das jeweils Andere, eines, sozusagen, vollen und selbstverständlichen psychologischen Zusprechens; diese Bewegungen haben wir, von jenem „harrenden Glauben" abgekommen, allesamt durch selbstgebildete und -kontrollierte Vorstellungen, durch automatische geistige Handlungen ersetzt. Durch die reine Regelbefolgung einer „dringenderen" Selbsterwägung, angeblich, des Vor-Stellenden selbst, die nach außen und nach innen tatsächlich beschränkend, lähmend, und, wie wir vielfach erklärt haben, schließlich vertodend wirkt.

Denn um diesen wahren Kern der Dinge außerhalb unserer selbst recht an-sehen und auf-fassen zu können, glaubten wir, ihn von uns absetzen zu müssen: uns der Lebenskraft und Zerbrechlichkeit, dem hungernden und wundenhaften eigentlichen Nacktsein dieser Nacktheit, dem uns damit überbeanspruchenden bloßen Dar-Sein des Daseienden, sei es des einzelnen Anderen, sei es der Immensität des ganzen erlebbaren Lebens selbst, verschließen zu müssen, entsagen zu müssen.

Je mehr dann diese Immensität einen emotionalen Ausdruck in uns beschwor, den ihres inner-natürlichen Widerscheins in uns selber, der Sehnsucht nach Wiedervereinigung mit ihr, destomehr rutschte dieses Ich in sich, indem uns eine Sterbens-angst der neu errungenen Ichheit beschlich, eine Angst, die voll feinster Augen und Ohren ist, die nach innen gerichtet sind. Das mit dem Ergebnis, daß unser Bewußtsein eben dann, wenn wir es also am nötigsten brauchten (angesichts des „Un-vorstellbaren, dem nur begegnet werden" kann), zusammengezogen und gleichsam geschrumpft war. Eine Art Angst-Lähmung, ein innerer Stupor der Abwehr ist, in verschiedenen Graden, die psychische

---

71. Dieser „weißen Linien". (Anm. d. Schreibers).

Grundspannung, die, seither, zunallernächst uns selbst zum unerwachten, „unentstarrten Wesen" macht.

Denn jenem freigeschenkten, eigentlichen „Lebensgut" entsprach unmittelbar die Gabe der direkten innerlichen Wiederspürung aller Wirklichkeit, die darum „klar" war, völlig einklänglich und unbefremdlich, weil in diesem sozusagen wesensräumlichen Bewußtseinslicht das Fassende und das Gefasste sich nicht voneinander unterschieden. Zwischen beidem bestand eine „sehende Liebe", die, statt eines an-sich-haftenden Vordergrundes des Bewußtseins, das rein imaginale, „versichtbarlichende", das Wirklichkeit gebende Licht des Geistes, der sich ebendarin selbst gibt, *früher* äußerte und, dadurch erst und auch *sich* erfahrend - nichts dazu.

Dieses Licht war „sehende Liebe", indem es das, was es nicht besaß, besaß; und indem es das, was es selbst besaß und war, dem, was es nicht war und was sein vergegenständlichendes Licht jeweils nach *sich* frug, nur als bloßen Grund des Pausgangs anerbot, der das erfragte Bild dieses Anderen abbildete, es er-trug.

In jeder Begegnung mit dem Außen und dem Anderen war dieser Geist wie eine Frau, die ihr eigenes Haus offen, geräumt und bereit hielt für einen kommenden Freund, den sie nie zuvor – *gesehen*.

Ihrerseits so gemacht, besser: derart „gepolt", daß sich erst dann *ihr* Sein, ihre Seele entfaltete, wenn dieser Andere dann sich in ihr befand. „Ich suche nicht mich in dem Anderen, sondern ich suche ihn in mir". Mit dem Erkennen der Kenntnis, die sie von einem anderen haben würde, wenn dieser in ihrem „Haus" anfinge *zu leben*, würde auch ihr Haus sich mit dem Freund beleben. In jedem Falle ein „guter" Freund, insofern er, mit ihr vereint, also *ihr* Leben mitbildete, das als dasjenige dieses (ihn, gerade ihn) vergegenständichenden Lichtes *mit ihm* einkehrte - in ihr eigenes Haus.

Das ist die Fähigkeit des *fetra*, das mit anderem Namen „Eva" geheißen ist. Man hat *sie* nie anders denn nackt gesehen ... Und vermeinte darum, daß sie nichts Einmaliges sei. Und „nichts Besonderes".

- Nein, ich kann auch für mich und meinen Eindruck von deiner Rede nur bestätigen: Sie, „Eva", ist wirklich nicht mit unserem verstandesmäßigen Verstehen oder unserem vernünftigem Abwägen und Denken vergleichbar.
Am auffälligsten ... Und schwierigsten erscheint mir, daß du ihre *Geringheit*, Unscheinbarkeit oder Demut hervorhebst, gleichzeitig aber ihre hohe – die denkbar höchste „Abstammung" betonst. -

Hoheit ist relativ. Ich betone ihre *Co-naturalität mit Christus*, wie wir erklärt haben. Mit Dem, der, mit Kierkegaard gesprochen, uns nur als der Erniedrigte und unter den Umständen der Erniedrigung erkennbar, als derselbe, der Erniedrigte, in Herrlichkeit wiederkommen wird. Aber eben, in Herrlichkeit: dann, *wenn* er wiederkommt.

- Aber, Albe, wie kommt „sie selbst" ... Wenn ich mich schon auf diese Vorstellung einlassen soll - darauf, etwas Essenzielles in uns, wofür „sie" steht, als etwas eigenwirklich Losgelöstes, einzig und allein in Gottes schöpferischer Liebe Beruhendes anzusehen . . . - Wie kommt *sie* überhaupt zu diesem Licht ? -

Man kann nicht zu einem Licht kommen. Es kommt zu dir, wenn es Licht *ist*.
Die Antwort ist: Sie lebt von Hunger und Verzicht. Eigene Kinder hat sie nicht. Das heißt für uns: eigene „Vorstellungen", eigene Ansehungen von Wirklichem oder hinsichtlich der Frage, inwieweit und ob etwas überhaupt sei oder authentisch sei, welche Vor-stellungen be-formend, be-dingend und umbestimmend *auf sie selbst* zurückstrahlen könnten. Entweder nimmt man das Licht an und wird zu einem Kind des Lichtes, oder man wird es verleumden und versuchen, es zu löschen.
Diese beiden Möglichkeiten bestehen aber gar nicht erst *für sie;* indem das erstere geistgeschöpfliches Faktum ist und als solches gerade durch Christus verendgültigt, „unverunwirklichbar" gemacht. Sondern, das ist die Wahl oder die Entscheidung, vor der

wir, das heißt das selbst-beformte oder sich selbst herausbesondernde geistige Ich, *ihr gegenüber* stehen: Kind des Lichtes werden, der darin „aufzulösenden Werke des Weiblichen" in uns, oder brechen mit dem Licht; aber dann - dieses Mal − so endgültig und unwiederbringlich, wie es *jetzt*, jetzt bereits „unten ist": in und um uns.

Denn sie selbst ist ja Hinterbringung und lebendiger Ausfluß *jener* defintiven Selbstgegebenheit, jenes „dativen Seins", welches die Wirklichkeit desjenigen Geistes ausdrückt, der jeglichem Leben immer, fortwährend, beileibe nicht nur dem unseres eigenen Geistes, in dessen wesensmäßigen Nacktheit und eigensten Beschaffenheit vorausgeht. Der jedes einzelne Leben im hauchbildlichen Wesen seines *eigenen* inneren Lebens vor-bildet und wirklich-spricht, ehe es zu diesem lebendigen „Bild" entspringt.

Und der sich so bezeichnen könnte, daß, was er ins Licht des Seins gesetzt habe, nun sein belebtes Gegenüber sei, zugleich aber ein Teil von ihm; er aber der beide Umfassende, der diese Einheit Ein- und Ausrichtende, ihr Leibgeber: *der Vater.*

EZAL 9: fetra 2.

Also vertritt und re-präsentiert sie gerade ihn. Dem verborgnen Individuum, dem wahren Geistes-Selbst im *fetra*, sage ich - gehört gerade die Wirklichkeit „alles Anderen"; denn in mitschöpferder Weise ist es mit der göttlichen Sprache verbunden, durch die und aus der alle lebendigen Wesen fortwährend zu sich ent-stehen, allaugenblicklich in Sein gerufen werden.

Diese „hauchbildliche" Sprache ist so undinglich, so unkörperlich, so über das vorstellbar Sprach- oder Worthafte hinaus seiender und zusammengefaßter, wie es das ist, *wovon* sie spricht, ihr wirklich-gesprochener Gegenstand: die Gestalt des Lebens des Lebendigen an sich. Das heißt, diese Gestalt in ihrer wesenhaft-gegenständlichen Ausformung zum „Selbst". Nicht die jeweilige „Ding"-Erscheinung selbst, nicht das keimende und zureifende „Etwas", dessen unvereinzelten, weiteren Atem diese Erscheinung anhält: zu *diesem* je zeitlichen, je körperlichen Ausdruck. Sondern die ganze Frucht im winzigen Samen, die volle animische Gestalt des jeweiligen Lebens, in allen seinen erweckten Möglichkeiten, andere und sich selbst, diese in sich und sich in jenen zu erfahren. Das wahre Selbst, das ist die voll entwickelte Verschlungenheit seines relationalen oder „weißen" Wesens, von dem wir zuerst gesagt habe, daß es das ursprüngliche „Element der Wirklichkeit" schlechthin erhält und trägt im jeweils hervorgebildeten Einzelleben (s. Anfang *EZAL 8*).

Auf dieser „Sicht der Dinge" beruhen Wesen und Sprache Evas. Seit jeher hält und erhält sie die *invisibilis vis*, die von jedem Wesen die jeweilige, in Gottes ins-Sein-setzende An-rufung seiner beruhende innere Lebensgestalt ist. Dadurch gleichzeitig das magisch-hauchbildliche Siegel, auf dem die dem ursprünglichen Menschen von ihr intimierten Namen, die dieser den verschiedenen Schöpfungsformen gab, beruhen, wie auf diesen Namen, geradedeshalb, die inner-natürliche Sym-Pathie der einen gottgeschaffenen und -durchdrungenen Welt beruht.[72]

Wir umkreisen somit nichts anderes, als die in Gott beruhende wahre Natur des menschlichen Geistes, indem wir hier eine „Schrift des Herren" zum Gegenstand haben, die die mit und kraft unserer weiblichen Innenperson aufweckbare Schrift des „Herzens unsres Geistes" ist. Und entscheidend ist dabei, daß deren Name eines Wesens aufgrund dieses Zusammenhanges die einzige echte Vermittlung zwischen dem menschlichen Geist und diesem jeweiligen Wesen bildet.

Von diesen Namen sagten wir schon, daß sie nicht eigentlich sprachlicher oder worthafter Natur sind, sondern eben seine eigene gegenständliche Seinsnatur ergeben (Adams/ des menschlichen Geistes), der Bestimmung nach die eines lebendigen „Tem-

---

72. Diese Namen sind insbesondere von den Pansophen des 16./17. Jahrhunderts thematisiert worden. In der paracelsisch-böhmischen Linie nannten sie sie „Signaturen" und verstanden sie als Merkzeichen und „Behälter des Geistes" (J. Böhme), die in allen, auch den „darüber liegenden" Wahrnehmungsebenen zum Menschen sprechend, die verlebendigende Anrede des göttlichen Wortes enthaltend erinnern bzw. erinnernd beantworten. (Anm. d. Schreibers).

pels" dieser wahren Wesenswirklichkeit, insofern in sie hinein die jeweilige invisibilis vis „eingetempelt", d. h. con-templiert wird, und das jeweilige lebendige Wesen er-mittelnd empfangen, d. h. „medi-tiert" wird aus dichten Wirklichkeitsbegegnungen. Aber sprachhaft: vor allem da erweitert um den „Sinn der Gabe" (der „ein-getempelt werdenden"), „der das Gegebenwerden an sich ist"; dessen liebegeleitete Bekräftigung, dessen rückwirkende „Intimation", das jeweilige Wesen in dessen grundlegendem Licht und Leben bestätigt, segnet und erhält.

Von entscheidendem Ein-fluß ist dabei der unmittelbare Bezug zur Gegenwart Gottes selbst; zu dem einzigen wirklichen Intimanten und Besitzer der jeweiligen inneren Lebensgestalt, der sie uns in dieser Be-ziehung, dieser Bitte, auf-bietet als das wirklich und einzig Gebotene, insoweit und in dem Maße, als sie das ist, das Gebotene (wie insbesondere in „Die Bitte" herausgestellt).

Diese Sprache ist also tatsächlich von wesens-förmiger und wesens-kraftlicher, d. i. „animischer" Natur; nicht „geistig", sondern „Geist" *an sich*. Sie ist der wirkgeschehliche und angewandte *nexus rerum* überhaupt, in dem das „hauchbildlich" bezeichnete Wesen im Füllstand des hervorbildenden Lebens und dieses Leben wieder in seinem ursächlichen Wesen steht. Das wesentliche Licht-Gewicht, die Aktnatur des sich-erfüllenden, empfindenden und begreifenden Lebens. Soweit wir, demzufolge, dann jeweils als ein „Anderer" an dieser verbindenden *Kon*-kretisierung oder konkretisierenden Verbundenheit beteiligt sind, ist sie die Sprache unsres aufnehmenden Herzens, *unsrer* aus-zeugenden Wesenskraft, die ihrerseits überallhin dringt und raumhaft umfasst. Sprache der erleuchtenden Lebendigkeit des jeweils Anderen in uns, dessen tatsächliches und unverfälschtes Wesen selbstgegeben, bar jeder Eigenfremdheit und „nackt", ebendie „Nackteit" dieses aufnehmenden Herzens dann *beantwortet* - und füllt.

„Eva selbst" hat und spricht also wegen der unauslotbar tieferen Wesensverbundenheit ihrer mit allem Lebenden eine andere Sprache, als die dieser *Erscheinungen* selbst spricht oder uns nahe-legt.

Gerade diesen gegenüber ist der An-Sog ihres wissenden Auges unbelehrbar, „uneinsichtig", ja letztendlich sozusagen blind.

Mit dem auf den benachtet-verhängten Grund des jeweiligen Wesens gerichteten Inblick zieht sein Strudel (s.o.) demzufolge emotionale Kreise, welches *Ziehen* in uns spürbar wird, wie ein ebensowenig greifbares, wie stillbares Verlangen, das jedoch der denkbar einfachste Hunger der Seele ist. Es sind *ihre* Umkreisungen des Wollens und des unmöglichen Aufgebens dieser „weißen" Gestalt in *ihrem* jeweiligen Gegen-Gleichen, das zugleich auch ihr „Brot" ist. Ein Seiendes, das kompartimentär, innenbildlich zu ihr *gehört*, und es sind Umkreisungen des Mitleidens um dieses Gegengleichen ihrer selbst willen in *dessen* Verhängtsein, Unausgestaltetsein und Ausgehungert-werden im jeweiligen anderen Menschen.

Ihr Sein und diese ihre Sprache sind die des (von Gott her) seinzuhabenden Menschen und als solche durch und durch unvernünftig; aus der Sicht der Vernunft, deren Weltbild im Auge entsteht, ist dieser, der „umgekehrte" Mensch, sehend-blind und imperfekt. All das jedoch, was in ihrem Herzen ist, segnete Er: auch ihre Unvernunft, ihre „Unwissenheit". Und ihren Zorn. Es ist diese „ihre" Schwäche, dieses unvollkommene Mehr und Zuviel ihrer liebenden Kraft, was Gott in uns gesegnet hat mit seinem Licht und beprägt hat mit seinem Bild.

Es kommt daher für uns in erster Linie auf das nicht abbrechende, versöhnende Gebet der Paarigkeit, der *Eingleichung* an, da sich, wie wir sagten, aus der Sprache unseres aufnehmenden Herzens diese Sprache der erleuchtenden Lebendigkeit des jeweils Anderen *in uns* entfaltet, dessen tatsächliches und unverkehrtes Wesen selbstgegeben, bar jeder Eigenfremdheit und „nackt", ebendie „Nackteit" dieses aufnehmenden Herzens dann beantwortet und füllt, um von hier aus mit diesem „einlassenden Licht" und Glauben des Aufnehmenden, der es dann in sich selber, besser, als etwas *von sich selber* zur Wirklichkeit bringt, bekräftigend wiederbeschenkt zu werden: ebenjenem Anderen geschenkt zu werden, aus dem er es erst „gezogen".

Da „seitdem der Tod herrschte von Adam" (Römer, 5.14), ist dieses liebegeleitete „Tun im Geiste", gerade das, worauf es in letzter Hinsicht im Leben ankommt um des Lebens selbst willen. Es gibt nur diesen Weg der Einlösung unserer ursächlichen Bring-Schuld an seiner verdeckten Nacktheit und vertanen Unschuld, die wir vorhin konstatierten.

Tun im Geist, welches allerdings ein „Erkennen mit dem Sein" ist. Eines kraft des eigenen Umgestaltetwerdens, der eigenen Essenzialisierung zu diesem menschlichen Licht, dessen bar und ungeachtet (des eigenen Umgestaltetwerdens) wir uns nicht wirklich, noch nachhaltig für die Unschuld, Sicherheit und Heilung anderer Menschen verwenden können, einerlei, was wir mit unseren Händen, unseren Worten, unseren Taten, unserem Besitz und Vermögen, unserem Fürsprechen bei Gott oder bei anderen Menschen unternehmen mögen.

Mit oder ohne Stattfinden dieses intimativen Tuns, gibt es ohnehin „kein anderes vollkommenes Kriterium des Guten und Bösen als das ununterbrochene innere Gebet. Alles ist erlaubt, was es nicht unterbricht; nichts ist erlaubt, was es unterbricht. Es ist unmöglich, seinem Mitmenschen Böses zu tun, wenn man im Zustand des Gebets handelt. Unter der Bedingung, daß es wirklich Gebet sei." (Simone Weil „Zeugnis für das Gute, 220). Von Tolstoj stammt die Aussage, daß es „zur Förderung der Liebe unter den Menschen nur ein Mittel gibt, das Gebet – und zwar nicht das öffentliche Gebet in dem Tempel, das von Christus direkt verboten ist (Mt 6, 5-13), sondern das Gebet nach dem Muster Christi, das einsame Gebet, das in der Wiederherstellung und Erstarkung des Sinnes des Lebens im Bewußtsein um die Abhängigkeit vom Willen Gottes besteht." (Graf Leo Tolstoj und der Heilige Synod).

Die „hauchbildliche Sprache" der Intimation ist schlicht das, was sich in Evas Herz, bzw. *womit* sie sich in unserem Herzen befindet, wenn dieses eines Menschen oder anderen Geschöpfes mit vorbehaltloser Liebe andenkt. Ist das nicht der Fall, dann ist sie, deutlich weniger, deutlich leiser, die Kraft des Unbehagens und des stimmlosen Gewissens unter dem Mantel der Männlichkeit, d.h. unseres verstandesmäßigen geistigen Selbstands: des ausgespannten oder „lautenden" Gedankens, der, insoweit er nicht dem *ihren* entlehnt ist, sich nicht erst „mit ihr verbindet", insoweit schon verstörend oder zerstörerisch wirkt.

Mit der ihr widerfahrenen Bekräftigung und Segnung ihres Herzens durch Gott ist die Segnungskraft der Intimation in dieses *ihr* Herz und *seine* Sprache gegeben worden. „Ihrerseits eingezwängt und abgelegt in einem unbeugsamen Weib, von dem er (Adam) zehrt, um sich zu nähren. Und das er nährt, um immer neu von ihr zu zehren. Das ihm das mit einem unausketzbaren und dunklen Lebenstrieb vergilt, von dem er sich deshalb bedroht fühlt, weil er sehr deutlich das unlebendige Leben, den Hauch des Todes in ihm aufweist, der die ursprüngliche Einmütigkeit und die ursprüngliche Partnerschaft des Seins, insbesondere ihrer beider, verwirkt, zersetzt hatte."[73]

Alles jedoch, was in ihrem Herzen ist, segnete Er: auch ihre Unvernunft, ihre Unwissenheit und ihren Zorn. Daß die dadurch entsühnte, aber in der Nacht des ihr aberkannten Lebensraumes eingeschlossene Seele, die des Mannes „andere Hälfte" ist, unabänderlich weiblich gegeben ist, bedeutet, daß Er den Inhalt *ihres* Herzens - und nicht den seines gesegnet hat; daß Gott jenes aber um seinetwillen segnete, und, auf daß dieser Inhalt der seines werden könne, dieses andere als unabweislichen Maßstab für *sein* (bzw. unser) geistiges Leben, Wirken und Bestehen gesetzt hat. „Wenn etwas gut ist für mich, ist es nicht deshalb gut für sie".

Jede Zwischenstufe der Rückerinnerung ist von der Unterscheidung „seiner beiden inneren Stimmen" oder der Vorsicht der Vordergründigeren gekennzeichnet in dem Wissen, daß „gesagt noch nicht gehört ist/ Gehört noch nicht verstanden/ Verstanden noch nicht einverstanden/ Einverstanden noch nicht getan" (Konrad Lorenz). Getan, d. h.: geistig verifiziert. Wahrhaft gemacht:

---

73. Aus den ersten Seiten des „Alten Liedes". (Anm. d. Schreibers)

indem man es aber *zu sich* gemacht hat. Begriffen: nur mit dem *Sein*, das da be-greift.

Aber in dieser Anherrschung des Begreifens erstarkt sie selbst. „Du darfst nicht aufhören, an die Seele zu denken: Das Innewohnende, das lebt. ‚Wahrheit' ist ein Kampfeswort, immer ein kritischer Begriff (soweit du ihn nicht einfach nur als einen der Hundert Namen *Gottes* gebrauchst). Und ‚Wirklichkeit' im Grunde ein Synonym für ‚Gestalt' – Gestalt des Einleitens, Vollziehens, Erscheinens unumgänglicher Momente der Hohen Erinnerung: der Intimation. Die aber besteht wesentlich darin, sich bewußt zu sein dessen, was an der kurzsichtigen Auseinandersetzung um die ‚Wahrheit' nicht teilhat und was außerhalb der erhaschbaren ‚Wirklichkeit' leben und entstehen kann. Ohne jemals aufzuhören."

Ihre Sprache kann also unmöglich die Sprache unseres vorstellenden Eigendenkens sein, unserer selbst-geführten An-Sehungen, aus der in leiblicher und gerade und mehr noch in geistiger Hinsicht dinglich-körperlichen Trennung von dem anderen Leben gewonnen, die im wesentlichen nichts anderes und nichts mehr als „Erkenntnisse" dieses Getrenntseins sind. Das ist ein Unterschied wie Tag und Nacht.

Ja, wir benutzen den *Vergleich* zu Tag und Nacht nur um des Zugeständnisses willen an die *hier* angezeigte Sprache: denn „im Wesen" *sind* das Tag und Nacht...

Auch der diese Aussage begründende Hinter-Grund ist die allaugenblicklich erfragbare Geschöpflichkeit des menschlichen Geistes aus dem gegenwärtigen Licht des göttlichen Geistes heraus. Das wirkliche Wesen des jeweiligen Anderen besteht nur in dem Licht einer einzigen Einig- und Gastesbewestheit „zu beiden Seiten hin", wo es sich lebend empfindet und wo es lebendig eingedacht wird, einer bloßlegenden Einigbewestheit, in der sich das ursprüngliche, väterliche Licht des Lebens eigentlich oder stellvertretend *ereignet*. Hingegen ist das Übliche, das von diesem lebendigen Wesen des Anderen als dem, was es tatsächlich *ist*, abgelöste

Eigendenken „*von* ihm", von dem, was es als diese einzige Einig- oder Gastesbewestheit „zu beiden Seiten" hin ist, ein Geist der „dunklen Nacht seiner Erkennbarkeit", wie wir sagten; ja, er *schafft* diese Dunkelheit und er *führt* sie, er ist ihr an-masslicher Geist, der Massedrang dieser ihn umbildenden Nacht, die dem unverhafteten inneren Auge des wahren *Eingedenkens* jener „weißen" Verschlungenheit mit ihm, dem „Anderen", und seiner selbst lähmend im Wege steht. Wie eine undurchdringliche Wand, die dieser unser Geist hin- und herbefiehlt.

Du magst die Vorstellung grob finden, aber – so ist es - man kann es anfassen und sehen. Leider verhält es sich tatsächlich so.

Gottes direktem Einlicht in unsere geistige Wirklichkeit abzuschwören, bedeutet folglich nichts anderes, als diese Nähe und Vertrautheit all dessen, was wir *nicht* selbst sind, fahren zu lassen, sie unverwindbar verscherzen.

Uns mag sich dann ein durchaus reichhaltiges Leben der subjektiven Annäherung, des „Interesses" an diese Dinge oder anderen Wesen auftun; und doch ist dieses „geistige Leben" so tief und so lang wir *deren* innerer Sarg in uns. Und wir werden viele Freuden ihres äußerlichen und vermeintlichen Verstehens finden; so viele unwürdige, ungeteilte Freuden, wie Nägel in diesem Sarg sind. Aber: „Wenn wir von deiner Tür gegangen sind, begreife dies: daß *wir* gestorben sind" (Mir Dard).

- Ich habe aber immer weniger den Eindruck und die Gewißheit, daß du bei diesem „fetra" von einer allgemeinen Grundeigenschaft unseres seelisch-geistigen Wesens sprichst. Könnte man sich nicht darauf einigen zu sagen, daß es vielmehr eine entwicklungsfähige, aber außerordentliche Begabung darstellt, die darum nicht zwingenderweise bei jedem Einzelnen erweckt und erkannt werden kann? -

So könnte man sagen. Aber dann spreche ich von einer abgründigen Naturbegabung, die ausnahmslos jede Seele in sich trägt und die sie auch eigentlich *zu dem macht, was* sie selbst *ist*. Echte Begabungen bestehen dort, wo das Verstehen ihrer aussetzt, wo das gewillt angejochte Verstehen *nicht* versteht; sie wären ansonsten keine Be-gabungen. So verhält es sich, in höherem Maße, mit dem inneren *fetra*, einem eingeboren geistigen Liebes-Sinn, der den allem gemeinsamen Ursprung erinnert, der allein uns das wirkliche Wesen und die wesentliche Wirklichkeit aller Dinge erschließt, als empfangenes Gut - diesen lebendigen Baum der Schöpfung uns aber als Baum der Aufgaben, als den Baum der inneren Aufgaben *unserer selbst* eröffnet. Dieser Baum, das heißt wir, muß die hauchbildlich empfangenen Früchte des eigentlichen Lebens *tragen.* Muß aus ihnen bestehen. Erkennend bekennen, benennend versichernd, beteuern und zusichern jedem, der „sich von ihm nährt": alles wird und muß *sich selbst* bei uns finden oder erfragen können. Geradeweil und obschon diese Früchte benachtet, unbeachtet in der Welt erscheinen durch den räuberischen und scheidenden Blick, der das Äußere des unerkannten Inneren entkleidet. Der mit dem ihrer wahrhaftigen Lebensgestalt entgegengesetzten Anschein *in sie* einzieht. Den der an-massliche Geist des unsehnlichen und sich selbst dienenden Lichtes gerade *ihnen* zu-fügt, an ihnen zurückläßt.

Aber es ist diese Sprache, die man uns lehrt und die wir sprechen, eine gestückelte und tote Sprache der „Gesichertheiten", der Abdefinition, des „Empirischen", die weder in unserem eigenen Inneren, noch im Licht des Lebens selber wiederklingt:

die nicht die hauchbildliche Sprache Gottes ist, und die, obschon sie angeblich von diesem vermittelnden Leben Gottes spricht, nur sich, den Hauch des Todes fortzeugt, und sonst nichts.

Ich schreibe deine traurige ... Seltsam unmotivierte Antwort - als würde sie dir von irgendwoher zugeflüstert, „diese Eva nicht zu kennen", nicht nur der bedrückenden Last der *lingua mortis* zu, die uns gelehrt wurde.

Aber dir wurde eine andere Eva gelehrt, weil dir ein anderer Jesus gelehrt wurde. Und in dem Maße, als dir ein schmeichlerischer, begütigender Gott gelehrt wurde, der von deinem eigenen Inneren losgelöst und abgetrennt bestehen soll, ist dir eine tumb-gegenständliche, stimmlose, sogar verwerfliche Eva gelehrt worden.

Und wenigstens *diese* lingua mortis, um deiner selbst willen, um zu deinem eigensten inneren Grund durchdringen zu können - mußt du abtun, du mußt dich ihr geradedann verweigern. Weil sie aus nichts denn „Überlegungen", darüber liegenden, besteht, die darüber hinaus andere Unerwachte anstrengten. Teilweise im vollem Bewußtsein dieser Tatsache, teilweise ohnedaß sie es bemerkten, sind sie, hochgradig intelligente Menschen, den Katzen des Nachbarn ins Garn gegangen und haben gemeinsame Sache mit ihnen gemacht. Also vergiß sie. Vergiß diese verbotene Theologie. Denn *macharibajich mimmech jezéu*, Jes. 49,17: „Deine Zerstörer ziehen von Dir aus (gehen von Dir selber aus)."

Auch unsere Ausbilder werden „einen Teufel tun", uns das alles zu lehren. - Daß, insbesondere, mit Eva - und also übrigens auch mit dem ursprünglichen Wesen der Frau, ihrem tiefsten Enfluß und ihrer wahren Bestimmung im Leben, die seelische Tochter des heiligen Geistes gemeint ist, die Jesu - und also des gottgewollten, „gotthörigen" Menschen - Mutter, Schwester und liebende Braut ist, sowie des Menschen innerstes himmlisches Selbst.

Daß sich in unserer eigenen Seele, wenn dieses „andere Selbst" zu uns spricht, die unauslöschliche Wirklichkeit eines liebenden und lenkenden Wesens dartut, welches der heilige Geist allein - mit seinem Atem zaubert.

Nur, welche Höllenangst bereitet uns das Himmlische mit seinem *lichtenden* geistigen Licht! - Wie weh tut überhaupt uns alles *Wahre*, alles unverfälscht, arglos vertrauend, kind-haft in dieses Leben Einergebene ... So *der* Zustand. —

Ja, denn der Zustand, in dem der Mensch seinen eigensten und tiefsten Lebens-Grund bezeugt, hat eben die ungeheuerliche und nicht leicht verkraftbare Besonderheit unserer eigenen Durchscheinendheit oder „gehaltenen" Auflösung, indem der Vorgang dieser Vergegenwärtigung, dieser lebendigen Intimation, *identisch* ist mit dem Vorgang ihrer Vernehmung, ihrer geistigen „A-divination", dem des Wahrnehmens und Einlassens der göttlichen Realität: indem diese also „auf beiden Seiten" selbst das aktive Subjekt ist.

„Vernehmung", erklärt etwa auch Heidegger, den du erwähntest und der eine Bestimmung des Wesens des Menschen „aus dem Wesen des Seins selbst" unternommen hat, Vernehmung sei „nicht eine Verhaltungsweise, die der Mensch als Eigenschaft hat, sondern umgekehrt: Vernehmung ist jenes Geschehnis, das den Menschen hat". Daher sei noch in den eigentlichen Ursprüngen der abenländischen Philosophie, bei Heraklit und Parmenides, nicht ausdrücklich vom *Menschen,* „sondern immer nur schlechthin von *noein,* von Vernehmung, gesprochen" worden.[74] Wenn aber in der Selbst-Vergenwärtigung dieses „Wesens des Seins selbst" sich das allumfassende väterliche Wesen des einen himmlischen Geistes bekundet, indem dieses, wie ich sagte, auf beiden Seiten das eigentlich und gleichauf aktive Subjekt ist, bedeutet dies, daß der in *seine eigenste, nackten Selbstheit,* seine letztinnere Nicht-Zweiheit oder „Nichtandersheit"[75] versetzte Mensch diese geschehende, ihm zugeschehende und unmittelbare „Gotteserkenntnis" - *ist:*

indem ihr Geist dann vor sich geht, indem sie ihm als sein eigenstes geistiges Leben geschenkt wird oder „zugeschieht". Dieses Leben aber nun gerade sein eigenes Bild gegen die Wand eines einzigen erfüllten „Wesensraumes" kehrt, welcher voller Identität ist oder niemandes insonderheit (wem wird gegeben, wenn allen gegeben wird?), sondern derjenige des hauchbildlichen Gegenaufweises, der vollständigen Eingeschmolzenheit, der lebendigen „Nacktheit" eines jeden anderen Wesens in dem seinigen: all dessen und all derer, die der eine Vater enthielt, eh er sie schuf, umfangen hielt, da er sie schuf.

Umfangen *hält,* da er sie in der tieferen, wahren Dimension eines jeden gelebten Augenblicks ans „bloße" Licht des Daseins zieht; und in jener „extremen Frühe" ihrer nackten Wesensanmut wiederschafft, die Adam und Eva erleben konnten...

---

74. „Einführung in die Metaphysik, IV., 3. (Anm. d. Schreibers).
75. Cusanus (Anm. d. Schreibers).

So tritt *er* nun dem Menschen in diesen lebendigen Wesen selber entgegen, daß die in ihm erweckte „sehende Liebe" seinen wesentlichen Mitbesitz am Leben Gottes selber gründet und ihm zugleich *seinen* eigensten „geistgeschöpflichen" Grund erst offenbart.

Da er dann, der Mensch, diese soverstandene „Gotteserkenntnis" *ist*, geht es bei der letzteren auch mitnichten um eine intellektuelle Erkenntnis „über" der sonstigen Schichtung seines Wissens und Empfindens, seines gesamten seelischgeistigen Seins oder bloß seines vorstellenden Glaubens.

Vielmehr mag man sich noch soweit von diesem Wirklichkeits-Zustand entfernen, sich seiner letzten Unausweichbarkeit, der der eigenen Umwandlung, hinter tausend stolzen Masken entziehen, unter denen wir allein, verwirrt sind und in Furcht; und doch bleibt und wird unsere eigene Geschichte die dieses „geistgeschöpflichen" Hintergrundes. Und doch ist es *seine* Vermissung, an der unser geistiger Selbstand letzlich auch zerbrechen wird, *wenn* er zerbricht. Und doch ist es dessen gewillter *Dienst*, der dieses Hinter-grundes,[76] der unsere eigene Pre-Servation - unsere eigene mögliche Wesenserfüllung uns ermöglichen wird. Wenn wir sie finden.

Wir glauben, daß Gott gerade diese Schwierigkeit gekannt, „erkannt" oder „bedacht" hat und danach letzlich gehandelt. Ja, um nichts anderes, als der Ermöglichung der Wiederherstellung oder Rückgewinnung dieser Unmittelbarkeit willen, begab und begrub sich seine „sichtbar gewordene Liebe" in dem Leben und Sterben Christi zu uns, um in jenem wahren und wirklichen Selbst der „menschlichen Erde" die nichtverschleißende, die immer unerinnerliche Neuheit seiner wunderbaren Weisung zu einem offenen Leben der Liebe und des Vertrauens herzurichten. Der uneingeschränkten, selbst-verständlich aufopfernden Öffnung füreinander aus dem Vertrauen in jene höhere Macht des Geistes, die wir weder in uns selber, noch in der Welt und im Leben greifen können mit den Augen, sehen können mit den Händen. Aber: ausrich-

---

76. Konkreter: der Dienst Evas oder der Dienst an ihr. (Anm. d. Schreibers).

ten, ausweisen, leben, empfangen, in allah unserer bekannten Abhängigkeit von ihr.
Eine wunderbare Weisung, die sich daher wenig dazu eignet, fortwährend bedacht und diskuttiert zu werden: die *nur* gelebt werden kann, damit sie ganz vernehmlich, *noch* vernehmlicher und von mal zu mal auch „früher", sozusagen, in uns werde . . .
Bis „ihr den Anzug der Scham mit Füßen tretet, und wenn die zwei Dinge eins sind, und das Auswendige wie das Inwendige, und das Männliche mit dem Weiblichen, so daß es weder Männliches noch Weibliches gibt. (Denn) Ich bin gekommen, die Werke des Weiblichen aufzulösen".[77] - Aber: Diese positiv zu wertenden Werke als uns eingeselbstete Bewegungen in das eigene Herz uns zu schreiben, das sich dann, darum, nicht mehr wie ein anderes betrügen läßt - oder *verlieren* . . .

- Das alles klingt für mich irgendwie so, als hättest du dich gerade verliebt. Heftig verliebt. -

Das habe ich. Obschon mich der Geliebte auch gelehrt hat, daß meine verliebten Augen Fische der Jüngerschaft sein müssen. Daher ihr trauriger Schnitt. Und die Nässe. Er ist ein unendliches Meer, in dem ich „lebe, bin und mich bewege". Und ich werde untergehen. Nein, ich bin untergegangen. Denn ich bete nur noch offen, nur noch in meinen Gedanken. Daß heißt, ich tue nichts anderes mehr in ihnen und mit ihnen.
Aber weißt du, was sie darauf sagten?

- Wen meinst du? -

Die Katzenhalter. Ich meine, ich las ihre Gedanken. - „Wenn du, von Gott sprechend, von Dingen kündest, die dich aufregen, bist du gefährlich, Poncho-Mann. Du bist gefährlicher als Gott."

---

[77]. Dies ist nach einem apokryphen Jesu-Wort die Anwort auf die Frage der Salome, wann der Tod ein Ende haben werde und das Reich Christi gekommen sein werde. (Anm. d. Schreibers).

(Das ungute Gefühl, daß unlängst meine Stirn durchkältete und schwere Steine in meinem Kopf aneinanderrieb, verursachte, daß ich schließlich und endlich zu alledem nichts mehr zu erwidern fand. Und als ich doch, nach diesen seinen letzten Erklärungen, den mir durch sein Stillschweigen gewiesenen Raum einnahm, geschah es, daß mir meine eigene Stimme eigenartig fremd vorkam, daß sie mir, als wäre es nicht wirklich meine Stimme, auch eigen-artig – miß-fiel. Sie mißfiel mir in dem Maße, als mir auffiel, daß ich in die selben nutzlosen Spulen hineingeriet, an denen sich meine persönlichen Vorbehalte schon mehrfach aufgezogen hatten im Verlauf unsres Gesprächs.

Schwerer aber wog die Tatsache, daß mir seine Grundhaltung, diese restlos gläubige Haltung durchaus, unmittelbar, einging - während ich die Gründe, die mich dennoch davor abhielten, ihr innerlich endlich Rechnung zu tragen, nicht erkennen wollte oder konnte, nicht zu hinterfragen wußte.

Dies lastete jetzt wie ein schwerer, dunkler Flügel, wie der fremde Atem eines Dritten auf meinem Inneren. Als habe sich eine neue, feindliche Gegenwart in mein Bewußtsein eingeschlichen, seinerseits eigenartig stumpf, eigenartig schwer und unwillig, nicht zu verwechseln mit der längst eingetretenen Ermattung. Während ich meinen eigenen Worten zugleich wie dem bitterscharfen Urteil eines vom gewillten Glauben - ja, vielleicht vom Leben überhaupt Enttäuschten zuhörte.

Dieses Gefühl begleitete im folgenden alles, was ich auf seine weiteren Darlegungen erwiderte - jedoch auch dasjenige, daß mir meine Zunge ein ums anderemal nicht gehorchte. So gelangte ich in einen schwer benennbaren Zustand hinein, der jener Art von spiritueller Inbrunst oder Besessenheit, von sozusagen automatischem Sprechen, die ich an ihm feststellte, vergleichbar war; nur, daß sich meiner eine völlig andere „Stimme" bemächtigte.)

- Und siehst du, eher scheint mir der Gott, den du zeichnest, gefährlich zu sein. Und zwar nicht nur für dich. Wenn du den ursprünglichen Zustand der ausnahmslosen göttlichen Lenkung und Bewahrung für erlangbar oder für behauptbar hältst in einer Welt, die keinen Anhalt für einen solchen Geist bietet, der lenkend „unserem Leben vorsteht", sondern unmißverständlich dem Gesetz von Geburt, Altern und Sterben, von Sorgen und Fehlern, ja auch einer Art Gemeinheit des Lebens unterliegt, die wir nicht einfach wie Regentropfen von uns abzuschütteln fähig sind, sowenig wie all das andere - da es *tatsächlich* „Erdreich" ist, was unaufhörlich auf uns niederregnet, niederprasselt ...

Und wenn du diesen Widerspruch nun noch dadurch zu beheben suchst, daß du erklärst, jenes Licht könne am verhängten Grund unserer selbst gefunden und erlangt werden, wir aber diesen nicht begreifen könnten und nicht kennten, ehe wir nicht uns von den Deckschichten des Netzes der Beziehungen und Abhängigkeiten lösen konnten, in das wir durch Herkunft, Geburt, körperliche Konditionierung, Erziehung, prägende Erlebnisse und vieles andere eingebunden sind; dann, mein Freund, führst du die Blinden an die Klippe und überlässt sie dort sich selbst.

Denn der Mensch, den du zeichnest, existiert nur in dem nie endenden Streben nach einem unerreichbaren, nur in der Vorstellung lebenden Licht, aber gerade darin geht er seiner eigenen Persönlichkeit verlustig oder besitzt nur eine solche, die in aller ihrer Fülle an *einen* Gedanken versklavt ist, einäugig und einarmig gemacht durch das eine Ziel und Wollen, im Dienste dieser Idee zu leben - oder überhaupt nicht, während sie ihn nur immer weiter von der Bürde und Mühe der besonderen Verhältnisse abwendet, die ihre gewachsene Gestalt, ihre eigenste Wirklichkeit bedeutet und herausgebildet hat. - Trotz all der Tiefe deiner Einsicht oder deines Glaubens werde auch ich nicht den Eindruck los, daß du unter dem schweren Einfluß einer unstofflichen Droge stehst, die dir die ungetrübte Sicht auf diese faktische, sehr gegenständliche Gefahr verschließt, während und weil er *dich*, sozusagen, vor ihr – *versiegelt* ... -

Und darum darf und muß ich nicht zwölf gute Menschen um mich sammeln. Wenn mir schon *mein* Leben entglitten ist ... Wie du durchaus zutreffend sagst - sollen es die anderen nicht. Ich möchte nicht die Welt verändern, sondern mich. Und ich führe niemanden nirgendwohin. Gott führt uns alle.

Erst wenn die Klippe, an der jeder von uns steht, in den nächtigen Abgrund, den *du* siehst, hineingerissen wird, fällt auch der Baum, den alle bilden und, in corpore, jeder Einzelne auch für sich. Es kommt aber gerade darauf an, mit welchen Augen wir aus uns hinaussehen. Und *was* wir, demzufolge, erkennen.

Schließlich: Soweit ich etwas Förderliches zu diesem gemeinsamen Bestehen beitragen kann, wird es gerade von jenem „Netz der Abhängigkeiten und Beziehungen" empfangen und befördert werden, von dem du, glaube mir, eine völlig verkehrte Vorstellung besitzt. Verkehrter noch, als die, die du von *meiner* Vorstellung von ihm besitzt.

Du zwingst mich zu immer neuen Verflechtungen von Ausdrücken und Bildern, die doch alle einen und denselben wahren Seinszusammenhang beteuern. Ich muß inzwischen ernsthaft an deinem inneren Auge zweifeln.
Ist es doch auch *das* Netzauge. Und ist doch das nämliche Netz, soweit es *dich* auch einbeschließt, gerade auch das dieses, deines Auges ...
Was ist es dann also, Matéo, was *du* siehst? Was ist es dann, was du stattdessen siehst?

(Ich hatte, wie gesagt, eigentlich nichts mehr zu erwidern. Aber in mir regte sich diese besagte Stimme, bahnte sich ihren Weg, unwiderstehlich, bis zu meinem sprechenden Mund:)

(>> Ende des Buches „Das Alte Lied". Übergang zum laufenden Text Levitationen, III. Teil:)

- Eine wehrlose, verstoßene Kreatur, ein elternloses Kind, von irgendeinem Finder abgegeben in einer großen Bahnhofshalle. Lärm und Schreie, Hast, eine unbeschreibliche Irrsal drumherum. Das Kind weiß nicht wohin, erstarrt vor Angst, mit seinen weit aufgerissenen Augen. Dann schreit es selbst, es schreit und schreit.

183 || Ergänzungen Zum Alten Lied: EZAL 1 - 9.

Es ruft inständig und voller Verzweiflung nach seinem *Vater*, seinem Vater, der sich in Luft aufgelöst zu haben scheint...
Oder etwas wie eine große aufrechtstehende Eidechse, eine schwarz- und feuchtglänzende, unnahbare Gestalt mit agressiven, fahrigen Reflexen, halb Mensch halb Tier. Kein Monstrum, eher eine unentschiedene Schöpfung, die von beidem etwas hat, die sich selbst noch nicht gefunden zu haben scheint. Ich sehe dieses Wesen eingeschlossen in einen Käfig, einen riesigen Käfig, riesig aber – unsichtbar. Eine Art gläserner Container von unbeschreiblichen Ausmaßen, gewaltigen Ausmaßen, größer als es sich vorstellen läßt...

Ich sehe diese beiden Gestalten, erst die eine, dann die andere. Und ich weiß, daß ihre Schicksäler zusammenhängen. Daß sie vielleicht ein- und dasselbe Schicksal bilden, fühle ich...

Du erwähntest vorhin selbst einmal diese „bedeutungsvolle Leere". Die „grausige Gegend" um den Ekliptikpol, die ewig leere Mitte, den unausgebauten Kosmos. In einem sozusagen diabolozentrischen Universum. „Letzte Tiefe", die nach Dante der Tartaros ist, wo Luzifer selbst im Eis erfroren ist. Bei aller Vollendung dieses bewegten Kreisels hören wir immer das Brüllen das Malstroms, der dort hinabführt. – Für das Menschenkind, welches der Himmel verstoßen hat, gibt es kein Ausweichen und nur zeitweiligen Trost. Aber es hält sich aufrecht, es beschenkt sich selbst mit farbigen Träumen und versöhnlichen Illusionen; es flieht, zunehmend, in sein Inneres, um das Brüllen des Malstroms ertragen zu können. Es träumt und zehrt von anderem, das es nicht gibt, um wenigstens sein eigenes Leben atmen zu können, zum Dasein verdammt. - Aber vielleicht,...

Vielleicht ist es auch so, daß du mich nicht verstehen *willst*. Ich glaube schlichtweg nicht, daß die Welt gut ist - wie du letztendlich behauptest. Ich glaube, daß sie wahnsinnig ist in ihrer Verdorbenheit und Mitleidlosigkeit. Mitleidlos in ihrer fortschreitenden Auflösung jener einstmaligen Einheit, die nur von ferne noch erinnert wird - erkaltend auf immer weniger zugänglichen Inseln; was eben *deren* behauptete oder besser erkämpfte Einzigartigkeit belangt. „Eine Welt" - das gibt es nur noch in der *Perzeption*.-

Das ist zu sagen: *la ilaha*. Das schließt das Bekenntnis zum Unglauben ein.

- Dann tut es das. -

Ein Ineinandergeboren-Werden.

(Begleittext Beg 6, Buch Levitationen)

Das Wandlungsgeschehen, die singuläre Wandlung setzt an zwei Polen in uns an und löst von diesen beiden Polen ein Sich-ineinander-Entwickeln beider „Innenpersonen" aus, die voneinander „tingiert" oder beprägt werden; und zwar durch das, was sie an und für sich, in ihrem Wesen stehend, sind.

Zwei Prozesse kombinierend: „Löse das jeweilige von sich selbst, sodann führe es in seiner Reinheit dem jeweils anderen zu".

Beide „Innenpersonen", männlich und weiblich, bleiben dabei weiterhin zwei (das eine in diesem Spannungsfeld oszillierende seelische Leben hervorbringende) Pole, deren Energien ebenso aufeinander gerichtet, wie einander entgegengesetzt sind. Diese „lebenschaffende Polarität" wird nicht aufgehoben, sondern geht ein neues Verbundensein ein. Es soll das eine *in dem anderen* eingeborgen werden gemäß seiner umschließenden Stille und wirkenden „Unsichtbarkeit" (s.u), und jenes seinerseits *in diesem* gegenwärtig, bzw. „sichtbar" sein gemäß seiner elementaren Durchdringungs- und Erfassungskraft, die immer Einselbstung, Selbstgestaltung des geistigen Menschen bedeutet, bzw., dessen „Sichtbarkeit" an sich.

Beiderseits ist das erweisbare *Wesen* (s.o.), in dieser Demarkation, freizusetzen und zu betrachten, ehe es eingebracht werden kann in die neue Verbindung. Darum gibt es auch eine werklich notwendige Zeit der Trennung und gegenseitigen Vorenthaltung, in der Gott der Soverfügende ist; die darum nicht mit dem grundsätzlich zu beklagenden Entwest- und Entfremdetsein der einen bzw. mit der widernatürlichen Verselbstigung der anderen „Innenperson" zu verwechseln ist.

Dieser Vermissungszustand, diese Gespaltenheit bestehen früher und grundsätzlich. Sie sind sozusagen unser anthropologischer Status; und auch eigentlich Anlaß des Werkes. Gegensatzvereinend und gegensatzverneinend ist, dennoch, das Element des Sich-Gegenseitig-Wollens der beiden „Innenpersonen": eine trotzdem nicht abwendbare Gegenwart der Liebe, die, auch hier, in dem Bewußtsein liegt, gesehen zu werden oder sich im jeweils anderen zu sehen - wie die Bibel sagt, zwei Liebende „erkennen" sich; bei gleichzeitigem Wollen und Angenommensein des Anderen in seinem So-und-nicht-anders-Sein. Das Zuwerdende, Zustande-Kommende, und das Gesuchte, das innere Lot, liegen von Grund auf in diesem liebend-wollenden Impuls. Das erfüllte Grundbestreben somit nicht in der Gleichheit, Gleichförmigkeit des jeweiligen Gegenbildes, sondern im gemeinsamen und ein-helligen *Leben ineinander*. In keinem Tausch, keinem gegenseitigen Ersetzen: sondern in einem Ineinandergeboren-Werden.

In diesem ersten Knospen, diesem nicht abwendbaren Maß der Liebe unserer „beiden Innenpersonen" zueinander besteht etwas ganz Ursächliches, in dem sich weder „er" noch „sie" beweisen oder gesondert erfahren. Es ist das, wodurch sich vielmehr das göttliche Agens als initiale Kraft der Wandlung einbringt.

Es ist Gott, der uns begreifen macht, daß wir in dieser besagten Spaltung, die zugleich unser Abgespaltensein von ihm selbst darstellt, in der Niedergeschlagenheit noch unerweckten inneren Lebens und in der „Traurigkeit der Welt" verharren, die zur Erstarrung des Herzens und zum Tod führt (2. Kor. 7, 8-10). Es ist Gott, der unmittelbar oder durch bestimmte Umstände, Veränderungen, durch andere Menschen, Gestalten und Stimmen unseres Lebens, in uns ein existenzielles Begehren nach seelischer Ganzheit und Erneuerung erweckt, welches sogar kranke und panische Ausmaße annehmen kann, wenn es wahllos verdinglicht oder „objektiviert" wird. Es kann uns nocheinmal spalten und noch tiefer verwirren, wenn es nicht letztendlich auf seine Gegenwart, auf sein Licht ausgerichtet wird, welches das Licht unserer Widerspiegelung in der ursprünglichen mann-weiblichen „Ebenbildlichkeit"

187 || Ein Ineinandergeboren-Werden.

ist. Denn deshalb, weil wir animisch, d. h. geistes-geschöpflich in diesem Licht begründet, ja, gemacht sind, ist auch einzig und allein in dieser Wieder-Spiegelung Stillung, währende Kraft, Heilung und „Errettung" für unsere Seele.

Man ist häufig versucht, diese Dinge anders zu deuten. Aber in dem ganzen Prozess gibt es nicht einen Schritt, den nicht Gott selber durch entscheidende Veränderungen, zum Teil scheinbar belanglosen, scheinbar erdrückenden Veränderungen in unserem Leben oder in unserer inneren Selbstwahrnehmung auslöste. Wir müssen sogar ausdrücklich erklären, daß dies das ist, was der Herr mit seinen Kindern macht. Wir können nichts dafür und nichts dawider, denn Er tut es. Und er tut es mit den Werkstoffen, die ihm, einem geistigen Gott, unmittelbar zur Verfügung stehen, an denen sein Tun manifest wird.

Ohne diesen „Aus-Löser" also blieben beide „Innenpersonen", Kräfte oder Stimmen Kontrahenten, richtiger, Kontradizenten in der einen Seele und des einen Entwicklungsweges, der der Weg aus dem „anthropologischen Status" der Ichspaltung ist, in dem wir uns grundsätzlich befinden. Wir befinden uns in jeder relationalen Hinsicht - zwischenmenschlich, gesellschaftlich, körperlich-geistig und religiös in diesem Status, weil wir uns in animischer, geistesgeschöpflicher Hinsicht in ihm befinden. Das bedeutet es, dieses Eingeständnis, zu sagen, daß Gottes Sein und Gegenwart unsere erstumständliche oder erstvorfindliche Realität ist. Und wenn wir das nicht sagen können, können wir keinen Glauben für uns beanspruchen. Das aber, diese Tatsache ist es, was uns zu Gottes Kindern macht. Und diese letztere, was uns in jedem Fall bestimmt und vorsieht für das Werk der Wandlung.

Aus der Sicht dieses Aus-Lösers aber, dieses „ersten Anderen", wird das Ziel verfolgt, welches in nichts anderem, als in dem Durchfangen und Ankommen seines eigenen Wesens besteht; jenes, der sich bereits in jenem initialen Impuls, in jenem „nicht abwendbaren Maß" des gemeinsamen Ganzheits- und Lebensbegehrens unserer „beiden Innenpersonen", in der vermittelnden

Gegenwart solcher *Liebe* ausdrückt. Das Werk ist somit Wiederaufnahme unserer Erschaffung „in seinem Ebenbild; als Mann *und* Frau". Und dieses Werk ist es, was wiederaufgenommen worden ist durch Gottes Wirken in Christus.

Wir sprechen hier nicht, nochmals betont, von „ober- und unterbewußtem Ich" oder über „Eros" und „Logos", sondern von unserer urtümlich-überzeitlichen *inneren Doppelgeschlechtlichkeit*, die Gottes Ebenbild bereit-hält und repräsentiert. Und mit diesem erst den wirklichen, von diesem immerwährend-überzeitlichen Ursprung her seinzuhabenden Menschen.

Das erste, was Christus überhaupt tut bzw. an Zeichen seiner „Vollmacht" wirkt, ist die Verwandlung von Wasser zu Wein auf der Hochzeit zu Kana. Dies ist die symbolische Einsetzung der weiblichen Innenperson in seine, des gottherig, gotthörigen Geistes, Eigenschaft; des Weiblichen, zudem, das zur Vermählung mit dem Mann-Geist, ja, zum Verschwinden in diesem („Wasser zu Wein") bestimmt ist. Die doppelte Sinnhaftigkeit mündet in die Beteuerung: Er selbst sei es, Gott-Christus, der hier, also um des geschöpflichen realen Einzelmenschen und seines Geistes willen, sich mit dessen ihm, Gott-Christus, co-naturaler Seele vermählt (mit der „Seele unseres Geistes" und nicht schlicht: „mit der Seele des Menschen"). Überaus auffällig und merkwürdig ist in dieser Szene eben, daß von Braut und Bräutigam, den Einladenden, praktisch überhaupt keine Rede ist.

Die weibliche Innenperson repräsentiert Christus, bzw. die empfangende und empfangene Hingabe der Seele in ihrer Conaturalität mit Gottes Eingeborenem Sohn. Ihr Überquer-Gehen ins Gegenbildlich-Männliche ist *umschließende Extroversion*.

Die männliche Innenperson repräsentiert das weltliche „Du", bzw. das sich selbst und lebensgeschichtlich bestimmende, mundane Ich der einzelnen Seele. Dieses ist Gegenstand der (weiblichen) Intimation und „geschöpflicher Ort" der Verwirklichung ihres „menschlichen Lichtes", welches dadurch, kraft dieses „Ortes", gerade in der Welt (genauer: seiner Welt) verwirklicht werden kann. Ihr (sein) Überquergehen ins Gegenbildlich-Weibliche ist *durchdringende Introversion.*

Gott

„Frau"   „Mann"

Das weltliche „Du"

Verschmelzung und Überquer-Gehen beider Wesensanteile: Wer das Göttliche ernsthaft anerkennt und sich von ihm führen läßt, tut das mit dem zunächst gänzlich Anderem und Unganz-Anderem seiner selbst (bzw. in sich selbst), das von Gottes Eingeborenem Sohn an-gerufen und be-flammt ist („la llamada"), der männlichen Innenperson seine Leitung, Erweckung und Bewahrungskraft zu eröffnen.

Das bedeutet, insbesondere die männliche Innenperson, welche wesenhaft Gestaltbarkeit und Erkennen ist, muß um der Ganzwerdung der (einen) Seele willen „sein Weib", als solches (das seine!), „erkennen".

Dadurch, durch sie in seinem Innenweg auf-suchende, an-denkende, kennen-lernende Meditation des/der eigenen Mediativen, wird diese/s in ihm aufgeschlossen und zunehmend verlebendigt.

Durch die Stimme, die sie anspricht wird aus der Stimme, die schläft – die an und für sich diese erstere ist – ihre eigene unabhängige Stimme. Während „unsere" zunehmend schweigen wird, nur noch anrufend und empfangend gegenwärtig: „ihr Mund" werdend. Das heißt, daß er, mit ihren Kräften, ihren Be-gabungen, „in sich hineinwirken muß", um sich geradediese als jene des Geistes seines (unseres) Herzens anzueignen. Hierbei wird zwar ihr an und für sich stärkendes und aufbauendes Hervortreten zunächst als derangierende innere Widerfahrnis, als ein „schwarzes Fieber" erlebt (s.u.).

Ihr ist es hingegen beschieden, den „Wolf zu umarmen" (Luise Rinser); mit ihrer wesensmäßigen Großzügigkeit und Hingabe, die, mit allen Dingen, allem Leben unlösbar ineinander gebettet liegend, darum auf die Kräfte des Vertrauens baut, des Gelassenseins in diese gottgestützte Einheit. Ja, sogar ausschließlich auf diese Kräfte bauend. Ihr ist es beschieden, den gegenläufigen männlichen Impuls der unsehnlichen, sich-herausbesondernden, sich dienenden Verselbstigung des Geistes als zu ihr „in einem Leib" gehörig zu umschließen. Und diesen – trotz aller begleitenden Hoffnungslosigkeit dieser Selbstsucht und unwahrhaftigen (weil autonutritiven) Weltliebe – durchdringbar zu machen und zu durchdringen mit ihrem Geist inner-natürlicher Konvergenz, wesentlicher All-Einheit, schöpferischer Sym-pathie mit allem geschaffenen Leben. Sie muß dieses fragliche „Licht der Welt" weiblich umschließen und männlich durchdringen: „als wäre sie beide", um eben seine geistige Blindheit zu entmachten. Darin steht sie (co-natural) im Widerschein der „Feindesliebe" Christi, die allein den Tod, das heißt dieses für sich leuchtende, nächtige Licht, zu wirklichem – zu diesem „menschlichen Licht" verwandeln kann.

Ihr Wesen ist das Sich-Lassen, welches darin besteht, andere außer sich zu lieben, eins mit ihnen zu sein und sie aus sich zu beleben, zu beglücken. Das sind die wesentlichen Eigenschaften der Göttlichen Liebe, die auch zur Schöpfung des Weltalls führten und die Ursache seiner Erhaltung sind.

Sich unsichtbar machen, in Demut handeln, und dadurch mit dem Besten dienen, was man geben kann: die ich-befreite Liebe, deshalb stark, weil sie nicht *sich* bewägt, sondern das vollgültig Andere (als solches!), dem sie gilt, erstrahlen läßt im eignen Licht. Also sozusagen in „unsichtbarem" Licht.

Wir sagten, dieses Sich-Lassen sei ihr unverlassbares *Wesen*: mit allen Nachteilen und Möglichkeiten. Zwar ist das auch tatsächlich, was die königinliche Würde der bzw. jeder menschlichen Frau ausmacht. Hier steht gerade die Schönheit ihrer inneren Güte und Großzügigkeit in direkter Verbindung mit Gottes erhabener Verborgenheit und stiller Majestät: indem sie „wärmendem Schein", erweckendem und „belebenden Licht" gleicht. (Für viele große Mystiker des islamischen Welt sind Frauen sogar der

„Anblick Gottes in der Welt". Sie nennen Gott „Leila", wenn er in geheimnisvoller Manifestation zu ihnen kommt.)

Aber geradedarum, weil das ihr *Wesen* ist, neigt die menschliche Frau dazu, sich *unsichtbar* zu machen. Nach Maßstab und Art der sichtbar bestehenden Welt ist es eben geradezu, als existierte *sie* überhaupt nicht, als wäre *sie* nicht da – als stünde sie vielmehr im Einklang mit einem weltentgrenzten Ausdruck der „Negativität" eigentlichen Geist-*Seins*.

Und tatsächlich: was die weibliche Innenperson anbelangt, so hat Der Erwartete seine Kraft auf sie vererbt, *das Bestehende* abzulehnen und es zu überwinden: Gerade den anthropologischen Status der – sich in jeder relationalen Hinsicht ausdrückenden – Ichspaltung, dessen eigentlicher Indikator die männliche Innenperson ist.

Das ist aus der Position des Bestehenden selber nicht möglich; aber es kann nur *mittels* des Bestehenden, das ja auch selber umgewandelt würde, vollbracht werden. Solange nicht das Bestehende gemäß dem sich lassend-vertrauenden Wesen der weiblichen Innenperson verändert und beschaffen ist, ebensolange ist *ihr* Ort und ihr Kampf, *procol harum*, weiterhin belebend-erweckende Unsichtbarkeit, Unvorhandenheit i. o. Sinne.

Das Bestehende, der faktische Ist-Zustand des geschaffenen Menschen (ob Mann oder Frau), ist die – mutuell - weltergebene Verselbstigung und weltgemachte Isolation der männlichen Innenperson. Mutuell: weil diese letztere *diesem* Impuls folgt, ist die Welt, wie sie ist; gleichzeitig bestärkt und widerspiegelt deren verminderte inner-natürliche Kraft (die relationale Kraft des wesenhaften Zusammen-Hängens) das An-Sich-Haften und die geistige Blindheit der männlichen Innenperson. Die letztere folgt diesem Impuls, obschon der Herr uns bedeutet, ermöglicht und aufgetragen hat, uns „nicht der Welt gleichzustellen" (1. Röm. 12,2), sondern darin „ihr Licht" zu sein (Mat. 5,14), daß wir sie in bewußter Wandlung unserer selbst überwinden – mit der Kraft, die er uns dazu verleiht.

Nur eben: alles, was der Herr uns hinsichtlich des Seinzuhabenden unserer selbst von ihm, von sich her sagte und sagt, ist nicht eigentlich zu „uns" gesprochen: nicht zu männlichen Innenperson, wie wir an früheren Stellen näher erklärt haben.[78]

Das ist der Weg, wenn sie sich, wie beschrieben, unsichtbar macht, auf dem ihr der menschliche Mann bzw. die männliche Innenperson folgen muß, um zunächst seine eigene geistige Wesenheit wiederzufinden. Erst dieses Rein-Männliche kann in ihr gelöst und umgewandelt werden in ein neues Leben; seinerseits aus ihrem mediativen Quellgebiet, aus der geistigen Kraftquelle der göttlichen Einheit neues Leben sowie eine gänzlich erneuerte Identität empfangend.

Wir müssen uns verabschieden von der eigenen Gegenständlichkeit, wir müssen zurück in die Unsichtbarkeit. In die Unsichtbarkeit unserer selbst vor unseren geistigen Augen: um das mißverständlich Männliche, die Selbstsucht und Weltliebe, die das Herz uns verschließen, mit ihr zu bezwingen. Es auszuwechseln durch eine vollständig neue Selbstansicht und -wahrnehmung, die in Gottes lebendiger eigener Vorstellung von uns beruht, bzw. in der Anrufung des Herren dieser Vorstellung in uns (s. *EZAL 6* sowie „Die Bitte").

Solange er an uns arbeitet, besteht darin Gottes Absicht mit uns, und dieser Absicht werkliche Trägerin oder „Erfüllungsgehilfin" ist (diese) Eva.

Die dann eintretende, fortschreitende Verschmelzung der weiblichen mit der männlichen Innenperson ist immer auch ein Fall von äußerlich erkennbarem Derangiertwerden, Aus-sich-selbst-und-aus-der-Welt-Fallen, weitreichenden Verlusten oder Umschichtungen der Selbstwahrnehmung sowie sämtlicher ideeller Vorstellungen, der eigenen Sprache, schlicht - aller wesentlichen Bausteine des Ichs, die hiernach neu und anders zusammengesetzt werden, bis sie dieses neue „Bild" absorbiert und angenommen haben.

---

78. S. insbesondere den zweiten Teil von EZAL 5, „Die Treue Gottes". (Anm. d. Schreibers).

Sobald wir ernsthaft mit ihm in Berührung treten, wie schon an früherer Stelle im „Alten Lied" geschildert, führt kein Weg daran vorbei, daß uns das brennende Leben der „Beflammten" ein für die männliche Innenperson gefährliches Fieber „anzaubert", das aufbricht, zerrüttet und heilt. Zwar ist das hier Ansetzende der natürlichste aller denkbaren Prozesse: der Prozess unserer geistesgeschöpflichen Wiederherstellung.

Weil es das Fieber des ersten Eintauchens in die eigene Unsichtbarkeit ist (s.o.), nennen wir es auch das schwarze Fieber. Aus dem heraus sie „vor sich geht" (bzw. „überquer") und hervortritt im konischen Feuer „Herz", das sich immer in die Höhe bewegt und aufwärts steigt, das „Macht über alle Dinge, die man in es hineinwirft": sich aufwärtswendend in beängstigenden Phasen des Erwachens seines bzw. des äußeren Bewußtsein – in dasselbe, in das brennende innere Seinsbewußtsein Evas.

Vorher wird ihre neu- und wiederbelebende Eigenschaft nur in Ansätzen zur Geltung kommen. Sie wird seelische Schmerzen wecken nach dem neuen Ufer, auf das hin man zu weit vorgedrungen ist, um noch zurück zu können ans alte, und sie wird diese verzehrende Unruhe, diese wehtuende „Fahrigkeit" in uns gleichzeitig besänftigen, zum Teil; aber sie wird weder den „Mantel der Männlichkeit" durch'scheinen, noch den Wolf in ihm um-armen. Ehe nicht wir in das Feuer der Verwandlung eingetreten sind und in ihm bleiben.

Worin das Überquer-Gehen der *männlichen* Innenperson genauer besehen besteht, haben wir zuvor im „Alten Lied" beschrieben. Hier gilt es dem hinzuzufügen: daß ganz wesentlich dazu die Absage an die übliche Selbsterachtung des Männlichen als solches gehört.

Nur das Nicht-Stille, das um den Stillenwollens und Stillenkönnens willen *sich* verläßt, verschenkt - verliert, nur das in all seiner eigenen Fallgefahr wirklich em-pathische Herz, welches eher *nicht* weiß, indem es glaubt und nicht sieht (s.o.), oder hinsieht und doch glaubt - ist wahrhaft männlich.

Männlichkeit besteht geradedarin, etwas grundlegend Weibliches in einem selbst mitten in den Härten des Daseins zuzulassen, in diesem Zu-*Lassen*: das restlose Sich-Öffnen und –Kompromittieren, das in der Bereitwilligkeit des unbeirrbar Liebend-Wollenden liegt, nichts von der eigenen inneren Kraft zurückzuhalten, die das liebend-wollend Angedachte *an sich* bestätigt, ja, die eigene Seele für eine andere - gefangen gehaltene oder geknechtete - Seele wirklich *zu lassen*, als Lösegeld zu geben. Das ist, vielemale, die Seele des anderen, als solchen angenommenen und entanonymisierten „Weltmenschen" schlechthin.

Das ist die Haltung und Handlung, die „Eva" uns vorgibt und abringen will.[79] Unbeirrt, bis zur völligen Aufgabe ihrer selbst - in unserem eignen Inneren.

Also: Mann oder Mensch. Jedoch wahrhaft Mensch, das ist auch wahrhaft Mann.

Jeder Mann sollte *der* „Mann des Anfangs" sein: an dem und durch den „sichtbar" hervortritt, was sie, die „Unsichtbare", weiß, schaut und zu geben hat.

Nur die bedingungslose Bejahung des Lebens, nur die reine Einergebenheit, Er-leidung fremden wie eigenen Schmerzes, eigenen aber nicht wie fremden, ist männlich: Einselbstung des Unabänderlichen und real Eintretenden, unbeirrte Wahrung der Hoffnung, umfangend-brüderliche Solidarität, väterlich-treue Fürsorge.

Außerdem ist das so erst ermöglichte „erfahrene Leiden und die Fähigkeit des Leidens das, was den Menschen stärker macht als alles ihm Begegnende" (D. Sölle). Exakt also der gegenteilige Gestus zu dem, was unsere angeblich so virilen weltlichen Gesellschaften erstreben: die Vernutzung, Zweckbindung und Maßregelung allen relationalen Menschenlebens zum Zwecke der Absicherung vor jeglichem Leiden. Was bei all diesem Züchten emotionaler und spiritueller Insuffizienz letzlich zugrundegeht, ist nichts anderes als der wahrhaftige Mann. Hervorbrachte das dafür den großen Schauspieler, der uns alle warten läßt. Andererseits aber auch den, der für das perverse, wahnsinnige Schauerspiel, das sich tagtäglich zuträgt vor unseren Augen in der Welt, das er vorträgt, das *er* hineinträgt in die Welt, sich keiner eigenen Verant-

---

79. Indem sie exakt diese Haltung in uns bezieht, exakt diese Handlung uns innerlich erweist. (Anm. d. Schreibers)

wortung bewußt ist. Oder wiederum spielt, angestrengt spielt, bis zur vollständigen Ermattung, bis zur Ohnmacht, daß er sich dieser Verantwortung nicht bewußt sei.

Auf der obenstehenden Aussage gründend, was denn den Menschen tatsächlich weniger bezwingbar mache durch das, was ihm in diesem Leben begegnet oder widerfahren kann, also gerade seine Angreifbarkeit, der Offenstand, die nicht(s) fliehende Weltgängigkeit seines Denkens und Empfindens, muß auch die „Fähigkeit zu leben" ganz anders gedeutet und verstanden werden: nicht biologisch, aber seelisch-emotional. Innenleiblich, *„animisch"*.

Wenn wir begreifen und befolgen, daß die Fähigkeit zu leben mit der Fähigkeit zu lieben einig-geht, daß die Fähigkeit zu lieben ist die Fähigkeit zu leben (und umgekehrt), bilden wir unseren inneren Lebensleib aktiv heran. Dann kann dieses Animische, d. h. die seelisch-geistige „Gestalt des Lebens", die wir (in *EZAL* 9) mit dem schöpferischen Wirklich-Sprechen Gottes in Verbindung brachten, von uns selbst hervor-gefördert, sozusagen „gemacht" werden.

Für diesen Leib ist es nur vorstellbar zu fassen, immer vorstellbar zu fassen. Auch, was das Ich fürchtet, was es anwidert, was es zurückweist, kann er, der Lebensleib, sich einverleiben: es bestärkt ihn, es stärkt ihn, wenn er es umwandelt zu dem Licht, aus dem er gemacht ist. Aber es ist für ihn nicht fassbar, vorzustellen: daß ihm etwas durch die Vorstellung, die bloße Vorstellung von diesem Etwas eingehe, das ist nicht möglich. Oder, daß er selber sich durch bloße Vorstellungen, wovon auch immer, bemerkbar mache, das ist ebenso wenig möglich. Schließlich steht er, weil er der Lebensleib unserer Seele ist, dem natürlichen Leib wesenhaft näher, als der Sphäre unsrer eigenen Gedanken.

Die alle, alle *klippe-tumme* sind[80], solange sie nicht eingetreten sind in sein Feuer, und dann entweder zu ihm werden (s. o.) oder schlicht vergehen.

---

80. Jüdisch, nach dem kabbalistischen „unreine Hülse" für die unreinen Geister, die Dämonen, weil sie den „inneren heiligen Kreis umschweben", in dem Gott und Mensch vereint sind. (Anm. d. Schreibers).

„Wir geben nicht allein zu, sondern bekennen auch öffentlich, daß eine höchste Weisheit Gottes sei, durch deren Mitteilung eine jede Seele weise gemacht werde, welche auch wahrhaftig weise wird". (Augustinus)

„Wir halten von der Sophia und bezeugen, daß, weil sie von Gott herkommt, sie auch von allen und jedem aufgenommen werden müsse." (Laktanz)

„Bei der Vertreibung aus dem Paradies wurde die ‚untere Mutter', das heißt die Schechina, mit vertrieben. Ja, es ist eigentlich (...) nicht so ganz ausgemacht, wer wen aus dem Paradies vertrieben hat: Gott den Menschen oder der Mensch Gott, unter dem Aspekt der Schechina! Seitdem herrscht eben jener Status der Dinge, der sich dem Sohar unter dem nun zentral werdenden Bild des ‚Exils der Schechina' darstellt, das heißt, ihrer Trennung von der ständigen Verbindung mit den Kräften, als deren Trägerin und Vermittlerin sie doch in der Schöpfung erscheinen sollte. Was ihr fehlt, soll nun der Mensch ersetzen." (G. Scholem, Von der mystischen Gestalt der Gottheit, 180).

Lukas 11, 27-28: „Und es begab sich, da er solches redete, erhob eine Frau im Volk die Stimme und sprach zu ihm: Selig ist der Leib, der dich getragen hat, und die Brüste, die du gesogen hast. Er aber sprach: Ja, selig sind, die das Wort Gottes hören und bewahren."

„Gott sandte seinen Sohn, geboren von einem Weib."

Boca.

(Begleittext Beg 7.
Vor-Studie zum Alten Lied, 1997)

Die erste Lust des Menschen muß sich gefasst haben in der Fasslichkeit, der Erd-fälligkeit und der Alleinneigung des Geistes zu ihm; darin, die alle Sinne und alle Gestalten desarmierende Innigkeit, die alles atmende Vertraulichkeit des einen um-wendigen Geistes *auszudrücken,* was das Wort Para-Dies besagt, ein „Um-Gott-Herumsein". Darin also, diesen Geist in seinem Ein- und Ausatmen aller Formen zu erleben, in seiner unentwegten Freikommung, die nicht weniger ein Bleiben und Durchdringen war in allem, etwas wie die Lichthut und den Hüllenabrieb eines wehend schönen Nachmittags, die Unternehmigkeit des in ihm liegenden Lichtwunders, schließlich, das unendliche Wohlgefallen über diesen allgemeinen Zug - *zu äußern.*

Und *diese Lust* befand sich bei einem Menschen, dessen innere Ausscheinung und Schönheit ihrerseits so aus-geprägt war, dass sie ebenso aus ihm heraustrat; daß zweitens er als ein solcher (als ein Mensch) anzusehen war, weil und insoweit seine Seele nicht weniger als die Menschentümlichkeit dieses selben erd-fälligen, um-wendigen Geistes war (nach seinem „Ebenbild" gestaltet), und der Mensch selbst, soweit er nicht von der Einwohnung des Geistes in ihm ertönte, dessen leuchtende Stille, seine ruhigste Regung.

Bath of silence.

Wenn er aber sprach, so redete alles auch von allem, jede Bennenung individuellen Seins vergegenwärtigte auf eigene, distinkte Art das Gesamte der konkret existierenden Vielfalt, in einer organischen und „soziomorphen" Sprache, die, obschon alle menschlichen Sprachen ihr entstammen, wenig mit ihnen gemein hat. Diese ausgesprochenen Worte waren auch von der lautlichen und tonalen Gestalt her so beschaffen, daß sie an einer per-sistenten Spitze, einem Kron-Ton aufgebunden waren, der ihre innere Frequenz darstellte und auf Anhieb mit jeglichem anderen dieser Krontöne harmonisierte bzw. koagulierte. Durch diesen Zusammenklang wurde die besondere Qualität und Fülle alles Mitklingenden, seiner individuellen Eigenart, zur Entfaltung gebracht, richtiggehend hervor-gerufen.

Analog fand sich in Adam, der „Schlußkrone der Schöpfung", „jegliches in jeglichem" (Cusanus), jegliches Sein mit und in jedem bekräftigt. Und es hätte durchaus dabei bleiben können, dass die Fassgünde besagter Erd-fälligkeit und Alleinneigung koagulierten, geeint geblieben wären, in einem Ambiente des Vertrautwerdens mit dem Unfassbaren, der fortwährenden Beglückung und des Friedens: von dem Himmelswasser, das sein Mund sprach.

Aber wir haben nicht diese Welt bekommen. Denn die Welt, die wir haben, die haben wir nicht bekommen, wir haben sie *gemacht*. Dabei ist sie nicht einmal der getätigte und verwirklichte Ausdruck unserer Gedanken (bestehend aus Worten, Handlungen und Erzeugnissen, die aus ihnen resultieren oder ihnen entsprechen). Sondern, früher, eigentlicher noch - sie besteht in und aus diesen Gedanken selbst, und zwar insoweit sie ein falsches, weil nicht hauchbild-konformes „Tun im Geist" bedeuten.[81]

Die Welt, die andere, die wir empfangen haben – die uns solange genügte, nur so lange, wie wir, im besten aller Sinne, jesua-

---

81. Hierzu lese insb. „Die Bitte". (Anm. d. Schreibers).

nisch gesprochen, aber auch in jeder anderen Hinsicht, Kinder waren, Menschenkinder und Kinder Gottes in ebendiesem geistgeschöpflichen Sinne: diese Welt ist der Himmel. Diese Welt verlor Adam, indem er die hauchbildliche Sprache Gottes, bzw. diejenige seiner eigensten Mitte verlor.

Jetzt, da „das Paradies verriegelt ist und der Cherub hinter uns, müssen wir die Reise um die Welt machen, und sehen, ob es vielleicht von hinten irgendwo wieder offen ist".[82] Dieser Weg führt allerdings nur, bei ihrem Tonus anfangend, ihrer wesentlichen Kraft und Haltung, über die Wiedererlangung der ursprünglichen Sprache, der intimativen Geistes-Sprache: da dies die schlicht seinsbildende Sprache des Menschen ist. Und da sie das ist, weil und insoweit sie in seinem innersten Kern verankert ist.

Adam, einen mediativen Wildgarten dieses Geistes betrachtend, kannte nicht die Lust zu sagen, wie die Dinge seien oder wie sie zueinanderstünden, sondern er näherte sich den einzelnen Erscheinungen in diesem Garten wie Äquivalenten seines geistigen Erfahrens der Wirkgeschehlichkeit, der durch alles sprechenden Gegenwart Gottes, der ihn hier hierhersetzte. Dabei intuierte er diese realmagischen Anhauchungen oder Anstimmungen ihrer wesentlichen Natur, indem er (und solange er) in der aurealen Stille, im inneren Stillsein seines Selbst ein Ohr und eine Zunge dessen war, was Gott ihm, ebendiese Stille ausfüllend, von seinem per-manenten, ein-vererdeten Hauchbild in ihr, der Erdnatur, vermittelte. Denn diese war nicht identisch mit seiner Sprache von sich (geschweige denn mit Gott selbst), sondern sie diente dem Herren als Manifestation seiner Liebe und als ein Repertoir von Ausdrucksformen, sich ihm zu vermitteln und zu beschreiben, bei Beibehaltung der Mittelbarkeit (bzw. dieser „mittlerschaftlichen" Formen), die das Entscheidende, die Gewißheit und den Glauben an ihn, den sich Offenbarenden, förderte.

Daß er aber diese „inneren Formen", diese realmagischen Anhauchungen selber von den Dingen empfing oder erriet (a-divinierte) in der Eigenschaft des Etwas-von-Gott und Leben-von-

---

82. Kleist, in: „Über das Marionettentheater". (Anm. d. Schreibers).

Gott, welches zu dem Gnädigen Geber selbst ihn hinneigen konnte und sollte, das war dem äußeren Widerschein jener inneren Ausscheinung seiner eigenen Seele zu verdanken, die er gleichsam um sich ausgestaltet fand, in den sinnlich be-greifbaren Formen, so, wie er die Liebe, Anmut und Herrlichkeit Gottes ausgestaltet fand in den inneren Formen (der Hauchbildlichkeit). Diese Wiederkenntnis war dem Widerschein der Ausscheinung seiner eigenen Seele zu verdanken, die er insbesondere in Eva ausgestaltet oder entsprochen fand; viel mehr, war diese Eva ein verselbständigtes Komprimat oder die „Färbung" (eben die über-träglich-familiale Bindungskraft) seiner Seele, das heißt, das verlebendigte gott-hörige Hauchbild Adams, welcher so sehr selbst die Fähigkeit zur Selbstversichtbarlichung eignete, wie jene, sich hörbar zu machen, ohne (mit dem Mund) zu sprechen.

Eva aber wies ihm, was in ihren Ohren wonach klang, für jede lebendige Erscheinung eines dieser empfangenen Hauchbilder, und sie e-vozierte deren Gleichklang, der dann zu ihm drang wie die Stimme des Herren. (Ein akustisches Mittel begleitend hierzu war das Anstimmen des eigenen Krontons in getreuer Anbetung der Gottheit, jener, da man „sich in sich verliert", das Anstimmen des inneren Grundtons des Menschen, der alle Frequenzen, bzw. Krontöne, der anderen Hauchbilder auswiegt. Dies wird in verschiedenen Meditationspraktiken und schamanischen Riten nachgeahmt und memoriert). Wie sie selbst (Eva) ja seine lichtere, seelisch-elysäische, in ihn hinein matrizierte, zugleich aus ihm herausgetragene himmlische Hälfte war, so bildeten sie anfänglich auch ein sprachliches Sensorium, aber das Sprachliche war gleichbedeutend mit dem Sein an sich, mit seinem verinnerlichenden Erkennen und seiner bekräftigenden Würdigung. Hierbei war sie die eigentlich Wissende, zusammenfügend-Adivinierende oder die Zusammenfügungen Adininierende, während er diese durch die Aussprache, die besiegelnde Benennung dieser Eintragungen, die sie in sein Bewußtsein forderte, sowohl selber erfasste, als auch bekräftigend einlöste in die Welt: eben durch eine Art von Sprache, die das Sein sozusagen einsetzte und wahr machte.

So erfuhr er bald, daß alles, was er tat und sprach, ein (unbewußter) Ritus der Anrührung des Geistes war, den sie besaß. Eva besaß durchaus ein eigenes „Bewußtsein", aber eines, das sich unwiderständig bildete, selbst in seinem Nachhören und Nachsagen, nach dem in die Erscheinungen hineinkommenden und sie auswohnenden Weckgeist ihrer wesensgebenden Natur, nach der troublösen, lichtverhohlenen Anhauchung durch Gott (mit diesen „hauchbildlichen" Formen), durch die sie ins Sein gesetzt worden waren. So daß man sagen kann, daß ihr (Evas) Bewußtsein die Verleiblichung dieses *Weckgeistes*, des Intimanten und Hervor-Trägers der wesenhaften Natur der Dinge gewesen sei, durch die diese am Leben Gottes selber beteiligt waren, bevor das konstatierende Bewußtsein Adams, als sein Adressant, auf ebendiese Ein-gebung, auf ihr „enbocame" gehorchte: *Ihr zum Mund wurde*, und zwar zu dem Mund, der alles fortwährend in Gleichklang hielt und alles sogar fortwährend ins Leben „rief" (sic!).

Auch wenn sich dieses Bild nicht beliebig weiterverwenden läßt, das die geistige Mobilität der Wirklichkeit koloriert, die sie beide so sehr bestaunten, wie sie sie zusammen auch zuwegebringen konnten: es war gewissermaßen so, als kröche das Insekt, das Adam benannte, ihm selbst ins Ohr, wenn er inwendig vernahm, wie Eva dessen Weckgeist anstimmte, der dieses Käfer-Wesen realisierte, entfaltete. So, wie unsere Sprache nurmehr die toten Relationen der Erscheinungen zu diesem „ihrem Geist" ausdrückt, so ist Adams patermismische Nennung - da er den diese vaterhaft machenden Geist anrief und diesen in sie rief, eine wirklichkeiterweckende Sprache gewesen. Sie ist der amâma, das dem Menschen von Gott anvertraute Pfand, das in Sure 33,72 erwähnt wird: eine seinstragende, inkarnierte Mitgabe des göttlichen Geistes, die nur der Mensch empfangen konnte.

Da es die Lust an dieser Sprache war, was Eva von sich aus in Adam erzeugte, keine Lust, sich von Gott und seinen Mitteilungen abzukehren, keine Lust auch, sich nur ihren (Evas) Reizen zuzuwenden, keine, die in ihm gesprochen hätte: Adam, bist du ein Junge? Ich will Tier sein mit dir - wie die Tradition, *traición*[83], es sehen will; daher handelte es sich bei dieser Lust nicht um ephereme Freuden des Zusammenseins, nicht bloß um ein unschuldig-göttliches Spiel, das ihnen ihre ersten Nachmittage nahm. Wegen der Selbstverständlichkeit ihrer sensoriellen Seins-Einheit war es aber doch ein Spiel, das noch nicht den Ernst und den Schatten der eigenen Bedeutung kannte, die sich später als die stehende, die nicht fluide Kraft der vermeintlich „geistigen" Sachverhalte und rationalen Erwägungen entspönne, und zwar aus Adams verselbständigter Ansehung und aus seinem teils schuldbehafteten Empfinden der Dinge, die er an uns weitergab. Wie sich die Wirkkraft einer Pflanze in ihrem substanziellen Auszug weitergibt, aber dieser nicht die Pflanze selbst ergibt, so ist Bedeutung „widerlicher" Geist; der hier noch in einer sich selbst exitierenden, unschuldig-feierlichen, nicht durch diese (Selbst)Bedeutungs-Kraft auf sich bezogenen „Reinkultur" bestand. Auch diese Wirklichkeit, die geistige, gebar ihre Phantome, an dem Tag, als Adam „unverständig" wurde. Und hiermit überwarf er sich sozusagen mit seinem Glück, mit seinem eigenen, vorher so vollendeten Glück.

Dies hatte mit der ursprünglichen Lust nichts mehr zu tun. Es schlug aber nicht minder eigenmächtig, zwingend bei ihm durch. „Abgesehen von mir, befand sich alles in Bewegung". Bedeutung „macht mich größer", hätte er sagen können. Verdichtung, Versteifung seiner Vorstellung von den Dingen, plötzlich freistehend, ohne Bindung zur eigentlichen Existenz, zu Evas Augen, die das leer und verständnislos, wie grünspanige Münzen, anschauen. Verdichtung, aus der, analog zur Verzeitigung des ursprünglichen Adam, des *Ibn al-waqt*, „Sohn des Nu", der in seinem jungfräulich-intutiven Auffassen jegliche Selbsbekundung Gottes noch umsprünglich auszeugte, gleich-auf wiederspiegelte, - hervorgeht das Denken, Nach-denken, Be-denken. Und aus diesem Abstand, dieser Zeit-Tasche, in die alle Dinge fallen sollten, ging die Zeit an sich hervor. Beziehungsweise: der Verzeitigungsmechanismus, der alle Dinge ergriff, indem der pro-leptische Hüter und Halter des Seins, der Schöpfung geistige Sonne, zuerst von ihm ergriffen wurde und ihn in die Welt gebar. Die Zeit, in der sich, wie aus dieser Entwick-

---

83. Span. „Verrat, Betrug". (Anm. d. Schreibers).

lung folgt, die Dinge unmöglich in ihrer selbstgegebenen, usprünglichen, ungeschmälerten Natur darstellen können: sondern als sinnlich fixierbare Objekte einer Welt, die wir nicht empfangen haben, sondern die wir auf diese Weise, infolge dieser Veränderung unserer eigensten Konsititution, hevorgebracht, gemacht haben (s.o.)

Erweckrin seiner Mundgedanklichkeit, ist Gott für sie der Geist der Sympathie, der ihre (Evas) junktive Sinnenkraft, ihre Bindungs- und Beschwörungsmacht verleiht: sie hätte eigentlich die irdisch-halbbürtige Priesterin der Menschheit werden sollen, Priesterin einer Philosophie ewiger, gottbewirkter Weisheiten, die dem Intellekt (ansonsten!) nicht zugänglich werden - jedoch verschlug es sie einmal rund um die gesamte Welt und schließlich an einen weiter innen liegenden Ort[84] - die zuzeiten eben aus der Seele selbst noch spräche: wenn Adams Himmelswasser in ihn selbst zurückgewichen wäre, hoheitsvoll, doch ohne Reich. – Für ihn, ungehalten noch in seiner Unsehendheit, gibt Gott den Geist der Selbstbesonderung, des Übertritts, der Überlichtung, und den des Zaubers der Natur, der nicht der ihre ist, und der sie zugleich, sie und ihn im Umwärtsgehen spüren läßt, wie, all-um-her, the heavens *take* the earth; worauf sich tatsächlich die Herrlichkeit des Paradieses gründete.

Die Schöpfung war, einmal erschaffen, dann mediativ vom Herren eingenommen worden, gefärbt worden mit seinem unbeschreiblichen, sprechenden Glanz; damit der amâma (s.o.) übergehe an seinen Menschen. Das heißt, damit zwar Er von hier an von der Schöpfung ruhe, nicht aber diese von Ihm ruhe, nunmehr in der schöpferischen geistigen Eigenschaft vertrauensvoll vertreten durch den Menschen.

Dies ist die Anforderung, der Adam sich nicht gewachsen erwies – der der Mensch, singulare Ausnahmen aus gesellschaftlich weniger vordergründigen Bereichen bestätigen die Regel – sich bis zum heutigen Tage nicht gewachsen erwiesen hat.

---

84. Weshalb es nicht ausbleiben kann, dass wir uns hier mitunter in den verschiedenen Sprachen, Bildern und Traditionen des von ihr beschrittenen Weges äußern. (Anm. d. Schreibers).

Adam ward ob des genannten Unterschieds aller Erscheinungen zu ihrem inwendigen Weckgeist schwermütig. Denn da die junktive Eigenschaft Evas, seiner ihm geist-seelisch zur Seite gestellten „Gehilfin" (1. Mose 2,18), ihn an Gott und an das göttliche Gesetz der gegenseitigen Bekräftigung, Erneuerung und Anrufung unter allem Seienden band, so daß sie - mochte sie auch die reinste Vergegenständlichung seines eigensten, gottgeschenkten Selbst ausmachen - ihn gewissermaßen aus sich selbst herauszog, in das Allgültig-Umfassende des Seins; daher empfand er selbst den Geist, im Gegensatz dazu, in seiner Eigenheit zu sehr, und den Geist seiner Eigenheit zu sehr. Gleichzeitig besaß er nicht die Fähigkeit der Eva, ihn in und an der Vielfätigkeit, in der Immensität des Seins zu sehen: er *sah* ihn einzig an der Weibsgestalt.

Und bald, unvermeidlich, begingen sie den Fehler, daß sie miteinander bzw. zueinander *redeten*; das heißt, nicht mehr gemeinsam, sondern im Replik Gefühle-sondernder Vergegenständlichungen ihrer - sich darin erstmals gegeneinander abbildenden Per-sonalität[85]. Wodurch ihn, unweigerlich, in dieser Scheidung ihres sprachlich-sensoriellen, geist-seelischen Einsseins, die elysäisch-helle Rede Evas vollständig für sie einnahm. Hiermit nahm im Grunde eine unselige, nicht zu erfüllende Eigenliebe Adams ihren Ausgang: Im nachfolgenden Verlangen nach der verkörperlichten, „zweiten" Eva würde er versuchen, seiner eigenen, innersten Wesensanmut irgendwie wieder habhaft zu werden, die ihm in diesen Körper (Evas) hinein entglitten war.

Wenn ich sage: sie hätten nicht miteinander reden sollen, so meine ich nicht, sie hätten schweigen sollen; sondern er hätte sie nicht zur Rede nötigen sollen. Stattdessen, weiterhin in der Versenkung vor den Wundern Gottes, die für ihn Offenbarungswunder, revelative Momentwunder der Selbstbekundung Gottes waren, *ihr Mund bleiben* sollen: und so wäre auch und gerade vor seinen Augen die Gesamtheit des Seins, der Baum des Lebens sozusagen abgeschaftet dagestanden, alles angesilbert und bewest geblieben von der Vertraulichkeit Gottes, von seiner alles aus-

---

85. Per-sonal = „durch-tönt, durch-klungen werdend". (Anm. d. Schreibers).

stimmenden Stimme, seiner liebevollen Rede, die sie beide in vollkommenen Einklang zueinander und zu ihrer Mitwelt sowie dieser zu ihnen stellte.

So aber, da die Süße ihrer herausgeforderten Rede (für sie gölte: „mitgehangen, mitgefangen") nährte seine Geilichkeit, war diese letztere eine Art Phantom seiner erschütterten Selbst-Bewußtheit: dessen, daß der „eigene Geist" sich selbst so wenig reicht, wie das Nichts, das, sein Herz ausfüllend, ihn nun beherrschte.

Dieses Nichts, das den Menschen seither beherrscht hat, dieses Phantom, das seinen Ort sucht zum Verbleiben, das unaufhörlich seinen Ort sucht zum Sich-Auszeugen (seit dieser Ursprungssituation: was sollte er tun, um der Erregung Herr zu werden, die er bei ihrem Anblick und Anhören empfand...?), wurde ein vor-wirklicher gedanklicher Massedrang, ein negativischer Impuls der „Seinsbildung": da nicht weniger dem schöpf-geschöpflichem Wesen, dem „Ebenbild Gottes", entstammend. Es wurde ein alternatives Bild oder Konzept der Seinsbildung nach unten (statt dem um-wendigen, sonnenhaften, radialen Seinswirken der Seele), der mit ihrem, Evas Körper, mit ihrer geistleiblichen Musischkeit, diese und jede andere Erscheinung in die bloße acreage ihrer Verzeitigung und Vereinzelhaftung niederzog. Durch diesen „Akt" wurde die gesamte Schöpfung aus ihrem endlosen Anfang des Transfluent-Zusammenhängenden heraus zum Festgebannt-Körperlichem, zur Vergänglichkeit an sich, zu Fluss und Fäule hinabgezogen. Was nach tiefer Vereinigung aussah, war die unmißverständliche Besiegelung der kompletten Auseinanderlösung im Inneren, im seinshaften Kern aller Dinge.

Dies alles geschah unmittelbar, nachdem er selbst in einen abgrundtiefen Schlaf gesunken war, in dem seine eigene konstitutionelle Umwandlung vollzogen wurde zum Mannes-Menschen und Mannes-Körper, dem sein geschlechtlicher Widerpart entnommen und entgegengestellt wurde (1. Mose 2,21). Bei diesem „Weib" handelt es sich immernoch um die hier eingeführte Eva, der die genesis vor der Schilderung der „Erschaffung der Frau" im

Hinblick auf die inwendige Doppelgeschlechtlichkeit des Menschen schlechthin, in eben seinem gottgegeben-ursprünglichen Zustand, Erwähnung tut (1. Mose 1,27).

So sehr das beweste Leben eine Idee war, nämlich Eva, und mit dieser Idee begann, so hatte auch der Tod einen gedanklichen Ursprung gefasst, nämlich den seiner Bemächtigung, seines Verzehrs (des bewesten Lebens).

(Man wird zwar diesen Einschub vielleicht unpassend finden: Aber dass der Mensch sich vor und nach dem Schlafengehen nach Möglichkeit am ganzen Körper waschen soll; das auch, um seine Seele vor den Ataxien dieses Todeszaubers zu bewahren, den die (von ihr) un-bewachte, mitunter verlassene Masse ausübt.)

Und so hatte Eva zwar noch zwei Leiber, einen, der die geistige Kastration Adams wiederspiegelte und dieser folgte, dieser substanziell und auch gestalthaft entsprach (denn auch geistige Liebe kann körperlich sein; nur eben geistig muß sie sein), von ihrem geistigen Körper, ihrem inneren Lebensleib ent-weckt, ent-wahrt („Ich habe Brot und Wein gewürgt"), der ganze Leib wie abgestellt, - und diesen anderen, von ihm abstehenden, der die Wetterkluft, die ganze Schmerzsamkeit ihrer junktiven Sinnenkraft war, der sinnlos auflaufenden, und diese (Wetterkluft) durchschmiegend, aus ihr aufleuchtend, schließlich zu einem Blitz aus Eis erstarrend, ihm etwa so gesprochen haben mus: *acabame, mi boca*.[86] Oder gib mir meinen Sarg: das heißt, bedränge mich nicht äußerlich, lasse mir in meiner fleischlichen Hülle Frieden, in der ich bin hoffnungsvoll verschieden. Nun vertraue ich nur noch auf unseren gütigen Herren, weil er ein Gott ist der Zartfühligkeit, Vergebung und Liebe. Und ich vertraue ihm mit meinem Herzen, mit dem Herzen allein, nicht mit meinen geschändeten Augen. *Astarch-firullah*.[87] Hast du etwas von Ihm behalten? – So gib mir davon. Adam, ich fleh' dich an: davon gib mir. Und dann tu das bitte so, dass nichts mehr übrigbleibt von mir. Dass nichts mehr übrigbleibt von diesem meinem Grabe, meiner Hülle.

---

86. „Beende mich, mein Mund." (Anm. d. Schreibers).
87. „Verzeih uns Gott". (Anm. d. Schreibers).

Aber er hungerte sie aus.

Erschütterungen, unbeschreibliche, unvorstellbare, kamen, des Bewußtseins, hiernach, des Bewußtseins und des Atems, die sich in sich selber nicht mehr wiederfanden, nicht mehr wiederkannten.
Denn die hauchbildliche Sprache, die den Organismus der Gnade am Leben hielt, und die dieser am Leben hielt, die diesen *anthropos pneumatikos* an sich am Leben hielt, die das eigene Bewußtsein, den eigenen Atem, das sich selbst vergegenwärtigende Leben Gottes, den endlos aufgeschlossenen Zauber der Natur, die das alles in einen Kreis gebunden hatte der aus dem Unendlichen ins Unendliche forttragenden Kraft: sie war nicht mehr zuhanden, unerinnerbar, nicht mehr erweckbar.

Seine ersten „eigenen Worte", die darauf, müssen etwa gelautet haben: Ich bin eine Lüge. Oder: Nicht schau mich an mit deinen grünspanigen Augen.[88]
Sitt Eva, ich tötete einen Menschen. Ich sah ihm unentwegt beim Sterben zu. Dieser Mensch war ich selbst. (Dann, sie anstarrend, als säh er sie zum erstenmal): *Ay jahan, ay tahira!*[89]
Neue Erschütterungen, wahnsinnsnahe. Und dann Stille. Vollkommene Stille. Gottes antwortende Anwesenheit: im Schweigen allein.
Oder diese seine ersten Worte danach müssen der Scheu Ausdruck verliehen haben angesichts der ihm bewußten Uneinklänglichkeit von Wort und Sein in seiner Sprache, seiner vom abstehenden Weckgeist mehr ex-aminierten (bzw. *ex-animierten*), denn erzeugten Sprache, dieser Scheu den Ausdruck geben (den er selbst fand und) des Schubes, den die Tragik der menschlichen Unzuverlässigkeit sich immer selbst gibt, diese selbstgewollten Grenzen liebenswert zu machen, etwa Schutzbehauptungen der Gedankenvertiefung vorgebend, oder sich vorlistelnd, wie man sagt: „nun leg nicht jedes Wort gleich auf die Goldwaage". - Ja, es

---

88. Sie soll münzengrüne Augen gehabt haben. „Sitt Eva" bedeutet „Edle Eva". (Anm. d. Schreibers).
89. „O mein Leben, O du Reine!". (Anm. d. Schreibers).

stimmt, grausam ist es, diesen angeblich menschlicheren Menschen auf sein Lichtgewicht, seinen geistigen Wert prüfen zu wollen. Davor hat selbst der Herr seither Abstand genommen. Wir hätten sonst fortlaufend größere Vernichtungen, als die ursprüngliche durchleben müssen. *Alhamdullilah.*[90]

Daß, wer viel hat, viel geben muß (wie Eva), das ist Natur. Aber verdammt; warum verlangt der Mensch sowenig von sich selbst (wie er, Adam es tat)?

Und war und ist das selbstverständlich nicht genug, der geistwägenden, geist-gebigen Selbstanstimmung (seiner selbst oder ihrer in ihm), der Selbstan-herrschung, in diesem Sinne; nur, gleich einem angeketteten Gespenst den lichtweltlichen Leib ins Reich der Religion oder der „spirituellen" Weisheit zu verbannen: das gelänge. Doch, dass dieser sich selbst artikuliere, das heißt, das Wunder seiner Selbstgestaltung und −offenbarung zu erneuern, die alles Erschaffene zu sich nimmt, in sich selbst vereint: das nicht.

Davon hing denn auch irgendwann schlicht alles ab: Das Schicksal Gottes (bzw. Evas) im Menschen, das Schicksal des Menschen in dieser Welt. Daher entschloss sich Gott dazu, sich ihr in der Gestalt Jesu des Christus, in der Gestalt des „Wortes, das im Anfang war", durch das „alle Dinge gemacht sind" (Joh.1. 1-5), ich füge hinzu: in der Gestalt *ihres Bruders* zu offenbaren. Selber diese Gestalt annehmend, entschloss sich Gott dazu, ihre o.g. Sehnsucht nach ihm zu decken und sie von den Zugriffen des Todes freizusetzen, zu erlösen. Verbunden mit verschiedenen Aufgabenstellungen, die an sie ergingen, Adam zum Heil. Dies sind die Zusammenhänge, die wir in dem Buch darstellen werden, welches „Das Alte Lied" benannt sein wird.

Also, der Engel Gottes mit dem Schwert der Scheidung wies sie aus: Euch eure eigene Erschaffenheit, und Gott was Gottes ist. Ihr habt die Zeit hervorgebracht; weil ihr selbst sie erschaffen habt, bringt sie euch schweren Hauch und führt in Höllenspuk. Selbstheit, Selbstzeit. Gold ist der Geist, zersprengt vom Glanz einer

---

90. „Dank sei Gott". (Anm. d. Schreibers).

Stimme, die sein Licht schlangenhaft einzieht zu sich, für sich, die sich auf den Thron seiner Andersheit gesetzt hat: das ist die Kehrseite dieser Medaille. Für die habt ihr die Welt erstanden. Das macht sie so andersartig, so billig. Die vordre Seite (der „Medaille") ist verblichen, wie ent-lesen. Rückerstanden: Sein das Hauchbild.

Gott ist Herr und Gott bleibt Herr, weil ihr euch selber nicht gehört, weil ihr euch selber nicht gehören könnt. Eure Nachfahren werden unzählige Kämpfe kämpfen im Irrglauben, dass sie das könnten – oder dass sie voneinander Besitz nehmen könnten.

Lerne daraus, dass dein eigener Gedanke der Gedanke deines Gegners ist. Der Gedanke deines inneren Kontradizenten.

Viele Kämpfe werden in der Welt gekämpft werden, denen menschlicher Besitzanspruch, Neid, Scheue vor Fremdem oder ähnlichem zugrundeliegen, Dinge, die mit Gott herzlich wenig zu tun haben. Ja, so scheint es. Aber am Ende steht die Drohnenschlacht. Eine innenweltliche Drohnenschlacht, die weder Mann, noch Frau verschonen wird.

„You took the long way home". Was auch besagt: Der kürzere Weg, der direkte Weg ins Licht, der Schlüssel zur Wiedererlangung des Para-Dies(es) ist die Aufhebung des selbstischen Eigendenkens, der intellektuellen Drohnenposition, der Selbstwahrnehmung und des Hochmuts, der *das geistesgeschöpfliche Kind* verdarb.

So treten sie hinaus in „ihre" Welt, erwarten nichts, erhoffen nichts. Durchpirschen Sümpfe und Waldungen des Zweifels, des Zweifels an der väterlichen Liebe Gottes, können kaum die Augen offenhalten, so heftig rinnt der Regen über ihre Gesichter. Ein Regen aus Wasser und Erdreich, der den Boden mit neuem Leben, neuen Wachsungen befruchtet, langsam aber unermüdlich, die sich ihren Händen, ihrem Willen nicht bequemen werden.

Eva aber, alles mit ihren erddunklen glänzenden Augen anvisierend, die die Dinge näher heranzuholen scheinen, spricht besänftigend:

Nur wenn man nicht weiß, woher man kommt, weiß man auch nicht, wohin man geht. Es ist einfach zu vertrauen, wenn man weiß, wohin man geht.
Adam: Aber wir wissen nicht, wohin wir gehen.
Sein Unverständnis bringt sie dazu zu sagen, abgezehrt und mit glühenden Augen: Wer soll den Sumpf, der uns aufschlucken will, mit Erde füllen, wenn du's nicht tust? Aber alles an dir ist weich und kalt. Wir waren... Adam, ich bin lebendig ohne Ende. Und wir können uns kennen. Wir können uns kennen.

Sie kommen irgendwo zur Ruhe, lassen sich an einem vorteilhafteren, geschützten Platz nieder. Aber es stellt sich bald heraus: der Boden, den Adam berarbeiten will (den *er* bearbeiten will), ist ihm nicht zu Willen. Was immer er beginnt, es glückt, aber nur unter äußerster Mühe und Anstrengung. Es scheint nicht mit dem Einverständnis und dem Segen des Herren zu geschehen. Wenn es das täte, geschähe es, gelänge es Adam, wie früher, durch die Aussprache des wollenden, die Lösung schauenden Gedankens, den er gleichsam in sich findet, zu dem er sich bereit-findet. Die Himmel nahmen ihm, was sie ihm gaben. Und sie nehmen ihm jetzt auch, was sie ihm nicht gegeben haben.

Mit unbarmherziger Schärfe erkennen sie: In dieser Welt sind wir Fliegen, in der jenseitigen Staub. Wir wollten fliegen, leben in der Luft: jetzt fällt es uns schwer, sie zu atmen. Wir wollten das Wasser des Lebens einsammeln, es lagern für eine mögliche Zeit des Aussetzens: jetzt findet es nicht unsern Mund. Wir trinken, können's nicht behalten.

Und richtigerweise sagt sie ihm: Adam, nur wenn man nicht weiß, woher man kommt, weiß man auch nicht, wohin man geht. - Das heißt, den Fluch entwickelten wir in unserem Inneren, er ist gekommen von unserer Geistesunsicherheit und Gesinnungshalbheit gegenüber Gott dem Vater.

Das *Para-Dies*, dieses (wörtlich) „Umgottherumsein", nimmt auch für uns, ihre Kinder und Kindeskinder erst dann Gestalt an, wenn wir eine sonnenhafte Großzügigkeit, wie sie die unverdienbare Gnade der Gnade Gottes uns bezeigt, nicht nur verinnerlichen, sondern auch anwenden, füreinander, für unsere Mitmenschen und für die Schöpfung einstehend, fürsprechend, handelnd. Dies ist der Nutzen des Menschen, seine Profession und das Wofür-sind-wir-geschaffen: der Erschaffung „Mensch" an sich in ihrem innersten bewußten Kern entsprechend.

Ein Schritt zurück, mehrere vorwärts:

So hat der Mensch sich selbst um die vollendete, die um-wendige Wirklichkeit gebracht, da, seine Seele neben, bei und um sich habend, er auch deren lebendes (und hörendes) Äquivalent und (sprechender) Erwecker war. Dem setzte er ein Ende mit seinem Heischen ihrer körperlichen Mit- und Gleichgefügtheit, die der selbstverständlichen *delicadez*, der sie bildenden göttlichen Beschallung dieser Eingeborenen des Himmels widerstreben musste, der sich mit und an ihr mitteilenden Ästhesis des göttlichen Formgeistes, der seelischen Wirklichkeit ihres *primor*, *ayre* und *gala*, wie es ein alter Dichter in Galizien ausdrückte (was Adam „anfraß", war diese hoch-sinnige, wassergleiche Musischkeit, die „starb als-gleich"), die alledem komplett widerstreben musste, und darum *sie* zerreißen musste. Es musste ihr derart widerstreben, daß dieses sein Verlangen sie beide auseinanderreißen musste, und das, indem es sie in sich selber musste auseinanderreißen: in ebendem Moment, da er nach ihr griff.

Zwar, daß Adams Antrieb dazu, seine Willensanstrengung die seines gedanklich-„vorwirklichen" Fatums selbst war und als solche stärker, als es ihm lieb sein mochte. Wodurch der unbeendbare Entwurf des um-sprünglichen, gotthörigen Menschen, der „als Mann und Frau" - und darin gottesebenbildlich (!) erschaffen war, obschon unbeendbar, gewissermaßen revidiert wurde, das ist die Tatsache, dass sie, sein Himmelswasser, mit diesem Heischen, Fordern in ihn selbst zurückgesunken ist. Zurückgesunken in ein mehr oder weniger uneinklängliches Verhältnis „zu ihm", zur männlichen Innenperson.

Fortab hat dieses Himmelswasser das Spinett seiner „zerbrückten", seiner unermüdlich müden Nerven (darin müde, die besagten „toten Relationen" aufzuzeichnen, diese so erschreckend vielen, von dem den Indern heiligen Telencephalon überkrönten *Lustnerven*) mit der Schärfe ihrer „Widerlichkeit" durchsetzt, eine

Beunruhigerin, eine ihm böse dünkende Aufkratzerin derselben (*lilith*, das andere Gesicht Evas, das sich der Unterdrückung durch männliche Machtansprüche und weibliche Konformität entzieht, die nicht der hellen Welt der Ordnung und gesetzten Normen, der Sicherheit und Ruhe angehört), und, tatsächlich, eine Hexe Gottes geworden. Die, wie sie ihn vorher ebendarin seelisch ausglich, daß sie seinen Einklang herstellte zu seiner Mitwelt, dass sie die schöpferischen Relationen der Dinge zu ihrem Weckgeist und untereinander lebte und belebte, heute ihm nur noch zu wissen tut, *dass* sie ist, ihm aber unendlich unähnlich, ihm im Rahmen seiner eigenen *conditio*, seines geistigen Selbstandes – fremd bleiben wird, unerreichbar...

Der menschliche Geist ist das Grab einer heiligen Frau. Selbst der Allerverblendeteste hat es in sich, dieses Grab. Und die heilige Frau hat es verlassen.

Aber entscheidend ist, entscheidend ist allein, daß sie gar nicht aufhören kann, von Unendlichkeit zu sprechen: denn so täte sie das nicht. Die einst ausgezogen ist, dem Geist Unendlichkeit zu stiften und zu lehren, hat einen Weg ohne Ende, so klar umrissen auch ihr Ziel ist.

Obschon ihr der Teufel, wie der toten Kuh von Atacama, oder im Sinne des herangezogenen Kleistschen Ausspruchs, die Umfahrung der Welt lehrte, nicht ganz umsonst: weil sie sich irgendwann wieder ganz auf ihre Weiterfahrt zurückbesinnen wird.
Entscheidend ist, daß das gedoppelte Ich seinem Ende zugeht; entscheidend ist, daß *die* Innenperson bleiben wird, das Reich der Erde ernten, die des Herren ist,

entscheidend ist, dass die sich auf die männliche Innenperson verfestigende innere Konstitution nur unsere Vorläufigkeit bedeutet,
wie jeder aufgelassne Wesensraum, in dem wir unser eignes Bild, das dieser Vorläufigkeit, gegen die Wand gekehrt haben,
und eine unumkehrbare Figur wurden,

aus vielen „Even", vielen ästiferischen, gegen ihr Zurückfliessen ins Meer des Unausgestalteten kämpfenden Figuren, dass wir ihnen Alembiken wurden, wache Mahnmäler der Schöpfung selbst, die das Wiedererzählen ist des Unendlichen, in anderen, begreifbaren Begriffen,

so dass auch dieser Wesenraum voll erfüllt, ja voller ewiger Identität ist,

entscheidend ist, dass es sich so mit allen meinen Schwestern und Brüdern verhält. Wie auch mir, der ich vermutlich wahnsinnig bin, ob ich gleich mit diesen Dingen vertraut bin, und doch kaum verstanden werden soll (denn dieser Fluch liegt seit Jahrtausenden auf uns), und der ich, *wenn* er verstanden wird, mich nur fragen kann, wer mir dieses Glück gewünscht habe. Und ich weiß doch, dass sie es ist. –

Also, von dir kommen wir, zu dir wollen wir sprechen, Eva. Wir, die wir in allen geistigen und existenziellen Belangen auf unseren Gott im Himmel angewiesen sind, dessen Vaterschaft wir im Namen Christi uneingeschränkt angenommen haben, auf seine äußere Wohlmeinendheit und seine innere Führung. Die wir uns hier noch oder schon in diesem geistleiblichen Zustand befinden, daß wir Gottes Stimmklang hören. Dass, zweitens, unsere Seelen neben, um und bei uns habend, sie uns, ineinander dringend, zeigen, was wir hören,

dass wir so zunehmend in den Aufsog dieses, des um-wendigen Lebens geraten, und mit ihnen schon in dieses eingehen: die wir also verschwindende Seelen sind und werdende Geister. Bis, wechselnd mit ihnen, in der ewigen retroszendenten Bewegung dieser „meta-physischen" Partei, ihres sich aus allem in sich selbst, seinen eigenen Körper austragenden Weckgeistes, wechselnd unsere zwischenweltlichen Posituren, -

endlich Er an unsere Stelle treten soll, der *masîh-i- 'ischq*.[91] Der verkündete Mensch, der in aller Himmel End- und Anfanglosig-

---

91. Wörtlich: „Der Messias Liebe". Grundlegender esoterischer Ausdruck der schiitisch-sufitischen Tradition. (Anm. d. Schreibers).

keit der einen heiligen Idee, die das beweste Leben ist, gleichkünftige und alles-bergende,
„der alles sieht", von dem auch das *popol vuh* das sagt. Sowie daß er, zwar den Leib des Mannesmenschen habend, *deine* Sinnenkraft und die Impulse Deiner Sonne, welche Gott ist, ausnahmslos empfängt, ausnahmslos der Welt schenken wird.

Soviel ist von Dir durch- oder schon angekommen, Eva, Ave Eva. Oder, zu dir fortgenommen, und doch an-bereits der *Fall,*... der Dich ergriff. Der dich heruntergriff, dich aus dir herausversetzte, dich so lange Zeiten, so viele Länder und Kulturen ließ durchwandern, der dich auf deine Strecke zu uns gebracht hat, her zu uns.

Und für all das, worin wir dir nicht folgten, wollen wir dir nicht einfach nur unser tiefstes Bedauern aussprechen. Sondern siehe, siehe Eva:

All diese einsamen Menschen,
diese Mitbewegt-Mitwissenden... Ein prosperierender, ein neuer Weltkörper, dessen zentrale Steuerung *Du* innehaben wirst.

In dem wir, die wir auch vorher nach Vertrautheit mit dir trachteten, deine Schönheit unverschleiert schauen werden, Eva.

Und es gibt viel zu besprechen.
In einem buschbedeckten Winkel dieser Welt,

in deinem irdischen Garten, erschaffen von deinem grünen Speichel.
Den würzigen Duft der Beifußblätter tief einatmend,
oder unter den Königspalmen Kubas.

Glückliche Tage werden wir zubringen,
Tage ohne ein Erreichen, ein Sich-Vornehmen, ansonsten.
Alles ist da.
Leben und Schweben...

Den gesamten Garten überschauen wir.
Bis drüben hin, wo die Sonne am Morgen siebzigtausend Seelen heilt,
an deiner Statt, bis zu

diesen lachenden Pinien,

wo man hört
das Sirren und Rumoren ihres geschlossenen Nahens,

wo ausgerufen worden ist,
Die Drohnenschlacht habe begonnen.

Kronenschluss.

Die Ereignisse des Welt-Tages.

Von Alberto Osvaldo. Gefunden in:
„Die Zeitung der Ewigkeit".

I.

Wir schreiben den elften März des Jahres Zweitausendundzwei christlicher Zeitrechnung. Wir fangen mit dem Wort, das Lemma an: „Das Christentum". Und werden *enden* mit dem Lemma: „Der Islam." - Wir fangen einmal anders an: Weil die gesamte abendländische Diskussion um den grassierenden Konflikt zwischen diesen beiden „Kulturen" vor allem eines verrät, auf teilweise beschämende Weise: daß *wir* das Grundsätzlichste wieder einüben müssen. Daß das uns Christen Naheliegendste uns auch am Weitesten entrückt ist.

Worum geht es in der zentralen Erfahrung, in der Kernaussage *unseres* religiösen Bekenntnisses – des christlichen, wenn es wahrhaftig ist?

Es geht in diesem Bekenntnis um die Lebens-übergabe oder Bekommenschaft des Menschen-Sohnes: Nur die Gabe der wechselseitigen inneren Einlassung und Aneignung, der vertraulichen Auf-Bewahrung des jeweils anderen in uns, seiner lebendigen

Bewußtseinsförmigkeit in uns: die ist vom göttlichen Leben getragen und gewünscht. Alles andere widersetzt sich *seiner* Wirklichkeit, erfundener Geist, falsches Leben, aus Blendwerken bestehend des äußeren Ichs, Werken der Un-freiheit *vom* Ich, die mir mich selbst zu sehen geben und nichts darüber hinaus. Somit letzlich auch nicht mich, überhaupt nichts.

Unsere Seele verdankt sich nach diesem Verständnis der Liebe Gottes, dessen, der um unseretwillen in den Tod ging, dessen Auferstehungskraft seitdem liebend auf uns gerichtet ist. Wenn Gott aufhörte zu lieben, so stürbe *sie* augenblicklich. Aber: In keinem wesentlich anderen Verhältnis - nur gedämpft durch eine der menschlichen Natur gemäße metabolische Reduktion, eine besänftigende Brechung, sehen wir uns, seine Kinder, in diesem Leben miteinander und zueinander stehen: füreinander, gerade da wir *seine Kinder* sind.

Nocheinmal: Wer *sind* wir? Was, woraus hervorgegangen? Und von wem in dieses Leben hier, in dieses Sein gesetzt? Wozu sind wir geschaffen?

„You were given - - bread and water, you were given - - warming clothes"...

So ist es: *Wurden gegeben*. Wir *sind* - - Brot und Wasser. Tageslicht, Atem und Kleidung. Wir selbst sind es, die einander den Tisch des Lebens anzurichten haben. Ineinander den Geist der gegenseitigen Erneuerung zündend, ineinander Aufnahme findend. *Dazu* - vermochte uns der Vater. Dazu bewegt er uns Tag für Tag und jeden Augenblick. In Christi Gegenwart und in Christi Bekommenschaft: Seine *Kinder*, leben wir und erkennen wir einander durch seinen eingeborenen Sohn in uns. Durch den Segen der Gesichtigkeit, der am Menschen geformten Natur und Kraft seines liebenden Geistes. - Kinder vor Gott, aber Väter und Brüder voreinander: Weil *diese* Kindschaft, die empfangene und uns aufgetragene, die soverstandene „Bekommenschaft" Christi des Menschen-Sohnes selber, unser aller Leben bedeutet und auf diese Weise bindet. Ohne Ausnahme von Glaube, Konfession, Geschlecht, Ethnie und Vaterland, gesellschaftlichem und intellektuellem Background, usw., ja, auch völlig unabhängig vom Grad der Erfahrung und Vertrautheit mit diesem, den einzigen wirklichen Gott, der „Liebe ist". In diesem letzten Punkt gilt nur die Unterscheidung, daß „diejenigen, die Fackeln tragen, diese an andere übergeben werden", wie Plato schrieb.

In gewissem Maße trifft letzteres auch auf das Verhältnis der entwicklungsgeschichtlich aufeinanderfolgenden drei großen monotheistischen Religionen zu. Der Westen kennt heute praktisch nur den reglementarischen Geist der Scharia, das heißt, die weltliche Vergröberung des koranischen Islam, speziell in seiner offensiven whahabitischen Ausprägung, die einen in mancher Hinsicht „reaktionären" Islam darstellt. Im Kern des wahrhaftigen, schiitisch geprägten Islam und im sufitischen Bekenntnis sind nicht nur diese vorangestellten Glaubensstandpunkte, ist vielmehr Christus selbst vollends lebendig: gewissermaßen lebendiger, als im gegenwärtigen Christentum selbst. Diese ausgesprochen praktisch veranlagten Traditionen sprechen auch heute noch im Geist der großen Schaikhs ihrer Gründungstage: „Ihr habt das Kreuz, das Kreuz aus Holz – wir aber haben den Leib des Gottessohnes, des Erlösers".

2.

Weil wir *das sind* (s.o., „Brot und Wasser, Tageslicht, Atem und Kleidung füreinander"), und also auch nur dadurch leben können, darum gehen wir, wenn er sich verfestigt, an unserm gelebten Betrug dieser „inneren Folgewirklichkeit" nach und nach zugrunde. Die größte, schönste Gabe, die, das Gott uns dazu vermag, das zu sein, ist auch zugleich eine andere Form der Herrscherlichkeit Gottes, seines Richtens. Wer sich immer wieder ihrem Gebot und leichten Joch entzieht, der wird schließlich schwer getroffen werden, und zwar von ihr. Auf besondere, unerwartete Weise. Nie nur dadurch, daß sie, diese Gabe, ihm dann entzogen wird.

Wenn man sieht, in welchem Zustand sich der Mensch in dieser Welt befindet, in welchem Zustand sich die Welt daher befindet, aber also erkannt hat, *was* der Mensch ist, und was ebendaraus folgend dringend und wahrhaft von ihm benötigt wird, dann wird auch klar, daß die Schuldigsten, ja, vielleicht die einzigen Schuldigen, die – in diesem umfassenderen und zugleich engeren Sinne – Fähigsten und Reichsten sind, die nicht am „Umschenken dessen, was uns geschenkt ist", teilhaben, während ihnen *deshalb* gegeben ist, und viel davon, weil um sie her viel davon Not tut (denn nur „das Gebotene ist das Gegebene"). Einerlei, ob wir von einzelnen Menschen, Insitutionen, politischen Gruppierungen oder gar ganzen Nationen sprechen: Es sind die, die die grundlegende menschliche Gabe des Ein-Begreifens, An-Denkens und Wert-Achtens des Menschen von den *ihr*, dieser Gabe, unmittelbar zugewiesenen Menschen und menschlichen Gegenständen abziehen: auf andere, flüchtige Dinge hin, sie meistens für völlig nebensächliche, veräußerlichende oder völlig eigennützige Zwecke aufwendend. Starr und unfähig, diese zu gleichen Anteilen verdammenden und verdammten Leidenschaften aufzugeben.

Denn diese bewußte Gabe, bei der es sich im wesentlichen um das handelt, dessen bar wir selbst nicht wären, dessen bar unser inneres, wirkliches Ich nicht bestünde, sie ist in ihnen dahin gelangt und verfälscht worden, sich selbst zu verfechten, zu dienen, letzlich zu vergöttern. Wodurch sie sich selbst in dem Sinn der Gabe, der das Wieder-Geben ihrer und ihr Gegeben*werden* an sich ist, ver-todet, vernichtet.

In der Übertragung auf die konkreten Verhältnisse: Mensch, Nation oder Kultur, die sich selbst aufoktroyieren, die der Annahme des Wesensanderen zu Bedingung stellen, daß dieses sich *ihren* Strukturen des Verstehens und Handelns bequeme, mißbrauchen und verscherzen gerade ihre potenzielle Kraft und Überlegenheit; durch die *sie* sich, von ihrer ursprünglichen Disposition her, im Vermögen sehen, *auszuwiegen*, zu helfen, versöhnen zu können.

Auf dieser Umkehrung beruht letztlich das individualistische Selbstverständnis und die vielgepriesene „Freiheit" des modernen westlichen Menschen. Sie ver-todet nach innen. Trotz allen Segnungen des Wohlstandes und des technologischen Fortschritts, leben wir daher, in immer tieferem Dunkel der Selbstentfremdung, unter dem Stigma der *tristitia*, der paulinischen „Traurigkeit der Welt, die zum Tod führt". Aus dem ursprünglichen Kind des Himmels ist geworden dieser innerlich siechende *homo necans*; der, das vor allem, sich selbst nicht kennt.

Der wahrhaft Gläubige, welchen gelebten Bekenntnisses auch immer, wird nicht nur diese angebliche „Freiheit" ablehnen und anprangern; er wird sich erst als solcher ausweisen, indem er sich ihr Auge in Auge entgegenstellt und sie entlarvt. Nicht ohne Milde und Bedauern.

3.

Es ist die Freiheit der Gastwirte, die das für ihre Gäste angerichtete Essen selber einnehmen vor deren Eintreffen. Weil es „ihr Essen" ist; aber das ist das Essen nur, soweit sie es selber gemacht, es zubereitet haben. (Das Nahrungsmittel an sich, diese bewußte Gabe selbst, das stammt von Gott: es ist uns seit Adams und Evas, seit Kains und Abels Tagen nur anvertraut von seinem tatsächlichen Besitzer). Als nun ihre Gäste eintreffen, finden diese die Gastwirte derart fremdelnd und befangen vor, daß sie gar nicht erst nach Speise, das heißt, nach der ursprünglich für sie vorgesehnen Speise fragen. Sie ziehen weiter ihres Weges und besuchen die nämliche Herberge nicht wieder. Eines Tages dann entschließen sie sich zu einem neuerlichen Besuch. Und an diesem Tage entdecken sie, was die Wirte sich mit ihrer damals in Kauf genommenen „Unpäßlichkeit" eingehandelt haben: daß der bemäntelte Betrug und der zweifelhafte Gewinn an dem, was sie ihnen (und höchstwahrscheinlich vielen anderen Gästen) vorenthielten, ihnen eigenartigerweise das Gesicht gesteift, dieses wie mit unsichtbaren Riemen vermummt, ihre Augen versiegelt, ihren Atem vergiftet hat. Während sie außerdem sich in immer neuen Schmerzen des Gemüts winden, wie verstümmelte Tiere, nehmen sie bei dem Herannahen der Gäste nur undeutliche, helle Lichter wahr. Und sie sagen: „Die Engel sind da und beachten mich nicht".

Aber sie sind bereits beachtet worden: auf die ihnen zustehende Art, die sie gepflogen haben. Die sie gewesen sind. Das Völle- und Schamgefühl dieser Wirte ist eine unserer bestimmenden unbestimmten Grundempfindungen, das Essen ist unser „privatisiertes eigenes Seelenleben", was sich in einem Verwehren jeglicher materiellen Umverteilung aus freien Stücken und ohne Gegenleistung entspricht. Alles ist Essen, denn alles ist Nahrung. Auch und vor allem das Wahrnehmen und die Erfahrung eines gemeinsamen Lebens, das „einstammig" in der Güte und Selbstschenkung Gottes beruht. Aber wer dieses „Alles", vor allem das vergegenständlichte, äußere Leben, in dem dies weniger offenkundig ist, als in geistigen Verhältnissen – bereichern will oder verändern will, darf nicht nur speisen, aufnehmen, verdauen: Er muß selbst Nahrung hervorbringen und sie auf den Tisch des Lebens bringen.

Jeglicher fundamentalistisch-religiöse Fanatismus in seiner grundsätzlichen Destruktivität steht dem entgegen. Umsomehr aber der verförmlichte, konformistische Glaube westlicher Ausprägung: zu einer billige Labsal der beunruhigten Seele verkommen, die sich selbst nicht gesetzt sehen will auf das Spiel der Kräfte, die das Leben gestalten. Das eine Leben aller.

Wenn sich diese zum Schenken geschenkte Gabe aufbringt, tut sie das in allen den eingangs benannten Sinnzeichen, zu denen sich ihre innere Bedeutung verdichtet, mit Selbstverständlichkeit: in der Schenkung von Nahrung und Kleidung und „geistigem Licht", d. h., allerdings eines Lichtes ihres vorbehaltlosen Zuspruchs und ihrer Anerkenntnis der eigenweltlichen Andersheit des Anderen als solchen, welchen sie „bescheint". Außerdem mit den jeweils notwendigen strukturellen, ökonomischen, wissenschaftlichen Stärkungen: sie sichert und fördert seine unverwechselbare, eigenste Struktur. Sie hat, sowie sie sich geschenkt sieht, mit sich selbst nur noch wenig zu schaffen. Doch nur dadurch, einzig dadurch, steht sie in ihrem eigenen Wesen, im Wesen ihrer Stärke, und erhält sich selber fort in diesem.

4.

Zurück zu unseren Gastwirten: Vorher war die offenkundige Art und Entbietung ihres Geistes diese: „Es ist nicht an euch, etwas von mir zu verlangen. Geht ihr, denn ich bin durch mich; denn es ist wohl jemand durch mich, aber das bin ich selber. Aber ihr, die ich nicht einmal zu meinen Angehörigen und guten Freunden zähle, habt kein Anrecht auf meinen Besitz, meine Gegenwart, auf mich selbst". Das ist zu sagen: „Das, was auf den Boden fällt, die Reste der Reste, dürft ihr euch greifen und beschlürfen. Das Essen selbst ist nicht für euch bestimmt." Und meistens sind es nur *die* Reste, die selbst die Hunde verschmähen.

Umgekehrt: *wir* sind die Un-Menschen, weniger noch, wie die Fliegen, die auf den toten Tieren sitzen, auf den riesigen Bäuchen toter Pferde glänzen. (Klein fängt es an, und der kleine Anfang steht eng zusammen mit dem großen Ende). Wir die aufgeblähten Bauches innen ausgehöhlten Gäule, die da auftauchen als Vorboten einer Allgemeinen Zersetzung, die man nicht genau erklären kann. Deren Reiter aber diese Gäste sein werden, uns scharfsteinige Koppelwege entlang fordernd, die Wälle züngelnder Flammen umdringen. Deren Haut eine derartige ist, daß sie *gebrochen* werden muß, damit das Gerippe zum Vorschein komme, aus dem schlagen werden Flammen über Flammen. Aus den Rippen derer, die eigentlich auf diesen panischen Pferden sitzen müßten. Aber sie haben sie nicht in den Griff bekommen.

Etwas Unsägliches, daß diese Worte nur erahnen lassen können, nur bildlich umschreiben können, wird uns sicher widerfahren. Nicht nur einmal, immer wieder: Vermochten wir nicht vorher, deutlich vorher, uns gegenseitig, uns und unsere Gäste in dieser Welt, die wir als die „unsere" erklären, am Leben zu erhalten.

In der Un-Werdung, dem Aufklaffen nach innen, der schwerwiegenden Unbedeutendheit unsrer Selbst-Empfindungen. Gott vergebe uns noch diese Unbedeutendheit.

5.

Das Problem ist uralt; aber es ist von Mal zu Mal, von Zeitalter zu Zeitalter gegenwärtiger geworden. Und nicht von ungefähr predigen alle substanziellen Stimmen der Religion, gleich welchen Lagers, gleich welcher Ausprägung, seit jeher im Kerne dies: Alles Bestreben unserer Seele muß darauf abzielen, unsere Selbstbezogenheit zu vermindern, daß wir uns selbst aus dem Blickfeld unserer Innenperson verlieren, es aushalten in der Wüste, die der Herr in unserem Inneren schafft, sobald wir Ihm Einlaß gewähren, das Land der unauffindbaren Trennung, der Auflösung aller „Formen", aller trennenden Persönlichkeitskonturen und „comfort zones" des Einzelnen und seines je eigenen kulturellen Kokons. Bis wir eine beliebige situative Figurabilität des Ichs erreichen, durch die dieses imstande ist, sich anderen zugehörig zu machen, sich ihnen rückhaltlos zu schenken, und diese vorbehaltlos sich selbst einzubegreifen. In ihrer ganzen kulturellen und innenweltlichen Andersheit.

Das ist die wesentliche Aussage des *tawhid*, des wahrhaftigen inneren Islam, der für „Unterwerfung" des menschlichen Selbst unter den gegenwärtigen Geist und das Gesetz des Einen ewigen Gottes sieht.

Wir Christen sagen, daß dieses Vermögen nur in Christus erlangbar ist, nur durch ihn in uns erweckbar. Christ sein heißt wissen und bekennen, daß dieses Vermögen sich ohne diesen göttlichen Mittler nicht in uns „halten", nicht aus sich selber erstarken kann. Jeder Katholik bekennt das wesentlich im Sakrament der Beichte und erlangt (oder wiedererlangt) gerade dieses Vermögen im eucharistischen Ritus.

Nicht nur die versteckte Vergottung der unbelangbar privatisierten Selbstheit und die furchtbare Überbetonung des Körpers in den merkantilen Ländern, in unseren Schonungs- und Schönungsgesellschaften, die blindlings dem Exempel und der wirtschaftlich-ideologischen Weisung der USA folgen - die in den Ereignissen des 11.09.2001 und danach eine von vielen möglichen

Quittungen dafür gesehen haben - sondern auch die meisten sog. esoterischen Religionen, die sich selbst proklamieren, bewirken genau das Gegenteilige. Und zu diesen muß leider Gottes das gängige, verbürgerlichte, geistig unerweckte Christentum der westlichen Welt weiterhin zugerechnet werden.

Das fliehende und panische Stehen im Ich, ohne Einlassung und ohne Erliebtes, ist der Wille unseres Schattens, der uns bis dahin „geritten", der sich Macht über den inneren Ort unseres Lebens erarbeitet hat. Der den „Bauch" des menschlichen Gaules mit ganzen Städten des rasenden Kaltsinns, der Eigensucht und Mißachtung gefüllt hat, in allen Erdteilen und unter allen Glaubensbekenntnissen. Alles, was die Selbstwahrnehmung und -befleissigung des Einzelnen erhöht, trägt dazu bei, weil es seinem wirklichen Geist abträglich ist. Dem inneren, bleibenden, empfindenden Leben des Geistes, der sich über das Erliebte und die Einlassung allein beschreibt, und das sich als das genuin Solidarische in uns ausdrückt. Das Leben, welches, im Gegenteil, je mehr es losgebracht, je mehr es umgeschenkt wird – *sich* erfährt. Das nur dadurch sich selbst erlangt.

Der „Tisch des Lebens" ist die Seele jedes Menschen und der ganze, weite Weltkreis. Der echte Muslim liest und befolgt in *qur'an* und *hadith* nichts anderes als diese lebensentscheidende Weisung. - Wir Christen sagen: Dieses tatsächliche Leben schenkt uns Christus. Und indem es dann weiterhin sein Leben bleibt, in uns, ist es auch er, der uns in die Lage versetzt, aus freien Stücken in diesem Leben zu stehen und es zu bewahren. Alle anderen ‚Religionen' appellieren an den Willen, die Selbstüberwindung oder den Verstand des Menschen. Sie haben das Wesentliche nicht erkannt: Das ist, daß Gott allein, das Gute selbst, uns zum Guten vermag.

Wenn wir uns aber, vermittels der Gnade Gottes, anderen Religionen und Kulturen gegenüber durch diese Einsicht im Vorteil sehen, und zwar im Vorteil hinsichtlich der Bindung dieser Gnade und Liebe selbst, dann müssen wir uns auch *um derentwillen*, um dieser anderen Kulturen und Religionen willen, in *seine Hände* begeben. Das heißt: uns mit dieser Liebe selbst, nach ihrem unmißverständlichen Beispiel (Christus), und in ihrem unmißverständlichen Sinne, dem der Vergebung und Versöhnung, für diese anderen Bekenntnisse oder Kulturen einsetzen. Im Sinne der Vergebung und Versöhnung, die erst das Erneuerungswerk der Gnade für andere einleitet, hereinbrechen läßt.

Diesem Beispiel entsprechend kann das schließlich sogar so weit führen, daß wir unser eigenes Bekenntnis, das heißt: das Christentum in der bis dato von uns verfochtenen oder praktizierten Form, opfern müssen: um ihretwillen.

Das ist der für uns, den Westen, hereinbrechende neue Horizont. Wir werden hierauf noch zurückkommen.

6.

In dem vorbesprochenen Sinne sagen alle tiefer blickenden Theologen, daß die Leugnung und der Verlust des göttlichen Lichtes im Menschen die geistige Mutter des Todes ist, des geistigen und des realen Todes, des Todes in allen seinen Erscheinungsformen.

Wenn, im Leben oder im Tode, irgendetwas unanzweifelbar ist, wahr und bestehend, kann es mit Gott in Verbindung gebracht werden. Das trifft auf alle empirischen Tatsachen, Geschehnisse und Erfahrbarkeiten zu, die wir Menschen in dieser Welt erfassen oder die uns erfassen. Aber diese Aus-Lage, dieser vergegenständlichende Bodensatz der Wirklichkeit steht sehr viel enger und entsprechender mit der geistigen Zuständlichkeit des Menschen zusammen, als wir annehmen. Diese Zuständlichkeit ist geistesgeschöpflich: sie resultiert aus Momenten, bewußten und unbewußten, der Erwiderung oder der Nicht-Achtung der Göttlichen Gegenwart selbst: ihrer unablässigen Suche eben der menschlichen Innenperson. (Leibniz ist es, der in der westlichen Tradition von der unmittelbar-ausschließlichen Gegenwart Gottes spricht als dem „einzigen unmittelbaren Objekt" am bzw. vor dem geistigen Selbst des Menschen, einerlei, wie dieser Einzelne selber Gott auffasse und imaginiere).

Das bedeutet, daß das vermeintlich bloß fest-gestellte Üble dieser Welt samt und sonders auf Hemmungen, Festhaltungen, tödlichen Beendigungen in diesem allerursprünglichsten inwendigen Verhältnis fußt. Und hierauf fußt die Aussage, daß wir, wie vorhin gesagt wurde, daran zugrundegehen, daß wir diese „innere Folgewirklichkeit aus Gott" verscherzen, entweder nur verscherzen oder bewußt zurückweisen. Aber unabhängig von der Art und Tiefe unseres Bekenntnisses, ja, auch ohne ein solches, auch vor der Zwischenstunde der persönlichen Bekehrung, die aus dem Dunkel der Unkenntnis Gottes ins Helle seiner Liebe tritt, beruht unser Leben auf ihr: und zwar das Leben jedes Menschen.

Zum zweiten folgt daraus: daß nur mit dem Glauben an Gott oder sein Licht in uns noch nichts für das Leben getan ist, für den Fortbestand des Menschen im Menschlichen, für das Leben im eigentlichen Sinne, für seine Verwirklichung durch uns in dieser Welt. Glauben allein, im herkömmlichen, sedativen Sinne, bewirkt noch gar nichts, eher Verblendungen, als echte Veränderungen.

Aber daß derjenige, der da glaubt, der da zu glauben glaubt, der freudiges Einverständnis äußert mit den Zusicherungen und Geboten des Göttlichen Wortes, gemäß der Inhalte dieses seines Glaubens inwendig, das heißt, sich selbst verändere oder verändert werde: das bewirkt Veränderungen. Kraftvolle Außenveränderungen, die dann mit nahezu jeder Nachaußenwendung seiner inneren Lebenskraft, seiner Sprache und Ansichten zustande kommen. Es ist nur diese *innere Verwandlung (metanoia)*, die sich mit kennzeichnender Selbstverständlichkeit im erneuernden Wirken von Gutem bezeugt, was den Ausdruck berechtigt: *Glauben.*

Somit sei mir erlaubt, diese Frage in der gegenwärtigen Situation aufzuwerfen, die sehr wohl und durchaus viel damit zu tun hat, daß uns eine gegensätzliche Kultur als irreligiös brandmarkt: Sind wir, der „Christliche Westen", dieser Voraussetzung gerecht geworden?

7.

Wir, der „reiche" Westen, haben unser Opfer, das unserem eigenen Sein und Haben gemäße Opfer dafür bis dato noch überhaupt nicht erbracht. Wenn man bedenkt, daß das unter Umständen, unter sehr wahrscheinlichen Umständen, erforderliche geistige Opfer, wie wir vorhin sagten, dasjenige unserer real existierenden Religion sein wird (innerhalb deren sie allerdings, rechtgenommen, im Sinne Kirgegaards, gerade *nicht* besteht), dann ist das Opfer nicht im Mindesten erbracht, weil nicht einmal das uns, dem Westen, entsprechende weltliche Opfer erbracht worden ist. Und zwar, weil wir, im Angesicht einer für unsere Maßstäbe und Wertkonzeptionen „archaischen", „unaufgeklärten" Kultur, die der unseren gegensätzlich ist, die diese, wie ich meine, gerade in religiöser Hinsicht herausfordert, eine Änderung verlangen, uns selbst aber mitnichten ändern wollen.

Wofür wir (der Westen) exoterisch stehen, das ist ein ungeheurer Wissensvorsprung und eine immense Logistik, Fähigkeit und Läuterung in allen Dingen der Staatsräson, ökonomische Macht (und Gewieftheit), Effizienz und Produktivität, ein stringentes Vernunftsdenken und ein ausgeprochen fürsorglicher Sinn für die Privatsphäre des Einzelnen. (Die Errungenschaften in den Bereichen der Kunst einmal außen vor gelassen.) Aber mit all diesen Dingen, die wir zum großen Teil selbst in die Welt gesetzt haben, verhalten wir uns nicht wie Väter, sondern wie Verkäufer; bei Mitgabe der Hypothek, daß mit diesen unseren verkauften Errungenschaften auch unser Selbstverständnis, unsere Kultur sich weiterpflanzen müsse – d. h. sie selbst sich territorial auszuweiten habe. - Wofür wir nicht stehen, das ist spirituelle Erweckung, Weisheit des Herzens, Grazie und Fülle seelischer Artikulation, intuitive Wesenserkenntnis, entdualisierte, unbeschwerte Leiblichkeit, selbstverständliches Geben. In diesen Bereichen sind wir schlichtweg elend, schlichtweg „aufgeschmissen", ohne Einfluss der Orientalen, der Afrikaner, Lateinamerikas, usw. Es besteht die Paradoxie, daß wir nur von diesem unserem jeweiligen „Widerpart" oder Gegenüber lernen können, auf welche Weise *wir ihn* zu bereichern haben und beschenken können.

Alternativ gibt es den Weg, daß wir uns ernsthaft unseres eigensten Ursprungs besinnen: eben des christlichen.

Aber - wir hatten schon angefangen, auf diesen neuralgischen Punkt hinzudeuten:

Die Liebe, die wir kennen, zu der wir bewegt werden durch sie selbst, durch das Gute an sich, die entspringt nicht in uns selber: das ist die Liebe unseres christlichen Gottes. Entweder sie kommt von ihm und sie erhält sich durch ihn selbst, oder wir pervertieren und beschmutzen sie, auf mannigfaltigste Weise. Ja, spezifische Belege dafür anzuführen, erübrigt sich aus dem Grunde, daß zweitausend Jahre westliche Welt- und Kirchengeschichte ein einziger Beleg dafür sind. Auch das ist Kenzeichnung, Stigma des „Westens".

Der fehlende Gestus und einzige Rettungsweg unseres heutigen Selbstverständnisses ist: ihr zu diesen und mit ihr zu dienen.

Der Weg ist: Im Bekennen, daß wir selber nicht weniger gescheitert sind an ihrem Gebot, sich bereit finden, und sich bereit finden, den Leugnern der Liebe aufzuwarten, mit jedem erforderlichen Mittel, bis ihre Milde und Begütigung sie im Innersten besiegt. - Grundsatz, Stehsatz der Lehre Christi, immernoch unverstanden, immernoch unbefolgt. Und doch bleibt der Westen, unvermeidlich, prädestiniert zu einer dezidiert praktisch vorgehenden Kultur der Vergebung. Jeder Schritt in jegliche andere Richtung betrügt und vergeudet seine eigentlichste Stärke.

Das klingt und ist zurzeit utopisch: richtig, solange man sich nicht auf Gott selber verlässt, sich gerade ihm zur Verfügung stellend. Sich, wie wir gesagt haben, in seine handelnden Hände begibt um dieses vermeintlichen Feindes willen. (Wenn wir aber, so verstanden, ein wenig reiner werden, ein bißchen authentischer werden sollten in den zentralen Anliegen des Glaubens und der Menschlichkeit, dann wird dies auch und gerade diesem „Feind" zuzuschreiben sein.)

Den Leugnern der Liebe dienen durch sie selbst. Oder, sowie die Willigkeit in ihnen, seinen Leugnern, zu einem neuen eigenen Anfang erstarkt, auf das zum Achten Gemachte in dem Anderen achten, auf das Achtende an sich... Was davon unverbunden ist an Licht zu binden durch das eigene. Immer und ausnahmslos in diesem armseligen Schein das insoweit erst „arme Licht", das aber das Scheinende in diesem Schein ist, zu erkennen... In diesem menschlichen Sein, welches ein Menschsein ohne Glanz ist und ohne Belobigung, weil der Glanz des Menschen nicht ein Glanz des Bildes „Mensch" ist... Sondern ein den nackten Geist in ihm Bekleidender, seinen dem Himmlischen Geiste, nur diesem, zugänglichen Geist bekleidender Glanz... Also ein Glanz des Himmels, von dem einzig und allein gesagt werden kann, daß wir aus ihm kommen; dessen Blöße, Umfassendheit und Unverborgenheit immer unseren Ursprung, den Ursprung des lebendigen Geistes in uns bedeutet hat, gebildet hat... Ganz egal, wo unser kultureller oder lebensgeschichtlicher Ursprung liegt. Nur im gemeinsamen „ewigen Ursprung", der den Ausgangspunkt jeglichen gläubigen Bekenntnisses bildet, liegen Chancen zu wahrhaftiger Erneuerung, zur Überwindung der bestehenden Verhältnisse, auch: zu einem interkulturellen Neuanfang.

Mit Hinblick auf das eigentlich Menschliche oder das Geistige ist also das, was nicht glänzt, Gold. Und Gott ein Riese in den Kleinen, Knappen, ein Bedecker in den Nackten, ein Überwinder in den Bedrückten. Ein Wiederschöpfer, einer, der alles neu macht, in denen, die vergeben.

Es ist ein Unterschied, ob man diese Dinge praktiziert oder sein kulturelles Selbstverständnis lediglich mit diesen Vorsätzen verbrämt. Dieses Feuer zu unterhalten:

Das bedeutet, seine Gegenwart in einem selbst zu kennen und zu tragen. Und sogleich, sie auszubringen, auszutragen. Den einen innerlich ergreifenden Arm des göttlichen Lichtes zu unterfassen, um sich von seiner bedingungslosen, unkorrumpierbaren Liebe ziehen zu lassen - wie man *sie* zieht. Um diesen Arm dann *dem* zu reichen, jedem zu reichen, der an der widerstrahlenden Wärme seines Lichtes in uns, den Menschen „der anderen Seite" zweifelt. Der dann und darum in der Begegnung mit uns mutlos oder argsinnig geworden ist, mehr und mehr seiner artikulativen Mitte, seiner sprechenden, lebendigen Identität benommen.

Analog: jede offenkundig regressive Kultur, die sich typischerweise mit rigider religiöser Gesetzlichkeit bewehrt, welcher sie ethisch, im Sinne der in dieser Welt einzig entscheidenden Menschlichkeit, zu entwachsen sich noch weigert: Sie hat gleichzeitig allen Grund, an der Redlichkeit ihres (westlichen) Gegenübers bzw. seiner Motivlage zu zweifeln.

Vor Christi Auftreten, verhielt es sich sehr ähnlich mit dem Judentum. Es befand sich nicht in der schätzenswerten Lage, einen in Sachen der Vermenschlichung begnadeteren Vorgänger der Bindung an Gott vorzufinden. Der Islam, just in seiner gegenwärtigen Zerrissenheit, hat diese Chance und man muß sie ihm in aller Konsequenz der Uneigennützigkeit und Güte anbieten, die sich ihrerseits „vermenschlicht", vergegenständlicht: in undoktrinärer und uneigennütziger *Hilfe* einer jeglichen benötigten Form.

Auch aus dem Grunde, dass das institutionalisierte, existierende Judentum diese Chance *nicht* hatte, befindet sich der heutige Staat Israel in seinem inwendigen Selbstverständnis auf einer Stufe, die der verschlossene Chauvinismus seiner Siedlungspolitik und der barbarischen derzeitigen Übergriffe in Palästina schreiend verdeutlicht. Und vielleicht darf zu dieser Diskussion noch der Hinweis bemüht werden: An diesem Volk sind, im Gegenteil, in einem vernichtenden Aufwall von grenzenlosem Nihilimus und diabolischer Rassentheorie, die sich christlich-theologisch legitimieren zu können glaubte, unsägliche Gräuel begangen worden. Die Erinnerung an dieses einschneidende Trauma, das unmittelbar der Konstitution des Staates Israel vorausgegangen ist, ist, wie sicherlich auch der derzeitige eigene Aktionismus bezeugt, nicht im mindesten verblasst.

Der Islam behauptet außerdem nicht, allein der Offenbarung, der Bewußtheit, des Gesetzes Gottes habhaft zu sein; er behauptet lediglich, daß der Westen das, für sich besehen, in seinen Verhältnissen, Bekenntnissen und Ausdrucksformen, *nicht* erkennen läßt. Und tatsächlich: zunächst, das bedingt die naturgemäße, sicherlich gottgewollte Disposition, zunächst steht die andere Seite, dieser in mancher Hinsicht stärkere potenzielle Mittler oder Partner im

Beweiszwang: Er muß den Nachweis führen, *daß* er den Geist der Einlassung besitzt, daß die Bereitschaft und Willigkeit zur gegenseitigen Förderung und Erkenntnis seine Antriebsfeder ist. Und, hiermit einhergehend, *daß* er, sozusagen, eine religiöse Antriebsfeder besitzt. Diese darf also durchaus – anders, sie *muß* wahrhaftig christlich sein.

8.

Es stimmt: dies sind grundsätzliche, allzu vage oder idealistische Erwägungen. Die Wirklichkeit zeigt, daß wir uns, wir oder unsere ideellen Repräsentanten, ganz anders verhalten: daß wir nicht imstande sind, dezidiert eigene Wertmaßstäbe und dezidiert eigene Interessen hintanzustellen, wenn wir uns dem in jeder Hinsicht Anderweltlichen einmal genähert haben.

Aber, nocheinmal, die wesentliche Einsicht ist ebendie, daß nur die Gnade Gottes, nur daß Gute selber uns zum Guten vermag, zu einer jeglichen positiven Veränderung der bestehenden Verhältnisse in dieser Welt. Und daß sie uns dabei einzig dazu vermag, an seiner statt und in seinem Sinne zu handeln. Daß der (zumindest „nominell") christliche Westen somit prädestiniert ist zu einer Kultur der Vergebung, die just in der brisanten augenblicklichen Situation dringend erforderlich ist.

Selbst wenn man sich das nur fiktiv vorstellen können sollte, wie da etwas „durch uns greift": Wie kann die Handreichung des Herren als Behelligung, als eine Last empfunden werden, wenn doch *er* der wirklich Handelnde ist, wenn doch wir können, weil Er kann? Er kann, Er wird können, sowie wir können.

Theologisch ist die Frage, die sich jetzt stellt, also vielmehr die: Haben *wir* uns erreichen lassen? Fangen wir bei *seiner* Berührung an – in allem, was wir tun und lassen? Hat er uns, weil wir ihn haben, und haben wir ihn, indem er uns hat?

Kann von alledem nicht die Rede sein, können wir uns nicht einmal Christen schimpfen: Wenn wir es schon vorher nicht konnten, so können wir es jetzt erst recht nicht. Geschweige denn behaupten, anderen Religionen gegenüber einer innigeren Offenbarung des Einen lebendigen Gottes habhaft zu sein.

Anders: *jetzt gilt es.* Jetzt ist die Stunde gekommen der endgültigen, vielleicht letztmöglichen Bewährung unseres Bekenntnisses: Vom höchsten Staatsmann bis zum unbekanntesten, „unbedeutendsten" Erdbewohner, der sich christlich nennt. Die bereits von Kierkegaard erbittert vertretene These, das wahre Christentum sei gerade in und mittels der bestehenden Christenheit „abgeschafft" worden, dürfte heute in den Augen aller halbwegs ernstzunehmenden aufgeklärten Theologen der muslimischen Welt Zustimmung finden, traurige Zustimmung. Dies ist, was Anlaß geben muß zum Umdenken. Wo aber sind die Indizien dafür zu finden, daß diese theologischen Reflexion, wenigstens sie, begonnen habe?

9.

So oder anders: Es ist offensichtlich, daß wir nur durch gewisse Kraftakte oder vernichtende Erfahrungen belehrbar sind. Die unfassbar, ja fast übernatürlich anmuten. Ich erinnere an meine vorherige Anmerkung zu den Anschlägen in den USA.

Aber darauf ist insbesondere auch die Bezeichnung der Göttlichen Liebe (oder ihrer „Handreichung") – im Gegensatz zum Sendungsbewußtsein jeglicher Bestrebung, jeglicher Ideologie des Menschen - als „unkorrumpierbar" gemünzt.

Zwar mag das Folgende zunächst als allzu prompten Überschlag auf sehr konkrete Verhältnisse erscheinen – als käme ich unbeholfen vom „Stöckchen aufs Hölzchen". Aber leider, sie sind gekreuzt:

Hätten die Vereinigten Staaten nicht über Jahre hinweg und gerade vor den jüngsten Eskalationen, verbunden mit ihren offenkundigen wirtschaftlichen Interessen in der weiter gefassten arabischen Region, zudem einen beleidigend lasziven Lebensstil importierend, gezielt den Whahabismus der Golf-Staaten subventioniert und vereinnahmt, der für einen völlig veräußerlichten, reglementarischen, seiner ganzen spirituellen Ursprünglichkeit beraubten Islam steht: es wäre niemals zu diesem vehementen, perfiden Gegenschlag gekommen.

Bin Laden hat deutlich zu erkennen gegeben, daß dieser zumal von *dem* Terrain ausgehende Prozess, auf dem sich die heiligsten Stätten des Islam befinden, für ihn die „Kriegserklärung an die muslimische Welt" bedeutet hat, das Faß der eigenen Ressentiments zum Überlaufen bringend (wozu der palästinensische Konflikt sein Übriges tut). So sehr er auch seinerseits der willkürlichen Ideologie einer Gruppe von blindwütigen Eiferern vorsteht, die nicht etwa vom Koran legitimiert werden, sondern die den Koran verfälscht und dem Ansehen des Islam letzlich schwer geschadet haben: man kann seinen „Feind" nicht von der Schuld einer sehr schwerwiegenden opportunistischen Intervention freisprechen.

In dieselbe Kategorie der mit löblichem „Antiterrorismus" verbrämten Verbrechen, bei denen der Beezelbub mit dem Teufel ausgetrieben werden soll, der Verbrechen an einer uneinnehmbar andersartigen Weltanschauung und Kultur, gehören der ungezählte Hungertod der Kleinen und Kleinsten, der Kinder Iraks, den man dem militärisch bewehrten zwölfjährigen Embargo zuschreiben darf, und, auf Seiten eines verdächtig schnell und leicht rehabilitierten neuen Bündnispartners, der mit unbeschreiblicher Unmenschlichkeit betriebene Vernichtungskrieg Putins gegen die Tschetschenen. Ein Volk, das übrigens einem offenherzigen, sanften, sufitischen Islam der Liebe Gottes und seiner Schöpfung anhängt.

Im Sinne einer nüchternen und neutralen Reflexion des Eingetreten sollten diese Zusammenhänge der restlichen westlichen Welt deutlicher vor Augen geführt werden.

10.

Und wenn diese Reflexion theologische Erwägungen und Erklärungsmuster bemüht, sollte sie niemals außer Acht lassen, ja, sie sollte mit Entsetzen und Trauer daran erinnern, daß wahrer Islam und wahres Christentum unauflöslich in der Idee der praktizierten Liebe Gottes verbunden sind, die durch Menschen verbreitet wird in dieser Welt.

„Überall kannst du beginnen, nirgends aber wirst du enden". Ausgehend von der hohen Verehrung und Anerkennung, die Jesus im Koran findet, durchaus beschwörend im Synonym „Geist (*ruach*) Gottes" für ihn gipfelnd, wird man überall in der koranischen Tradition, bis hin in den schiitischen Geheimkanon und die sufitische Mystik, die frappierendsten, schönsten Bestätigungen dafür finden, daß wir es mit der inwendigen Einheit zweier Religionen des Lichtes und der Liebe zu tun und es damit ernst zu nehmen haben. Bezeichnenderweise sind es (beispielsweise in der Nachfolge Rumis und Muhammad Iqbals) bis heute bedeutende Stimmen der muslimischen Glaubenswelt gewesen, die auf diese Parallelen hingewiesen und gepocht haben, während angesehendste Würdenträger des westlichen theologischen Lagers, in Ermangelung wirklicher Kenntnisse und wirklicher Einlassungsfähigkeit, sich auch heute üblicherweise nicht entblöden, den Islam als irreligiös, sinnlich-grob und engstirnig zu diskreditieren; was also die wirklichen Verhältnisse tatsächlich auf den Kopf stellt.

Verhält es sich aber tatsächlich so, daß *wir* der innigeren Offenbarung des Einen lebendigen Gottes habhaft sind, dann – dann gerade - muß sich der Westen orientieren (orient-ieren). Wie seinerzeit der Mallorquine Ramon Llull, müßen wir das Mark des religiös Anderweltlichen, das sich nicht von ungefähr um uns verbreitet, richtiggehend schmecken, es mit wachem Geist in uns aufnehmen, um unser Bekenntnis dazu einlösen zu können, daß „der Tisch des Lebens der gesamte, weite Weltkreis und die Seele jedes einzelnen Menschen" ist. Die Frage ist dann nicht mehr, welches Bekenntnis ich angenommen habe, sondern welche Bekenntnisse ich noch nicht angenommen habe. Und um ebendiese Weite der Begründung ermessen zu können, warum unsere Liebe, unsere Hoffnung und unser Vertrauen Jesus Christus gilt, müßen wir erfahren und begreifen lernen, wie dieser Allvorhandene, sich alle ein-selbstend, enthalten ist in allen Formen existenzieller Gottesbejahung. Dies wird sich als unabdingbar erweisen, um die religiös motivierte lebens- und weltanschauliche Spaltung der Kulturen halbwegs entschärfen zu können.

Diesen Beitrag kann jeder wirkliche Christ in diesen Tagen des Entsetzens und der Ohnmacht leisten.

Aber in weiterer Ferne, so unfliehbar, wie auf den Sonnenuntergang die dunkle Nacht, wie auf diese das Frührot folgt, erscheint ein neuer Horizont: Gott scheint zu wollen, daß das Golgatha des Christentums, wenigstens des bisherigen, Gestalt annehme vor unseren Augen. Der Islam.

www.ingramcontent.com/pod-product-compliance
Lightning Source LLC
Chambersburg PA
CBHW070941230426

43666CB00011B/2519